Banken und Pflichten

Frankfurter kriminalwissenschaftliche Studien

Bd./Vol. 145

Zu Qualitätssicherung und Peer Review der vorliegenden Publikation

Die Qualität der in dieser Reihe erscheinenden Arbeiten wird vor der Publikation durch Herausgeber der Reihe geprüft.

Notes on the quality assurance and peer review of this publication

Prior to publication, the quality of the work published in this series is reviewed by editors of the series.

Moritz Bermel

Banken und Pflichten

Moderne Bankmanager und traditionelles Strafrecht

PL ACADEMIC RESEARCH

Bibliografische Information der Deutschen Nationalbibliothek
Die Deutsche Nationalbibliothek verzeichnet diese Publikation in der Deutschen Nationalbibliografie; detaillierte bibliografische Daten sind im Internet über http://dnb.d-nb.de abrufbar.

Zugl.: Frankfurt (Main), Univ., Diss., 2014

D 30
ISSN 0170-6918
ISBN 978-3-631-65175-9 (Print)
E-ISBN 978-3-653-04508-6 (E-Book)
DOI 10.3726/978-3-653-04508-6

PL Academic Research ist ein Imprint der Peter Lang GmbH.

Peter Lang – Frankfurt am Main · Bern · Bruxelles · New York · Oxford · Warszawa · Wien

Dieses Buch erscheint in einer Herausgeberreihe bei PL Academic Research und wurde vor Erscheinen peer reviewed

www.peterlang.com

Marie
&
Meinen Eltern

Vorwort

Die vorliegende Arbeit wurde im Wintersemester 2013/2014 durch den Fachbereich Rechtswissenschaft an der Goethe-Universität Frankfurt am Main als Dissertation angenommen.

Mein erster und besonderer Dank gilt meinem Doktorvater, Herrn *Prof. Dr. Peter-Alexis Albrecht*, der mir nicht nur die Freiheit gegeben hat, meinen eigenen Weg zu finden sondern mir auch durch seine Anregungen wertvolle wissenschaftliche Unterstützung geliefert hat. Seine ermutigende Kritik und seine inspirierende wie wohlwollende Begleitung haben mich weit über die Betreuung der Arbeit hinaus bereichert. Ich danke ihm herzlich für die Zeit, die ich als wissenschaftlicher Mitarbeiter an seiner Professur verbringen durfte, die mich in wissenschaftlicher und auch in menschlicher Hinsicht sehr geprägt hat.

Mein weiterer besonderer Dank gilt Herrn *Prof. Dr. Wolfgang Naucke* für die zügige Erstellung des Zweitgutachtens. Die Prägnanz seiner Ausführungen war in meiner Vorbereitung auf die Disputation von besonderem Wert. Im Anschluss möchte ich den Herausgebern der Frankfurter kriminalwissenschaftlichen Studien für die freundliche Aufnahme der Arbeit in diese Schriftenreihe danken. Herrn *Prof. Dr. Ulrich Balzer* danke ich für sein fortwährendes Interesse an der Entwicklung der Arbeit.

Danken möchte ich zudem dem gesamten Lehrstuhlteam, meinen Kolleginnen Frau *Mareike Jeschke*, Frau *Dr. Charlotte Schultz* und Frau *Dr. Katharina Schermuly* sowie meinen Kollegen Herrn *Dr. Marc Fornauf*, Herrn *Dr. Björn Kruse* und Herrn *Matthias Grzesiek*, für die in wissenschaftlicher und menschlicher Hinsicht bereichernde Zusammenarbeit und wichtige kollegiale Unterstützung.

Herrn *Dr. Norbert Reichhold*, Herrn *Dr. Christian Reichhold*, Herrn *Stefan Reichhold* und Herrn *Roland Heinz* danke ich für ihr immer offenes Ohr, ihre langjährige freundschaftliche Begleitung und ihren fortwährenden Zuspruch.

Mein besonderer und herzlicher Dank gilt meiner Patentante Frau *Astrid Bermel*, weil sie mich schon mein Leben lang begleitet und die mühsame Aufgabe des ersten Korrekturlesens übernommen hat.

Von Herzen sei meinen Eltern, *Lydia* und *Gerhard Bermel,* gedankt die mir zu jeder Zeit und in jeder Hinsicht ihre bedingungslose Unterstützung und ihren stetigen Rückhalt zu Teil werden ließen. Danken möchte ich schließlich meiner Verlobten *Marie von Isenburg*. Sie hat mich in allen Phasen der Promotion begleitet und nach Kräften unterstützt. Ohne ihren uneingeschränkten und bedingungslosen Beistand wäre mir all dies nicht möglich gewesen. Ihnen ist diese Arbeit gewidmet.

Inhaltsverzeichnis

Abbildungsverzeichnis

Einleitung
Banken, Krise, Pflichten – und das Strafrecht

A. Banken

In dieser Arbeit werden Banken und deren Pflichten behandelt. Zunächst wird der deutsche Bankenmarkt im Umfeld der Banken- und Finanzkrise in den Blick genommen (Teil 1). Anschließend wird das Handeln verantwortlicher Bankakteure im Hinblick auf gesellschaftsrechtliche und strafrechtliche Pflichtverletzungen untersucht (Teil 2).

I. Vertrauen in deutsche Banken

Bis vor Beginn der Bankenkrise im Jahre 2007 herrschte weitgehend allgemeines Vertrauen in das deutsche Bankwesen. So galten in der öffentlichen Wahrnehmung bis 2007/2008 die deutschen Kreditinstitute als sicher, denn in der Vergangenheit kam es nur in geringem Umfang zu Bankzusammenbrüchen und Krisen deutscher Institute.[1] Auch im direkten Vergleich zu den Zahlen von Unternehmensinsolvenzen war die Anzahl von Bankinsolvenzen sehr gering.[2] Das Vertrauen in die Funktionsfähigkeit der deutschen Kreditwirtschaft wurde zudem durch das deutsche Bankenaufsichtsrecht – das Kreditwesengesetz (KWG) – gestärkt.[3] Diesem kommt die Aufgabe zu, Missständen im Kredit- und Finanzdienstleistungswesen entgegenzuwirken, Zusammenbrüche deutscher Kreditinstitute zu verhindern und die den Instituten anvertrauten Vermögenswerte zu schützen.[4]

In den Jahren 2007 und 2008 wurde das Vertrauen in das deutsche Bank- und Finanzwesen jedoch erheblich erschüttert, die globalen Finanzmärkte gerieten in „schwere Turbulenzen“.[5] Ab dem Sommer 2007 breitete sich nämlich auf den

---

1 Vgl. Jahresberichte der *Bundesanstalt für Finanzdienstleistungsaufsicht* 2008, S. 138; 2009; 2010, S. 144.

2 *Statistisches Bundesamt Wiesbaden*, Insolvenzen in Deutschland.

3 *Binder*, S. 54.

4 *Binder*, S. 54.

5 *Sachverständigenrat*, Gutachten 2007/2008, S. 89; *de Larosiere*, S. 6; *Mock/Kappius*, S. 9 ff.

Finanzmärkten der Welt eine massive Vertrauens- und Liquiditätskrise aus, die sich vor allem aus der Krise des US-amerikanischen Immobilienmarkts für die internationalen Finanzmärkte ergab[6] und sich auch auf die deutschen Institute erheblich auswirkte.[7] Die Ertragslage der deutschen Banken stellte sich aufgrund dieser Auswirkungen im Jahr 2008 ungewöhnlich negativ dar:

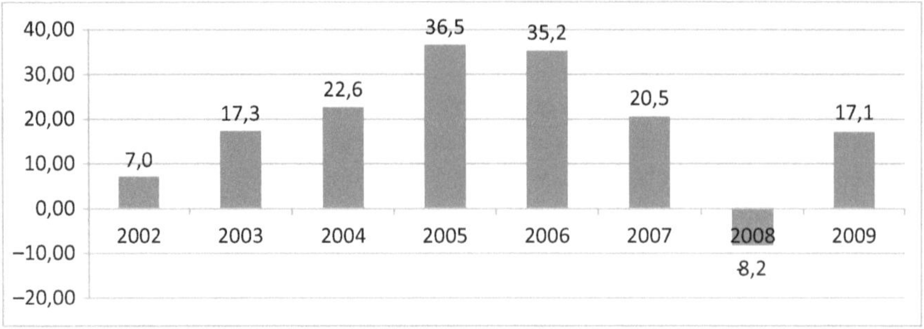

Abbildung 1: *Betriebsergebnis aller deutschen Bankengruppen ohne Bausparkassen von 2002 bis 2009 in Milliarden Euro*[8]

II. Die Rettung der Banken

Ein Teil der Institute geriet in enorme Schieflagen, wodurch das gesamte Finanzsystem in die Gefahr eines Kollapses gebracht wurde. Die Stabilität der internationalen Finanzsysteme konnte nur durch umfangreiche Interventionen der wichtigsten Notenbanken und Staaten gesichert werden.[9] Einer Insolvenz konnten somit viele nur mit staatlicher Hilfe – auf Kosten der Volkswirtschaften – entgehen.[10]

Die besondere volkswirtschaftliche Belastung resultiert daraus, dass die Regelungen des KWG nicht angewendet wurden, obwohl diese (§§ 45 ff. KWG)

---

6 *Sachverständigenrat*, Gutachten 2007/2008, S. 89; *de Larosiere*, S. 7 ff.; *Sinn*, S. 48 ff.; *Shiller*, S. 23 ff.; *Rudolph*, ZGR 2010, S. 2; *Bloss/Ernst/Häcker/Eil*, S. 15 ff.

7 *Sachverständigenrat*, Gutachten 2007/2008, S. 89; *de Larosiere*, S. 6; *Mock/Kappius*, S. 9 ff.

8 Monatsbericht der *Deutschen Bundesbank*, September 2010, S. 39 (Betriebsergebnis vor Bewertung zuzüglich Bewertungsergebnis (ohne Sach- und Finanzanlagengeschäft (vgl. Fußnote 2 in Abbildung auf S. 27, in Monatsbericht September 2010 der Deutschen Bundesbank)).

9 *Sachverständigenrat*, Gutachten 2007/2008, S. 89; *Sinn*, S. 18; *Mock/Kappius*, S. 12.

10 *De Larosiere*, S. 6; *Shiller*, S. 99.

gerade auf die Sicherung des Finanzsystems ausgerichtet sind und Insolvenzen verhindern sowie Gläubiger vor Verlusten schützen sollen.[11] Des Weiteren hatte im Rahmen der Bankenaufsicht die *Bundesanstalt für Finanzdienstleistungsaufsicht* (*BaFin*) die Aufgabe übernommen, die Zahlungsfähigkeit von Banken, Finanzdienstleistungsinstituten und Versicherungsunternehmen zu überwachen.[12] Das Besondere an diesen als „Sonderinsolvenzrecht für Banken“[13] bezeichneten Regelungen ist, dass ihnen nicht die gleiche Aufgabe wie einem normalen Insolvenzverfahren zukommt. Bei Letzterem geht es primär um ein optimales Befriedigungsergebnis für die betroffenen Gläubiger und ihre gleichmäßige Behandlung.[14] Doch trotz dieser Sonderstellung, die die Finanzwelt genießt, d.h. trotz dieser gesondert für Kreditinstitute, Versicherungsunternehmen und Finanzdienstleistungsinstitute geschaffenen Regelungen, wurden die Kreditinstitute – und dies ist weltweit zu beobachten – mit direkt aus Steuermitteln finanzierten „Bankenrettungsschirmen“ gerettet.[15] Die Rettung der *Hypo Real Estate Holding AG* (*HRE*) zeigt beispielsweise, dass eine Abwägung zwischen den Kosten der Abwicklung der Bank nach den bestehenden Regelungen und den Kosten der direkten Rettung durch die Vergabe von Garantien stattfand.[16] Unter ökonomischen Gesichtspunkten wurde danach eine direkte Rettung der Banken unter Aussetzung der bestehenden Regelungen nach dem Kreditwesengesetz sowie der Insolvenzordnung als die einzig vertretbare Alternative angesehen. Unter dem Gesichtspunkt von ökonomischer Abwägung ergab sich somit die vorherrschende Sichtweise, dass die *„bestehenden Krisenbewältigungsmechanismen [...] eine angemessene Reaktion auf die Schieflage systemrelevanter Banken nicht erlaubten*“.[17] Hätten die Staaten die Rettung nicht vorgenommen, so wurde befürchtet, wäre der volkswirtschaftliche Schaden noch größer gewesen.[18]

---

11 *Hirte, Uhlenbruck-InsO*, § 11, Rn. 23 ff.; *Binder*, S. 103; *Pannen*, S. 5; *Kokemoor*, S. 3; *Huber*, Die Normen des KWG, S. 6; *Müller*, S. 39.

12 Aufgaben der *BaFin*, abrufbar unter: http://www.bafin.de/cln_115/nn_722838/DE/BaFin/Aufgaben/aufgaben__node.html?__nnn= true., zuletzt abgerufen am 27.8.2009.

13 so *Huber*, ZBB 1998, 193; *Grabau/Hundt*, DZWIR 2003, 275; *Stürner*, MüKo-InsO, Einleitung, Rn. 24b; *Thonfeld*, NZI 2009, S. 16; *Pannen*, S. 8, Rn. 4.

14 *BGH*, NJW 2005, 2014, 2015; *Stürner*, MüKo-Inso, Einleitung, Rn. 1.

15 *Deutsche Bundesbank*, Finanzstabilitätsbericht 2010, S. 20.

16 *Deutsche Bundesbank*, Finanzstabilitätsbericht 2009, S. 36.

17 *Deutsche Bundesbank*, Finanzstabilitätsbericht 2009, S. 82.

18 *Deutsche Bundesbank*, Finanzstabilitätsbericht 2010, S. 17 ff.

III. Zur Frage der Verantwortlichkeit von Bankmanagern

Zunehmend rückten die Bankvorstände als verantwortlich handelnde Organe der Kreditinstitute in den Fokus öffentlicher Aufmerksamkeit.[19] In *Deutschland* begann ein Diskurs über Anstand und Moral deutscher Manager, angemessene Vergütungen, persönliche Haftungen, die Verschärfungen von Strafvorschriften etc.[20] Zudem wurden gegen Vorstandsmitglieder großer deutscher Banken Ermittlungsverfahren eingeleitet, so z.B. bei der *HSH Nordbank*[21], der *Hypo Real Estate*[22], der *Sachsen LB*[23], der *Landesbank Baden-Württemberg*[24], der *Bayern LB*[25], der *West LB*[26], der *IKB AG*[27].[28] In fast allen diesen Verfahren ermittelte die jeweilige Staatsanwaltschaft auch wegen möglicher Untreue von Vorstandsmitgliedern[29].

Es stellt sich die Frage, ob eine Haftung von Bankvorständen und Aufsichtsräten gemäß § 266 StGB gegeben sein könnte, indem verantwortliche Bankvorstände Entscheidungen trafen, die zu extremen Verlusten und Verlustrisiken führten, und Aufsichtsräte diesen Entscheidungsträgern keine Grenzen setzten. Damit rücken

---

19 *De Larosiere*, S. 11; a.A. *Sinn* S. 99, der in der Finanzkrise einen anonymen Systemfehler sieht – ähnlich der Überfischung der Weltmeere – bei dem die Suche nach Schuldigen keinen Sinn macht.

20 *Hamm*, Das Schwert sitzt locker, FAZ vom 06.11.2008, abrufbar unter www.faz.net; *Schmidt*, Wie entkommen wir der Depressionsfalle, Die Zeit, Nr. 04, vom 15.01.2009, abrufbar unter www.zeit.de; *FAZ*, Aktienrechtler sieht grobe Pflichtverletzungen, Bankvorstände müssen haften, vom 21.01.2009, abrufbar unter www.faz.net; *FAZ*, Banken und Manager stehen am Pranger, vom 17.09.2009, S. 12; *Lüderssen*, Warnung vor einem neuen Finanzstrafrecht, FAZ vom 19.08.2009, Nr. 15, S. 10; *Galbraith*, Krise geht auf institutionalisierten Betrug zurück, FAZ, Interview vom 13.12.2010, abrufbar unter www.faz.net.

21 *LG Hamburg*, Beschluss vom 15.10.2010 – 608 Qs 18/10, Beschlagnahme von Interviewprotokollen nach „Internal Investigations" – *HSH Nordbank*, NJW 2011, 942.

22 *Ott*, Die Akte Funke, Meldung unter www.sueddeutsche.de, vom 24.02.2010, 7:51 Uhr.

23 Razzia bei früheren Vorständen der *Sachsen LB* – Nach gescheiterten Finanzgeschäften Verdacht auf Untreue und Bilanzfälschung, FAZ vom 13.08.2008, S. 11.

24 Razzia im Bankenviertel, FAZ vom 13.12.2009, S. 38.

25 Bankmanager Kemmer droht eine Anklage, FAZ vom 02.05.2011, S. 18.

26 *Ott*, Gute Aktien, schlechte Aktien, Meldung unter www.sueddeutsche.de, vom 29.07.2010, 9:11 Uhr.

27 Ehemaliger *IKB-Chef Stefan Ortenseifen* angeklagt – Staatsanwaltschaft sieht bewusste Irreführung über toxische Papiere, FAZ vom 02.07.2009, S. 11.

28 Vgl. ausführlich dazu *Jahn*, JZ 2011, 343 f.

29 Vgl. *Jahn*, JZ 2011, 343 f.

zentrale strafrechtliche Fragen des Untreuetatbestandes in das Blickfeld. Ihnen soll in dieser Untersuchung nachgegangen werden.

B. Strafrechtliche Zurechnung versus „Naturkatastrophe"

Bezüglich der Finanzkrise wird behauptet, diese erschließe sich keinem strafrechtlichen Zugriff, es gebe keine *einzelnen* Verantwortlichen. So wird denen, die die Banken- und Finanzkrise mit den Werkzeugen des Strafrechts angehen wollen, die Ansicht entgegengestellt, dass es sich erstens um einen „*anonymen Systemfehler handele*", der mit einer „*Naturkatastrophe*" zu vergleichen sei, und zweitens Bankorgane „*nicht vorsätzlich handelten*"[30] und „*diese Defekte des Bankensystems*" mit dem Strafrecht sowieso nicht „*in den Griff zu bekommen*" seien.[31]

Vor dem Hintergrund derartiger Einwände stellt *Schünemann* in Bezug auf die Finanzkrise die Frage: „*Systemversagen oder global organisierte Kriminalität?*" Er ist nicht der Einzige, der diese Frage stellt. Auch *Wandt* argumentiert ähnlich. Dieser Autor stellt in seinem Beitrag zu dem Symposium „*Finanzkrise, das Wirtschaftsstrafrecht und die Moral*" im Jahr 2012 fest, dass „*auch, wenn manche Akteure der Finanzmärkte es glauben machen wollen, die Finanzkrise kein, Werk Gottes'[ist], sondern von Menschenhand gemacht*" sei.[32] Auch *Beer* hält die Krise für die Folge „*regulatorischer und menschlicher Fehlleistungen*".[33]

Die Ansichten über die Ursache der Finanzkrise und die Verteilung von Verantwortlichkeiten sind also verschieden. Um die Frage von Systembedingtheit oder individueller Verantwortlichkeit beantworten zu können, sollte aus strafjuristischer Perspektive zunächst der zivil- und strafrechtliche Pflichtenbereich systematisch untersucht werden.

Die Auseinandersetzung mit individueller Verantwortlichkeit wird bei zwei rechtswissenschaftlichen Autoren, *Bernd Schünemann* und *Wolfgang Naucke*, besonders deutlich angemahnt. Diese Positionen zeigen, warum eine strafrechtliche Auseinandersetzung keineswegs überholt ist. Sie motivieren den Strafjuristen in besonderer Weise, die zivil- und strafrechtlichen Pflichtenpositionen im Bankensektor auszuleuchten.

---

30 Prominentester Vertreter dieser Ansicht ist wohl *Sinn*, vgl. S. 95 ff.

31 *Sinn*, S. 99.

32 *Wandt*, Recht und Krise, S. 3.

33 *Beer*, Europäische Aspekte, S. 7.

I. Die sogenannte Finanzkrise: Systemversagen oder global organisierte Kriminalität? (*Bernd Schünemann*)

Eine kontroverse Auseinandersetzung des Strafrechts mit der Finanzkrise erfolgte bei einem internationalen Symposium, das sich mit den strafrechtlichen Aspekten der Finanzkrise unter Federführung von *Bernd Schünemann* befasste. Bereits in der Überschrift seines Beitrags stellt der Autor die Frage: „*Systemversagen oder global organisierte Kriminalität?*", der er den gesamten Beitrag unterordnet.[34] Inhaltlich untergliedert er diese Eingangsfrage in dreifach zu klärende Gesichtspunkte und stellt seinen Ausführungen folgende Fragen voran:

- Ob die sogenannte Finanzkrise überhaupt mit den Mitteln des Strafrechts aufgearbeitet werden kann (also die Frage, ob das Strafrecht dies überhaupt leisten kann),
- ob das Strafrecht ein geeignetes Mittel dafür darstellt, zukünftig ähnliche Entwicklungen abzuwenden oder wenigstens einzudämmen (also die Frage, ob das Strafrecht in Bezug auf die Finanzwelt Steuerungsfähigkeit besitzt),
- ob es angesichts des extremen Ausmaßes und der internationalen Verstrickung der Teilhaber überhaupt geeignete Straftatbestände gibt oder geben kann, durch die das Verhalten der Bankvertreter strafrechtlich erfasst werden kann bzw. mit einer rechtzeitigen Einfügung in das Strafgesetzbuch hätte erfasst werden können.[35]

Hierfür beschreibt er zunächst den Sachverhalt „Finanzkrise" und bescheinigt dem Handel mit den Hypothekenkrediten eine *schneeballsystemanaloge* Struktur.[36] Die Bezeichnung als *Schneeballsystem* findet sich von da an immer wieder in dem Beitrag. Es bleibt allerdings genauer zu überprüfen, ob es sich tatsächlich um ein solches Schneeballsystem handelt, denn wie selbst von *Schünemann* erläutert, sind es insgesamt skizzenhafte Ausführungen.[37]

Den Großteil des Beitrags bildet die Auseinandersetzung mit der strafrechtlichen Bewältigung der Finanzkrise mit Hilfe des deutschen Untreuetatbestandes (§ 266 StGB).[38] Bevor er sich dieser zuwendet, beschäftigt sich der Autor mit der Frage, ob die Verfolgung einzelner Wirtschaftsführer mithilfe des Strafrechts überhaupt als Mittel zur Bewältigung des Versagens des Finanzsystems eingesetzt werden kann.[39]

---

34 *Schünemann*, Die sogenannte Finanzkrise, S. 71 ff.
35 *Schünemann*, Die sogenannte Finanzkrise, S. 72 f.
36 *Schünemann*, Die sogenannte Finanzkrise, S. 75.
37 *Schünemann*, Die sogenannte Finanzkrise, S. 102.
38 *Schünemann*, Die sogenannte Finanzkrise, S. 84 ff.
39 *Schünemann*, Die sogenannte Finanzkrise, S. 80.

Im Hauptteil geht es um die Prüfungsmerkmale der Täterqualifikation, das Tatbestandsmerkmal der Pflichtwidrigkeit, das Tatbestandsmerkmal des Vermögensschadens und den subjektiven Untreuetatbestand.[40] Aufgrund dieser Prüfungen gelangt *Schünemann* zu dem Ergebnis, dass die Finanzkrise gezeigt habe, „*dass auch der deutsche Untreuetatbestand noch unzulänglich ist und erhebliche kriminalpolitische Lücken*“ aufweise.[41] Darüber hinaus beantwortet er die Ausgangsfrage damit, dass die Finanzkrise kein bloßes Systemversagen darstellt, sondern

> „*mit einer gewissen Wahrscheinlichkeit durch massenhaft zumindest objektiv straftatbestandsmäßigen Verhaltens der verantwortlichen Personen im Bankensektor verursacht worden*“ sei, „*wobei staatliche Instanzen grob fahrlässig mitgeholfen haben*“.[42]

Es sei daher als eine Art „*global organisierte Kriminalität*“ anzusehen, dass letztlich der Konsum der amerikanischen Bevölkerung auf Kosten des deutschen Steuerzahlers finanziert wurde.[43]

Als Konsequenz aus dieser Erkenntnis wiederholt *Schünemann* seine Forderung, dass das „*traditionell gegen die Unterschicht eingesetzte Strafrecht auch gegen die Oberschicht gleichmäßig zur Anwendung gebracht werden müsse*“.[44] Dies erfordere jedoch zunächst eine amtliche Aufklärung, wobei diese gerade bei der Finanzkrise überfällig sei.[45]

Allein aus der Darstellung dieser Untersuchung wird deutlich, dass bezüglich der „Finanzkrise“ noch elementare Fragen offen sind. Dies beginnt mit der Aufarbeitung des Sachverhalts aus dem Blickwinkel des Strafrechts und wird mit zu klärenden Fragen zu möglichen Pflichtwidrigkeiten im Bankenbereich fortgeführt.

II. Der Begriff der politischen Wirtschaftsstraftat – Eine Annäherung von *Wolfgang Naucke*

Einen anderen Ansatz im Umgang mit zukünftigen Finanzkrisen und eine Bewertung des Untreuetatbestandes liefert *Wolfgang Naucke* in seiner Schrift „*Der Begriff der politischen Wirtschaftsstraftat – Eine Annäherung*“. *Naucke* geht hier

---

40 *Schünemann*, Die sogenannte Finanzkrise, S. 88 ff.
41 *Schünemann*, Die sogenannte Finanzkrise, S. 100.
42 *Schünemann*, Die sogenannte Finanzkrise, S. 102.
43 *Schünemann*, Die sogenannte Finanzkrise, S. 102.
44 *Schünemann*, Die sogenannte Finanzkrise, S. 102.
45 *Schünemann*, Die sogenannte Finanzkrise, S. 103.

der Frage nach, wie das Strafrecht mit machtvollen zerstörerischen ökonomischen Handlungen – wie z.B. der Finanzkrise nach dem Jahr 2008 – umgehen sollte. Somit geht er noch einen Schritt weiter als *Schünemann*. Er entscheidet nicht, ob Systemversagen oder kriminelle Handlungen einzelner leitender Personen vorliegen, sondern erschließt die Probleme mit einer Begriffsanalyse der von ihm sogenannten *politischen Wirtschaftsstraftat*:

Indem das Strafrecht in Fällen des umfänglichen individuellen wirtschaftlichen Versagens – wie der Finanzkrise – eine *politische Wirtschaftsstraftat* identifiziert und seine Arbeitsmöglichkeiten dieser Erscheinungsform der Kriminalität anpasst, könnte eine rechtsstaatlich angemessene strafrechtliche Reaktion auf dieses Versagen geschaffen werden.[46] Zur Sicherung und Erhaltung der persönlichen Freiheit des Einzelnen soll eine strafrechtliche Reaktion auf „*politisch mächtige, den einzelnen Bürger schädigende Wirtschaftsverläufe*" geschaffen werden.[47]

Im Sinne des kantischen Freiheitsbegriffs[48] mache es – für die Freiheit des Einzelnen – keinen Unterschied, von wem diese zerstört werde, auch wenn es der Leiter einer Bankenorganisation sei.[49] Hiernach sei „*die Freiheit der Person gegen jede überwältigende Macht eines anderen zu verteidigen*"[50]. Diese Überwältigung der Freiheit des Einzelnen ist folglich als strafwürdiges Unrecht anzusehen, in der offenkundig Parallelen mit der sogenannten *Staatskriminalität* zu erkennen seien.[51]

Nach der Definition *Nauckes* ist eine *politische Wirtschaftsstraftat* somit „*jede Wirtschaftsstraftat, die zerstörend auf die persönliche Freiheit und auf die freiheitsschützenden rechtlichen Institutionen wirkt*".[52]

Diese Definition führt zu der Überlegung, „*ob es nicht parallel zum Völkerstrafrecht gegen Staatsführer ein nationales und schließlich internationales Strafrecht gegen politische Wirtschaftsstraftäter*

46 *Naucke*, Der Begriff der politischen Wirtschaftsstraftat, S. 2 ff.

47 *Naucke*, Der Begriff der politischen Wirtschaftsstraftat, S. 3.

48 *Naucke* leitet dies aus Art 2 II GG und im Wesentlichen aus *Kants* Metaphysik der Sitten (1797) her: „*Freiheit ist die Unabhängigkeit von eines anderen nötigender Willkür. Dies ist das einzig ursprüngliche, jedem Menschen kraft seiner Menschheit zustehende Recht.*"

49 *Naucke*, Der Begriff der politischen Wirtschaftsstraftat, S. 3 f.

50 *Naucke*, Der Begriff der politischen Wirtschaftsstraftat, S. 5.

51 *Naucke*, Der Begriff der politischen Wirtschaftsstraftat, S. 5.

52 *Naucke*, Der Begriff der politischen Wirtschaftsstraftat, S. 4.

- *geben kann,*
- *es dieses in Ansätzen schon gibt und schließlich, dass es*
- *dieses sorgfältig positiviert geben muss*".[53]

Aus diesem Gedanken heraus und nach der Feststellung, dass das „*Nutzen von Wirtschaftsmacht zu Lasten der Freiheit Einzelner ein strafrechtliches Problem*" sei, kommt er eben zu dem Schluss, dass hier ein neuer rechtsstaatlicher Strafrechtsbereich zu schaffen sei.[54]

Um sich dem Begriff *der politischen Wirtschaftsstraftat* weiter zu nähern, spannt er den Bogen von den „*Nürnberger Prozessen 1947/1948 wegen politischer Wirtschaftsstraftaten*" über den „*Beginn des Strafverfahrens gegen Erich Honecker 1989/1990: Vorwurf des wirtschaftlichen Hochverrats*" bis hin zur „*Anklage wegen fahrlässiger falscher finanzieller Regierungs-Entscheidungen gegen einen früheren isländischen Ministerpräsidenten 2010*".[55] Des Weiteren sucht er „*Spuren des Begriffs der politischen Wirtschaftsstraftat in neueren deutschen Gerichtsentscheidungen*", wie dem Prozess um „*unklar verbuchte Parteispenden*", der Entscheidung zu den „*sog. Schwarzen Kassen*" und dem „*Mannesmann-Verfahren*".[56] Ferner wird der Untreueparagraph „*als notdürftiger strafrechtlicher Behelf für den fehlenden Begriff der politischen Wirtschaftsstraftat*" nach Spuren *politischer Wirtschaftsstraftaten* durchsucht.[57]

Im Ergebnis macht *Naucke* in jedem dieser Verfahren immer wieder gleich auftauchende Probleme aus und sieht den Gesetzgeber – nach dem Beispiel des Verlaufs beim Entstehen des Völkerstrafrechts – zum Handeln aufgefordert.[58] Er zeigt anhand der Untersuchung der verschiedenen Entscheidungen auf, „*dass das Strafrecht das, von einzelnen Personen dirigierte, Wirtschafts- und Finanzsystem als möglicherweise strafwürdige Macht über die Freiheit des einzelnen übersehen hat, den Rückstand aber aufholen will*".[59] Das zentrale Problem sei die Bestimmung des Begriffs *politisch.*[60] Der Begriff der sogenannten *politischen Wirtschaftsstraftat* sei aber trotzdem in verschiedene Bereiche zu teilen, die dann zu positivieren sind.[61] Dies seien:

---

53 *Naucke*, Der Begriff der politischen Wirtschaftsstraftat, S. 9.
54 *Naucke*, Der Begriff der politischen Wirtschaftsstraftat, S. 10.
55 *Naucke*, Der Begriff der politischen Wirtschaftsstraftat, S. 13 ff., 27 ff., 39 ff.
56 *Naucke*, Der Begriff der politischen Wirtschaftsstraftat, S. 45 ff.
57 *Naucke*, Der Begriff der politischen Wirtschaftsstraftat, S. 52 ff.
58 *Naucke*, Der Begriff der politischen Wirtschaftsstraftat, S. 61.
59 *Naucke*, Der Begriff der politischen Wirtschaftsstraftat, S. 61.
60 *Naucke*, Der Begriff der politischen Wirtschaftsstraftat, S. 61.
61 *Naucke*, Der Begriff der politischen Wirtschaftsstraftat, S. 62.

- *„Die unmittelbare sichtbare Vernichtung der Freiheit [...] ausgeführt durch wirtschaftliche Macht;*
- *das Ruinieren eines Wirtschaftssystems mit freiheitsvernichtenden Folgen für den Bürger [...];*
- *das Aushebeln von Teilen einer freiheitsschützenden Vereinigung von Menschen unter Einsatz von Wirtschaftsmacht [...]*“;
- ausschließlich vorsätzliches Handeln könne genügen;
- es wirken die allgemeinen Rechtfertigungs- und Entschuldigungsgründe des StGB.[62]

In seinem fünften Kapitel „*Weiterführende Ansätze*“ zeigt *Naucke* Gedanken der aktuellen strafrechtlichen Debatte auf, die den Begriff der politischen Wirtschaftsstraftat fortführen.[63] Dabei grenzt er drei Bereiche voneinander ab:

- Die „*strafrechtliche Bewertung des Ausnutzens wirtschaftlicher und finanzieller Größe*“: Das eigentlich Strafwürdige sei das als „*selbstverständlich angenommene[s] Zusammenwirken von Personen in politisch machtvollen Geldorganisationen und finanziell abhängiger Politik*“;
- die „*strafrechtliche Einordnung des Schwächens republikanischer Organisationsformen durch wirtschaftliche Verläufe, die als unausweislich bezeichnet werden*“: Das Zustandekommen und der Inhalt des *Finanzmarktstabilisierungsfondsgesetzes 2008* reihe sich nämlich in die wenig rühmliche Reihe der Ermächtigungsgesetzte des 20. Jahrhunderts ein;
- die „*Systematisierung und Ausweitung des freiheitsschützenden Wirtschaftsstrafrechts*“: Ein funktionstüchtiges und freiheitsschützendes Wirtschaftsstrafrecht sei auch in einer, durch ungehinderte Märkte gekennzeichneten, Marktwirtschaft und nicht bloß in einer Planwirtschaft ein *politisches Wirtschaftsstrafrecht*.[64]

Naucke kommt abschließend zu dem Ergebnis, dass der Wirtschaftsbürger künftig ein *politisches Wirtschaftsstrafrecht* gegen die überwältigende Macht einer Wirtschafts- und Finanzorganisation – wie schon jetzt mit dem Völkerstrafrecht gegen die Macht des Staates möglich – zu Hilfe rufen können müsse.[65]

---

62 *Naucke*, Der Begriff der politischen Wirtschaftsstraftat, S. 62.
63 *Naucke*, Der Begriff der politischen Wirtschaftsstraftat, S. 63.
64 *Naucke*, Der Begriff der politischen Wirtschaftsstraftat, S. 63 ff.
65 *Naucke*, Der Begriff der politischen Wirtschaftsstraftat, S. 101.

Für die Zukunft ist im Umgang mit wirtschaftlicher Macht der Vorschlag eines *politischen Wirtschaftsstrafrechts* nach dem Vorbild des Völkerstrafrechts plausibel. Dieses Konzept internationalen Zugriffs bedarf weiteren Ausbaus. Mit der Schrift *Nauckes* ist der Grundstein der *politischen Wirtschaftsstraftat* jedoch zunächst *theoretisch* überzeugend gelegt.

C. Ausblick auf die Untersuchung

Die generellen Zurechnungsperspektiven *Nauckes* und *Schünemanns* fordern den aktiven Strafjuristen dazu heraus, das *aktuelle* Strafrecht auf seine Umsetzungsmöglichkeiten und auf seine Feststellungsfähigkeit für individuell zuschreibbares Unrecht gerade im Banken- und Finanzbereich im Sinne des § 266 StGB prüfend anzuwenden.

Vor der zivil- und strafrechtlichen Pflichtenanalyse bedarf es einer ökonomischen Metaanalyse und einer Tatsachensichtung der Banken- und Finanzkrise, deren *Genese,* der *Kreditverbriefungen* und sogenannter *Zweckgesellschaften.* An erster Stelle steht dabei die Klärung des Sachverhalts der Banken- und Finanzkrise. Im Gegensatz zu anderen juristischen Problembereichen ergeben sich die zugrunde liegenden Tatsachen nicht aus Gerichtsakten und Dokumenten. Daher muss der Sachverhalt anhand öffentlich zugänglicher Quellen zunächst einmal aufgearbeitet werden. Die *Entstehung* und der *Verlauf* der Krise auf internationaler Ebene müssen nachgezeichnet und entsprechende finanzwirtschaftliche Instrumente dargestellt werden.

Erst die tatsächliche Analyse des Banken- und Finanzsystems wird die zivil- und strafjuristische Pflichtentransparenz im Sinne juristischer Zurechnung möglich machen.

Teil 1: Die Finanzkrise – Genese, Verbriefungen, Beispiel

Um zu verstehen, wie es zu einer Krise der Banken auf dem deutschen Finanzmarkt gekommen ist, die auch auf die Realwirtschaft übergegriffen hat, ist es notwendig, die Entstehung und den Verlauf der Finanzkrise auf internationaler Ebene nachzuzeichnen und die entsprechenden finanzwirtschaftlichen Instrumente darzustellen, die in diesem Zusammenhang genutzt wurden. Es kann allerdings nicht die komplette Bandbreite aller Aktivitäten und möglicher Konstellationen aufgearbeitet werden; vielmehr müssen einzelne Konstellationen herausgegriffen werden. Zunächst wird daher zum besseren Verständnis der Aktivitäten der Blick auf die Entwicklung des Marktes für Wohnungsbaudarlehen in den *USA* geworfen, der als „*Ausgangspunkt der Finanzkrise*"[66] gilt.

A. Genese der Krise

I. Der ökonomische Ausgangspunkt der Krise

Der Ausgangspunkt der Finanzkrise wird in den *USA*, kausal auf dem Zusammenspiel von reichlicher Liquidität und niedrigen Zinsen begründet, gesehen.[67] Doch wie kam es dazu?

Nach dem Börsenboom der 1990er Jahre fielen die Aktienkurse der amerikanischen Aktien seit dem Jahr 2000 drastisch ab, die *Internetspekulationsblase* (häufig auch als *Dotcom-Blase* bezeichnet) platzte.[68] Diese Tendenz wurde zudem durch die Attacke auf das *World Trade Center* am 11. September 2001 und die darauf folgenden Kriege im *Irak* und *Afghanistan* verstärkt.[69] Insbesondere die

---

66 *Sachverständigenrat* Gutachten 2007/2008, S. 89 ff.; *Mock/Kappius*, S. 4; *Sinn*, S. 48 ff.; *Shiller*, S. 23 ff.; *Rudolph*, ZGR 2010, S. 2 ff.; Bloss/Ernst/Häcker/Eil, S. 15 ff.

67 *De Larosiere*, S. 7; *Mock/Kappius*, S. 3.

68 *Sinn*, S. 44; *Bloss/Ernst/Häcker/Eil*, S. 15.

69 *Sinn*, S. 44; *Bloss/Ernst/Häcker/Eil*, S. 15.

Kurse des *Deutschen Aktienindex* (DAX), des *EURO STOXX 50* und die des amerikanischen Index *Standard & Poor's 500* fielen:

Abbildung 2: *Kurse des* Deutschen Aktienindex (DAX), EURO STOXX 50 (SX5E) *und* Standard & Poor's 500 (SPX)*, normalisiert zum 02.01.1998, im direkten Vergleich zu Tageskursen*[70]

Aufgrund dieser extremen Einbrüche der Aktienmärkte senkte die *Federal Reserve*, die US-Notenbank (kurz: *Fed*), den Leitzins für kurzfristige Refinanzierungsgeschäfte: Von seinem Spitzenniveau in Höhe von 6,5 % im Jahr 2000 fiel der Leitzins bis gegen Ende des Jahres 2001 auf einen Wert von 1,75 % und in den Jahren 2002 und 2003 schließlich auf einen Tiefstand – mit historisch niedrigem Niveau – von 1 %[71]:

70 *Bloomberg Finance L.P.*, Kursabfrage unter www.bloomberg.com, abgerufen am 06.08.2013.

71 *Sachverständigenrat* Gutachten 2007/2008, S. 96; *Sinn*, S. 54; *Bloss/Ernst/Häcker/Eil*, S. 15.

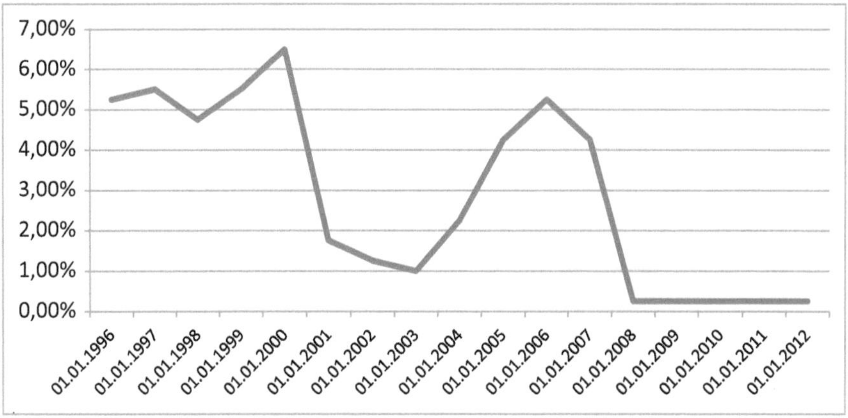

Abbildung 3: *US-Leitzinsen der* Federal Reserve[72]

Diese Zinssenkung verfolgte den Zweck, die amerikanische Wirtschaft mit billigem Geld anzukurbeln, sodass diese sich wieder schnell von ihrem Tief der Jahre 2000/2001 erholte.[73]

Da nach dem Einbruch der Aktienmärkte im Jahr 2000 andere Finanzprodukte nun erheblich weniger Rendite abwarfen, wirkte sich die Zinssenkung auf die amerikanische Bevölkerung aus, insbesondere auf deren Bereitschaft, ihr Geld in eigene Immobilien anzulegen.[74] Verstärkt wurde diese Entwicklung zudem dadurch, dass der Besitz eines eigenen Hauses seit der Zeit des *New Deals* in den 1930er Jahren eine immer wichtigere Rolle bei der sozialen Absicherung amerikanischer Familien einnahm.[75] Es war politische Zielsetzung, auch weniger begüterte amerikanische Bürger bei der Verwirklichung ihres *American Dreams* von den eigenen vier Wänden zu unterstützen und damit auch einen Beitrag zu deren Altersvorsorge zu leisten.[76] Daher wurde der Erwerb von Wohneigentum durch private Haushalte mit niedrigem Einkommen besonders gefördert.[77] Die Förderung erfolgte unter anderem über die eigens dafür im Jahre 1938

72 *The Federal Reserve*, Monetary Policy, Open Market Operations, the federal funds rate, abrufbar unter www.federalreserve.gov, zuletzt abgerufen am 06.08.2013.

73 *Sinn*, S. 54.

74 *Mock/Kappius*, S. 5; *Sinn*, S. 54; *Bloss/Ernst/Häcker/Eil*, S. 15.

75 *Sinn*, S. 112; *Rudolph*, ZGR 2010, S. 4; näher hierzu *Shiller*, S. 23 ff.

76 *Rudolph*, ZGR 2010, S. 4; *Shiller*, S. 23, der von einem „*würdigen und bewundernswerten nationalen Ziel, den Hausbesitz zu fördern*" spricht.

77 *Mock/Kappius*, S. 5; *Sinn*, S. 119 f.

gegründeten Banken *Freddie Mae* und *Freddie Mac*, sogenannte *Government Sponsored Enterprises*.[78]

In Bezug auf die Finanzmarktakteure wirkte sich die Zinssenkung dahingehend aus, dass sie ihren Verschuldungsgrad erhöhten, da der niedrige Zinssatz den Anreiz geschaffen hatte, mehr Fremdkapital aufzunehmen. Bei einer höheren Verschuldung stellt sich unter der Bedingung, dass die interne Verzinsung des zusätzlich aufgenommenen Kapitals den zu zahlenden Zinssatz für das zusätzliche Kapital übersteigt, eine vergleichsweise höhere Eigenkapitalrendite ein (sogenannte *Leverage-Chance*).[79]

> „*Die Leverage-Gleichung lautet wie folgt:* $rEK = rGK + \frac{rFK}{EK} * (rGK - rFK)$. *Die Rendite (rEK) des Eigenkapitals ergibt sich als Summe aus der Rendite des Gesamtkapitals (rGK), das heißt der Rendite, die auf der Aktivseite der Bilanz erwirtschaftet wird, und der mit dem Verschuldungsgrad oder Leverage-Faktor (FK/EK) multiplizierten Differenz aus der Gesamtkapitalrendite und der Fremdkapitalrendite (rFK), dem Kreditzins.*“[80]

Solange also die Gesamtkapitalrendite (rGK) größer ist als der Fremdkapitalzinssatz (rFK), kann die Eigenkapitalrendite durch den Einsatz von zusätzlichem Fremdkapital angehoben werden.[81] Das Problematische jedoch an dieser verlockenden *Leverage-Chance* ist das *Leverage-Risiko*: Sobald nämlich die Bedingungen des günstigen Fremdkapitalzinses nicht mehr gegeben sind, sinkt die Eigenkapitalrendite. Dies birgt die sehr ernst zu nehmende Gefahr, dass das Eigenkapital des Unternehmens durch Zins- und Tilgungsleistungen aufgezehrt wird und unter Umständen eine spätere Überschuldung des Unternehmens zu dessen Insolvenz führt.[82] Selbst wenn sich das Risiko der Insolvenz nicht realisiert, wird die Kreditwürdigkeit des Unternehmens schnell sinken, und Fremdkapital wird nur noch zu erheblich gestiegenen Zinssätzen oder gar nicht mehr zu bekommen sein.[83] Durch die sehr niedrigen Zinsen wurde folglich ein Anreiz geschaffen, den Verschuldungsgrad zu erhöhen und damit höhere Risiken einzugehen.[84]

---

78 *Münchau*, S. 101.

79 *Baetge/Kirsch/Thiele*, S. 9; *Schmidt/Terberg*, S. 244.

80 *Sachverständigenrat* Gutachten 2007/2008, S. 97.

81 *Thommen/Achleitner*, S. 555; *Drukarczyk*, S. 144.

82 *Baetge/Kirsch/Thiele*, S. 9.

83 *Thommen/Achleitner*, S. 556.

84 *BIZ*, 77. Jahresbericht, S. 10; *Sachverständigenrat* Gutachten 2007/2008, S. 97.

II. Die Entwicklung des US-Immobilienmarktes

Durch die niedrigen Zinsen wurde also die Aufnahme von Krediten, und hierbei insbesondere von Hypothekenkrediten, extrem begünstigt.[85] Ein Hypothekenkredit ist ein Darlehen, das durch einen zugrunde liegenden Vermögenswert – im Allgemeinen handelt es sich um eine Immobilie und das Grundstück (als zugrunde liegende Vermögenswerte) – besichert ist, welcher im Falle eines Ausfalls vom Darlehensgeber verwertet werden kann.[86] Durch die niedrigen Zinsen änderte sich die Einstellung der Menschen gegenüber Krediten; es wurde für Privatleute – wie auch für Finanzakteure (vgl. *Leverage-Chance*) – rationaler Geld zu leihen als zu sparen.[87] Die Quote der Hausbesitzer nahm daher von 1997 bis 2005 in den *Vereinigten Staaten* um 11,5 % zu.[88] Am stärksten stieg die Hausbesitzerquote bei den Menschen mit „*geringem bis mittlerem Einkommen*", also bei den unteren Schichten der amerikanischen Gesellschaft,[89] die sich bis dahin noch kein eigenes Haus leisten konnten. Diese erhöhte Nachfrage führte seit den 90er Jahren zu nahezu stetig steigenden Immobilienpreisen:

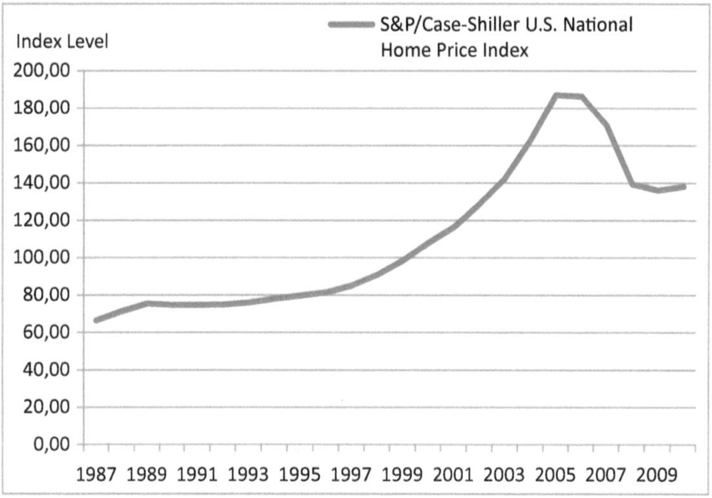

Abbildung 4: *Immobilienpreise in den Vereinigten Staaten,* S&P/Case-Shiller U.S. National Home Price Index[90]

---

85 *BIZ*, 77. Jahresbericht, S. 26

86 *Bloss/Ernst/Häcker/Eil*, S. 75.

87 *Mock/Kappius*, S. 5; *Münchau*, S. 6; *BIZ*, 77. Jahresbericht, S. 9, 26.

88 *Shiller*, S. 23.

89 *Shiller*, S. 23.

90 *S&P/Case-Shiller U.S. National Home Price Index*, www. Standardandpoors.com.

Die realen Immobilienpreise stiegen *„wie eine startende Rakete von 1997 bis zum Höhepunkt 2006 um 85 %“*[91]. Die steigenden Immobilienpreise stellten aber auch eine erhebliche Gefahr dar. Sie verführten viele Marktteilnehmer zu einem sorglosen Umgang mit den zugehörigen Immobilienkrediten, da sie immer höhere Hypotheken auf Immobilien ermöglichten.[92] Viele Hausbesitzer wähnten sich durch den Anstieg der Preise abgesichert und nahmen vielfach auch die Gelegenheit wahr, immer neue Kredite auf ihre Häuser aufzunehmen, zumal manche ihre Hypotheken nur mit solchen Refinanzierungen bedienen konnten.[93] Es war gang und gäbe, Häuser mit bis zu 125% ihres Wertes zu beleihen, um die Differenz zum eigentlichen Kaufpreis für Konsumzwecke zu nutzen.[94] Viele einzelne sich gegenseitig antreibende Faktoren waren für diese als spiralförmig[95] zu bezeichnende Entwicklung verantwortlich.

Die Kreditvergabe an sich erfolgte in dieser Zeit zumeist durch freie Makler (*„für das Jahr 2006 wurden geschätzt 63,3% aller Subprime-Kredtivergaben durch Makler generiert“*[96]), die, da sie von den Provisionen lebten, selbst möglichst viele und hohe Kredite vermitteln wollten.[97] In diesem Zusammenhang wird zum Teil sogar *„von einer regelrechten Jagd auf Haushalte noch ohne eigene Immobilie gesprochen“*[98]. Aufgrund der stetig weiter steigenden Immobilienpreise (siehe Abbildung 4), der niedrigen Zinsen (siehe Abbildung 3), der gesetzlichen Vorgaben in den *USA* zur Förderung von Wohneigentum,[99] der fortwährend hohen Nachfrage nach Krediten für Verbriefungsgeschäfte[100] und der Gewissheit der kreditgebenden Institute, die Kreditrisiken weitergeben zu können,[101] wurden die ursprünglich geltenden Bonitätsanforderungen an Kreditnehmer zunehmend aufgeweicht.[102] Bald wurde auch auf die üblichen mindestens 20 % Eigenkapital der Kreditnehmer verzichtet.[103] Zusätzlich muss erwähnt werden, dass Hauskredite in

---

91 *Shiller*, S. 46.

92 *BIZ*, 77. Jahresbericht, S. 6; *Sinn*, S. 48; *Bloss/Ernst/Häcker/Eil*, S. 16.

93 *BIZ*, 77. Jahresbericht, S. 6; *Sinn*, S. 48; *Bloss/Ernst/Häcker/Eil*, S. 16.

94 So *Sinn*, S. 113 f.

95 Vgl. *Hellwig*, S. 47, der ebenfalls von einer spiralförmigen Entwicklung spricht.

96 *Bloss/Ernst/Häcker/Eil*, S. 46.

97 *Rudolph*, S. 6; *Bloss/Ernst/Häcker/Eil*, S. 31.

98 *Sinn*, S. 121.

99 *Sinn*, S. 119 ff.

100 *Sinn*, S. 134.

101 *Sinn*, S. 134.

102 *BIZ*, 77. Jahresbericht, S. 9; *Deutsche Bank*, Finanzstabilitätsbericht 2007, S. 29.

103 *Sinn*, S. 112, mit einem konkreten Beispiel, siehe auch S. 121: *„[B]is zum gänzlichen Verzicht auf Angaben zum Einkommen und Vermögen“*; vgl. auch *Rudolph*, ZGR 2010 S. 6; *Münchau*, S. 8; *Sachverständigenrat* Gutachten 2007/2008, S. 99.

den *USA* gewöhnlich als sogenannte *nonrecourse loans* vergeben werden.[104] Dies bedeutet, dass die in *Deutschland* üblicherweise bestehende *persönliche* Haftung des Kreditnehmers nicht besteht. Im Gegensatz zu den in *Deutschland* geltenden Standards diente somit regelmäßig allein die beliehene Immobilie als Sicherheit für den Kredit. Sollte also eine Finanzierung nicht funktionieren, kann der Kreditnehmer ausziehen, der Bank einfach die Schlüssel der Immobilie übergeben und den Verzicht auf sein Eigentum erklären.[105] Damit ist er von seiner Zahllast befreit, und die Immobilie fällt der Bank zu – unabhängig davon, ob ihr Wert überhaupt dem des Kreditengagements entspricht.

An die steigende Zahl der bonitätsschwachen Kreditnehmer[106] wurden über die aufgeweichten Bonitätsanforderungen hinaus auch, aufgrund der extrem niedrigen Refinanzierungszinsen, Kredite mit variabler Verzinsung vergeben. 92 % der im Jahr 2006 neu vergebenen *Subprime*-Kredite (Hypotheken mit schlechter Bonität auf der schlechtesten Stufe stehend[107]) und 68 % der neu vergebenen Alt-A Kredite (qualitativ auf zweitschlechtester Stufe stehende Hypotheken[108]) hatten variable Zinssätze.[109] Diese waren zwar im Detail unterschiedlich ausgestaltet, üblicherweise handelte es sich im Grundsatz jedoch entweder um sogenannte *Teaser Rate*-Kredite[110], die mit einem festen niedrigen Zinssatz begannen, der dann später auf den marktüblichen Zins angehoben wurde, oder um sogenannte *Interest Only*-Kredite, für die in den ersten Jahren nur Zinsen gezahlt werden mussten.[111] So kam es dazu, dass schließlich auch an extrem finanzschwache Personen ohne festes Arbeitseinkommen oder Vermögen oder an solche, die bereits anderweitig verschuldet waren, Kredite zum Häuserkauf vergeben wurden. Diese Personen waren von vornherein nicht in der Lage, die Kredite langfristig zu bedienen (sogenannte *Ninjas*: No Income, No Job or Assets).[112] Da die Banken mit auch weiterhin

---

104 *Sinn*, S. 109.

105 *Sinn* S. 111.

106 Vgl. *Shiller*, S. 23.

107 *BIZ*, 77. Jahresbericht, S. 9; *Sachverständigenrat* Gutachten 2007/2008, S. 99; *Rudolph*, ZGR 2010, S. 7.

108 *Sachverständigenrat* Gutachten 2007/2008, S. 99; *Rupolph*, ZGR 2010, S. 7.

109 *Hellwig*, S. 18.

110 teaser = Lockartikel.

111 *Sinn*, S. 114; *Sachverständigenrat* Gutachten 2007/2008, S. 99; vertiefend: *Bloss/Ernst/Häcker/ Eil*, S. 58 ff.

112 *Sinn*, S. 121; *Münchau*, S. 8; *Rudolph*, ZGR 2010, S. 8; *Bloss/Ernst/Häcker/Eil*, S. 31; *Sachverständigenrat* Gutachten 2007/2008, S. 99.

steigenden Immobilienpreisen rechneten, genügten ihnen die Immobilien als Sicherheiten, wobei die Werthaltigkeit solcher Kredite aber lediglich auf der Preissteigerung der Immobilie beruhte.[113] Von den steigenden Werten konnten die Kreditnehmer profitieren, um sich zu refinanzieren bzw. die Kredite umzustrukturieren.[114] Hinzu trat die Unwissenheit dieser finanzschwachen Kreditnehmer, deren Hypothekenzinsen schon bald nach oben angepasst werden sollten. Sie waren sich der Risiken, die mit Hypotheken verbunden waren, wohl aufgrund unzureichender Aufklärung nicht bewusst.[115] Somit wussten sie nicht, dass sie im Falle einer Krise nicht mehr in der Lage sein würden, ihre Hypotheken zu refinanzieren.[116] Diese spiralförmige Entwicklung aus zunächst billigen Kreditangeboten und sinkenden Bonitätsanforderungen hatte mit der Zeit zu einer erheblichen Zunahme von *Subprime-Mortgages* oder *Alt-A-Segment-Krediten* geführt[117] – von 180 Mrd. USD im Jahr 2001 auf 625 Mrd. USD im Jahr 2005.[118] Die Vergabe von Krediten an Kreditnehmer vor allem mit geringer Bonität nahm also extrem zu.

In der Gesamtentwicklung ist zu beobachten, dass sich die Sparquote in den *USA* zu dieser Zeit negativ entwickelte.[119] Diese gibt an, wie viel Prozent des verfügbaren Einkommens der privaten Haushalte gespart wird.[120] 1990 lag die Sparquote noch bei 7 %, in den Jahren 2005 und 2006 lag sie unter null.[121] Schaut man sich im gleichen Zeitraum die Sparquote der deutschen Haushalte an, so lag diese im Jahr 1991 bei 12,9 %, im Jahr 2005 bei 10,5 % und im Jahr 2009 bei 11,2 %.[122] Das erhebliche Kreditwachstum in den USA wurde durch Kapitalzuflüsse aus dem Ausland finanziert.[123] Mit den Worten von *Sinn* ausgedrückt: die

113 *Rudolph*, S. 6; *Sinn*, S. 137.

114 *BIZ*, 77. Jahresbericht, S. 6; *Bloss/Ernst/Häcker/Eil*, S. 26.

115 *Shiller*, S. 130; *Münchau* S. 8.

116 So *Shiller*, S. 130; *Münchau* S. 8 der sogar davon spricht, dass die „*Menschen übers Ohr gehauen wurden*".

117 *Sinn*, S. 124; *Bloss/Ernst/Häcker/Eil*, S. 64 f.

118 *Sachverständigenrat* Gutachten 2007/2008, S. 99; *de Larosiere*, S. 7.

119 *BIZ*, 77. Jahresbericht, S. 22.

120 *Statistisches Bundesamt Wiesbaden*, Begriffserläuterungen für den Bereich Volkswirtschaftliche Gesamtrechnungen abrufbar unter https://www.destatis.de/DE/ZahlenFakten/Gesamtwirtschaft Umwelt/VGR/Begriffserlaeuterungen/SparquoteHaushalte.html, zuletzt abgerufen: 13.01.2013.

121 *De Larosiere*, S. 7.

122 *Statistisches Bundesamt Wiesbaden*, Pressemitteilung Nr. 410, vom 29.10.2009: 1. Halbjahr 2009: Sparquote mit 11,2% auf Vorjahresniveau.

123 *Sinn*, S. 36 ff.

„*Amerikaner lebten auf Pump*".[124] Belegen lässt sich diese Entwicklung durch das Leistungsbilanzdefizit der *USA* in Höhe von ca. 5 %.[125]

Langfristig konnte diese Gesamtentwicklung aber nur solange funktionieren, wie die Immobilienpreise stiegen. Ende 2006 stoppten die Banken zunehmend die Vergabe von Krediten an problematische Kunden, die Sorge um die Kreditqualität führte zu einem Rückzug der Investoren[126] – die Hauspreise hatten aber ohnehin schon seit dem Jahr 2005 begonnen zu stagnieren.[127] Im weiteren Verlauf war diese Entwicklung der ausbleibenden Tilgungen und offenen Forderungen letztlich der Auslöser der Krise, die die Banken weltweit in Liquiditätsengpässe brachte.[128] Es kam zu einer spiralförmigen, strudelartigen Abwärtsbewegung mit einem negativen Effekt für Kreditinstitute weltweit.[129]

Im Folgenden soll geklärt werden, wie sich Risiken aus den amerikanischen Wohnimmobilienhypotheken weltweit in den Bankbilanzen niederschlagen konnten. Der Hauptgrund dafür ist in der Weitergabe dieser Kredite in Rahmen von sogenannten Verbriefungstransaktionen zu sehen. Hierbei stellt sich die Frage, warum es eigentlich zu der verstärkten Verbriefung kam, die als Vehikel der weltweiten Verteilung von US-amerikanischen Hypothekenkrediten gesehen werden muss.

III. Die Verbriefungswelle

Für die Finanzierung von Wohneigentum in den *USA* ist die Weitergabe von Kreditpositionen an institutionelle Anleger typisch und nichts Ungewöhnliches.[130] Spätestens aber seit der internationalen Harmonisierung der Bankenaufsicht im Jahre 1988 wurde das Abstoßen von Krediten zur Regel.[131] Denn die Banken begannen Teile ihrer Kredite zu verkaufen, um so Risiken aus ihrer Bilanz zu entfernen, die mit Eigenkapital unterlegt werden mussten, um dadurch dieses Eigenkapital für andere oder weitere Geschäfte wieder „frei" zu haben.[132]

---

124 *Sinn*, S. 36 ff.

125 *Sinn*, S. 36; *Münchau*, S. 155 ff.

126 *Bloss/Ernst/Häcker/Eil*, S. 26.

127 *Sinn*, S. 124; *Münchau*, S. 14.

128 *Bloss/Ernst/Häcker/Eil*, S. 27; *Sinn*, S. 49; *Sachverständigenrat* Gutachten 2007/2008, S. 99 f.

129 *De Larosiere*, S. 13; *Hellwig*, S. 34.

130 *Rudolph*, ZGR 2010, S. 8.

131 *Deutsche Bundesbank*, Monatsbericht Juli 1997, S. 59.

132 *Münchau*, S. 10; *Sachverständigenrat* Gutachten 2007/2008, S. 108, 117.

Seinen Ursprung hat dies in der *Baseler Eigenkapitalübereinkunft* (*Basel I*). Darin wurde festgelegt, dass das „*Standardverhältnis von Eigenkapital zu risikogewichteten Aktiva* [nur noch] *8 % betragen*“[133] darf. Aufgrund dieser Regelung dürfen Banken nun nicht mehr unbegrenzt Kredite vergeben. Den Banken wurde also eine Kreditobergrenze vorgegeben, die von ihrem Eigenkapital abhängig ist. Für die Banken ist durch die Vorgabe einer Obergrenze, unter dem Gesichtspunkt der Effizienz, die Weitergabe von Kreditrisiken eine logische Konsequenz.[134] Nach dem Einbruch des Aktienmarktes im Jahr 2000 (siehe: Abbildung 2; das Platzen der sogenannten *Dotcom-Blase*) waren viele durch die geringen Zinssätze mit hoher Liquidität ausgestattete Anleger auf der Suche nach neuen attraktiven, renditestarken Anlageformen und Ertragsmöglichkeiten.[135] Dies führte dazu, dass die institutionellen Anleger versuchten, die durch niedrige kurzfristige Fremdzinssätze begünstigte *Leverage-Chance* zu nutzen,[136] die, wie oben bereits dargestellt, durch die Aufnahme von Fremdkapital die Eigenkapitalrendite eines Unternehmens steigen lässt.[137] Außerdem versuchten die Banken risikoreiche „schlechte“ Kreditrisiken aus ihren Büchern zu entfernen oder hatten ihr Geschäftsmodell sowieso auf das Geschäftsfeld der Verbriefung ausgelegt,[138] sodass der Großteil der *Subprime*-Hypotheken schnell verbrieft und weiter verkauft wurde.[139] In dieser Situation entwickelten sich neuartige Techniken der Kreditverbriefung.[140] Eine zentrale Rolle spielte im Bereich der Verbriefungen die sogenannte Strukturierung von verbrieften Kreditportfolios.[141] Der Anteil der Verbriefungen von Krediten mit geringer Bonität nahm in den Jahren 2001 bis 2006 überproportional zu.[142] Er stieg von ca. 7 % im Jahr 2001 auf über 40 % im Jahr 2006:[143]

---

133 *Baseler Ausschuss für Bankenaufsicht bei der Bank für Internationalen Zahlungsausgleich*, Internationale Konvergenz der Eigenkapitalmessung und Eigenkapitalanforderungen, S. 10, abgerufen unter www.bis.org.

134 *Münchau*, S. 104.

135 *Hellwig*, S. 34; *Mock/Kappius*, S. 5; *de Larosiere*, S. 8; *Bloss/Ernst/Häcker/Eil*, S. 25; *Rudolph*, ZGR 2010, S. 15.

136 *De Larosiere*, S. 8; *Sachverständigenrat* Gutachten 2007/2008, S. 97.

137 Vertiefend: *Sachverständigenrat* Gutachten 2007/2008, S. 97.

138 *BIZ*, 77. Jahresbericht, S. 10.

139 *Sinn*, S. 131.

140 *Sachverständigenrat* Gutachten 2007/2008, S. 107.

141 *Sachverständigenrat* Gutachten 2007/2008, S. 107.

142 *Ashcraft/Schuermann*, Staff Reort no. 318, S. 2.

143 *Hellwig*, S. 17.

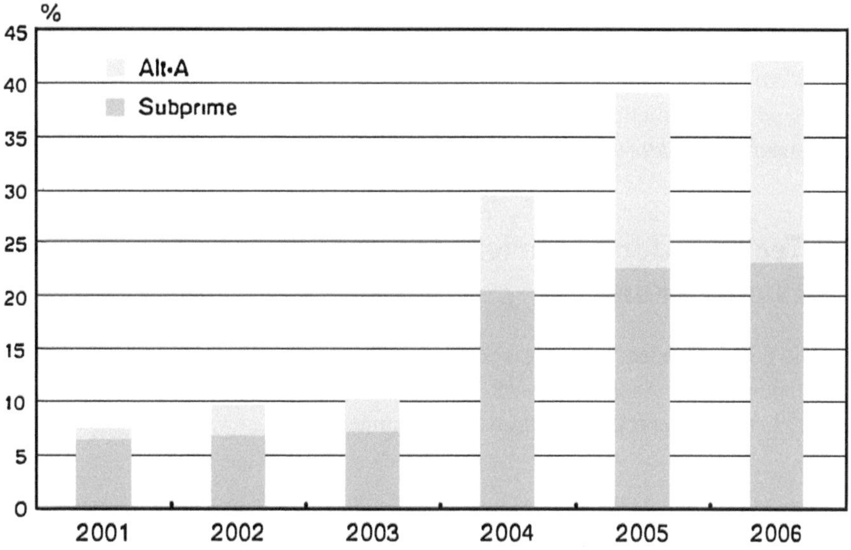

Abbildung 5: „Anteil der Verbriefungen von Krediten mit geringer Bonität am Markt der Mortgage-Backed Securities *(2001–2006)“*[144]

Diese extreme Zunahme von Verbriefungen geringwertiger Hypothekenkredite hatte, indem sie ebenfalls Grund für die steigende Nachfrage an Hypothekenkrediten war, einen preistreibenden Effekt auf die rasant steigenden Immobilienpreise.[145] Damit war diese Zunahme von Verbriefungen mitverantwortlich für die steigende Zahl von Kreditvergaben im untersten Kreditqualitätssegment.[146] Die verbriefenden amerikanischen Institute forderten immer neue Hypotheken, um mit diesen Verbriefungsgeschäfte zu betreiben.[147] Die neu entstandenen Finanzprodukte (diese werden im Folgenden noch eingehend beschrieben) wurden zum Verkaufsschlager in aller Welt.[148]

Diese „neuen“ Verbriefungstechniken bargen jedoch auch Gefahren,[149] denn die Verbriefung der Kredite verstärkte die Tendenz der Herabsetzung der Kreditprüfungen. Die Banken gingen nämlich davon aus, die vergebenen Kredite wieder loszuwerden und so die eingegangenen Risiken wieder aus ihren Bilanzen entfernen

144 Abbildung übernommen aus *Sinn*, S. 132.
145 *Sinn*, S. 134.
146 *Sinn*, S. 134.
147 *Sinn*, S. 134.
148 *Sinn*, S. 134.
149 *Deutsche Bundesbank*, Monatsbericht Juli 2008, S. 22.

zu können.[150] Dieser zunehmend sorglose Umgang mit den Kreditrisiken wurde durch die Verbriefung erheblich gefördert. Das schuf eine Distanz zwischen Bank und Kreditnehmer, die verantwortlich dafür gemacht wird, dass die eingegangenen Kreditengagements nicht mehr mit der gebotenen Sorgfalt überwacht wurden (sogenanntes *Monitoring*).[151]

B. Technik der Verbriefungen/strukturierte Finanzierung

In dem nun folgenden Abschnitt soll dargestellt werden, wie solche Verbriefungen funktionieren. Im Anschluss wird untersucht, inwiefern deutsche Kreditinstitute an solchen Verbriefungsgeschäften teilgenommen haben.

I. Überblick

Mit der Verbriefung von Krediten wird das Ziel verfolgt, das Risiko – welches jedem Kredit als ureigenes Merkmal innewohnt – aus den eigenen Büchern herauszunehmen und auf einen Dritten zu übertragen. Diese Möglichkeit des Kreditrisikotransfers wird nicht lediglich von Banken, sondern auch von anderen Wirtschaftsteilnehmern genutzt.[152] Es handelt sich bei der Verbriefung[153], wie auch bei der Kreditvergabe[154], um Bankgeschäfte. Für die Übertragung von Kreditrisiken wurden mannigfaltige innovative Instrumente entwickelt. In Deutschland war traditionell die Kreditweitergabe nur auf wenige Möglichkeiten wie die Kreditversicherung, die Kreditgarantie und die Syndizierung von Krediten begrenzt.[155] Nur so waren Kreditrisiken aus der Bilanz herauszunehmen.[156] Seit 1998 bildeten sich jedoch immer zahlreichere und modernere kapitalmarktorientierte Instrumente – Verbriefungstransaktionen und verschiedene Ausprägungen von Kreditderivaten – heraus und lösten die traditionellen Instrumente ab.[157] Zum besseren Überblick:

---

150 *Sinn*, S. 134.
151 *Sinn*, S. 134, *Sachverständigenrat* Gutachten 2007/2008, S. 119.
152 *Neumüller/Hochgatterer*, Verbriefung von Unternehmensforderungen, S. 263 ff.
153 § 1 Abs. 1 Nr. 10 KWG.
154 § 1 Abs. 1 Nr. 2 KWG.
155 *Rudolph/Hofmann/Schaber/Schäfer*, S. 14; *Kengeter*, Kreditwesen 2003, S. 628.
156 *Rudolph/Hofmann/Schaber/Schäfer*, S. 14; *Kengeter*, Kreditwesen 2003, S. 628.
157 *Rudolph/Hofmann/Schaber/Schäfer*, S. 14; *Kengeter*, Kreditwesen 2003, S. 628.

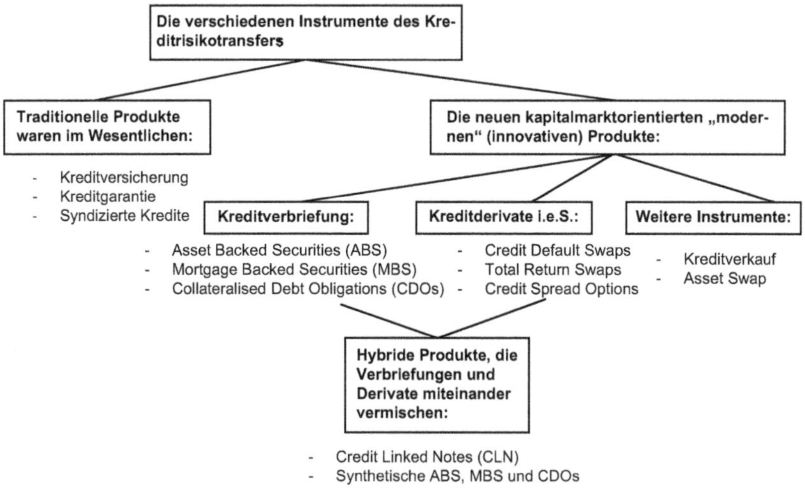

Abbildung 6: Überblick über die Instrumente des Kreditrisikotransfers[158]

Die geläufigsten strukturierten Produkte, die genutzt werden, um Geldflüsse und Risiken neu zu verteilen, sind *Asset Backed Securities* (*ABS*), *Mortgage Backed Securities* (*MBS*) und *Collateralised Debt Obligations* (*CDOs*).[159] Das Prinzip der Verbriefung bleibt bei allen Geschäften das gleiche, bei den meisten Weiterentwicklungen handelt es sich nur um Ableitungen des Grundprinzip der *CDOs*.[160] Folglich soll auf der Darstellung der Verbriefung sowie auf den genannten Instrumenten, und dabei insbesondere auf der Darstellung der in *Deutschland* eine zentrale Rolle[161] spielenden *CDOs*, der Schwerpunkt der folgenden Ausführung liegen. Die *CDOs* waren nicht nur die am schnellsten wachsenden Anlageprodukte und damit wohl auch die „*erfolgreichste Finanzinnovation*“[162] seit den 1980ern,[163] sie waren, wie *Glüder* und *Böhm* schon im Jahr 2003 feststellten, die Variante, mit der deutsche Verbriefungen häufiger als in anderen Ländern abgewickelt wurden;[164] und die Entwicklung des Absatzes von *CDOs* stieg ab dem Jahre 2004 weiterhin rasant an.[165]

---

158 Abbildung nach *Rudolph/Hofmann/Schaber/Schäfer*, S. 14.
159 *Bloss/Ernst/Häcker/Eil*, S. 67.
160 *Münchau*, S. 115.
161 *Sachverständigenrat* Gutachten 2007/2008, S. 112.
162 *Kengeter*, Kreditwesen 2003, S. 627.
163 *Bloss/Ernst/Häcker/Eil*, S. 79.
164 *Glüder/Böhm*, Kreditwesen 2003, S. 646.
165 *BIZ*, 77. Jahresbericht, S. 130.

1. Traditionelle Instrumente des Kreditrisikotransfers

Die herkömmlichen traditionellen Instrumente der Banken zur Überbrückung von Liquiditätsengpässen und zur Vermeidung unerwünschter Risiken in Bilanzen, waren die Kreditversicherung, die Kreditgarantie und die Syndizierung von Krediten.[166]

Bei der Syndizierung von Krediten handelt es sich um die Aufteilung eines Kreditengagements eines Kreditnehmers auf mehrere Kreditgeber.[167] Damit ermöglicht die Syndizierung einer kreditvergebenden Bank die Vergabe von Krediten, die in Bezug auf die Größe bzw. das verfügbare Eigenkapital ökonomisch überdimensioniert oder etwa wegen der Verletzung der Großkreditvorschriften des Kreditwesengesetzes gemäß § 13 KWG ausgeschlossen sind.[168]

Weiterhin gibt es die Möglichkeit des vollständigen oder teilweisen Verkaufs von Krediten aus dem eigenen Kreditportfolio.[169] Hierbei können auch die besonderen Verkaufsformen des Factoring und der Forfaitierung der Forderungen eingesetzt werden.[170]

Ferner bleibt noch die Variante der Kreditversicherung zur Weitergabe von Kreditrisiken.[171] Im Unterschied zu modernen Kreditderivaten, bei denen die Sicherungszahlungen direkt nach Eintritt des Kreditereignisses stattfindet, erfolgt die Zahlung bei der Kreditversicherung erst, wenn die entstandenen Verluste und die Eintrittsursache von der Versicherungsgesellschaft geprüft wurden.[172] Auf der Basis von Kreditversicherungen ist ebenso wenig wie bei Kreditverkäufen oder Abtretungen eine flexible Steuerung der Kreditportfolios möglich.[173] Sie bringen aus Sicht der „modernen" Finanzwelt für die Banken den Nachteil mit sich, dass es sich um starre, schwerfällige und unter Ertrags-Risiko-Gesichtspunkten eher ineffiziente Instrumente handelt, die den Anforderungen der „modernen" Finanzwelt an Flexibilität kaum gerecht werden.[174]

2. Moderne Instrumente des Kreditrisikotransfers

Die „modernen" innovativen Instrumente sollten die Ansprüche an die Flexibilität erfüllen und sind unterschiedlich ausgestaltet. Sie unterscheiden sich erstens

166 *Rudolph/Hofmann/Schaber/Schäfer*, S. 14.
167 *Rudolph/Hofmann/Schaber/Schäfer*, S. 14.
168 *Rudolph/Hofmann/Schaber/Schäfer*, S. 14.
169 *Rudolph/Hofmann/Schaber/Schäfer*, S. 18.
170 *Rudolph/Hofmann/Schaber/Schäfer*, S. 20.
171 *Rudolph/Hofmann/Schaber/Schäfer*, S. 26.
172 *Rudolph/Hofmann/Schaber/Schäfer*, S. 26.
173 *Rudolph/Hofmann/Schaber/Schäfer*, S. 21.
174 *Rudolph/Hofmann/Schaber/Schäfer*, S. 22.

hinsichtlich der Anzahl der Kreditbeziehungen: Beispielsweise sind *Credit Default Swaps* und *Total Return Swaps* solche Konstruktionen, die sich lediglich auf einzelne Kreditengagements beziehen, wobei hingegen *First-to-Default-Swaps*, *Derivate auf Kreditindizes* und *Asset Backed Securities* die Kreditrisiken mehrerer Kreditnehmer handelbar machen.[175]

Zweitens unterteilen sie sich in direkte und indirekte Transferinstrumente: Bei *Credit Default Swaps* oder *Basket Default Swaps* wird das Kreditrisiko direkt vom Verkäufer auf den Käufer übertragen, bei den indirekten Transferinstrumenten, wie z.B. bei den *Asset Backed Securities*, wird das Risiko zuerst auf eine Zweckgesellschaft (*Special Purpose Vehicle*) übertragen.[176]

Drittens ist zwischen statischen und dynamischen Strukturen zu unterscheiden: Werden Beispielsweise *Asset Backed Securities* aus einem vordefinierten übertragenen Forderungsbestand besichert, liegt eine statische Struktur vor.[177] Unterliegt der Forderungspool hingegen Veränderungen, weil etwa fällige Forderungen durch neue ersetzt werden, liegt eine dynamische Struktur vor.[178]

II. *Collateralised Debt Obligations*

1. Der Grundsatz des Verbriefungsprozesses

Grundsätzlich läuft der Verbriefungsprozess wie folgt ab: Der Verkäufer (*Originator*) bildet Forderungspools, die Kreditforderungen beinhalten.[179] Diese Pools können alle Arten von Krediten beinhalten, z.B. Hypotheken, Konsumentenkredite, Forderungen aus Lieferungen und Leistungen.[180] Diese Pools werden mit den als Sicherheit hinterlegten Vermögenswerten (*Collaterals*) an die neu gegründete Zweckgesellschaft (*Special Purpose Vehicle* (*SPV*)) verkauft.[181] Die Zweckgesellschaften stellen dann

175 *Rudolph/Hofmann/Schaber/Schäfer*, S. 25; *Sachverständigenrat* Gutachten 2007/2008, S. 110.

176 *Rudolph/Hofmann/Schaber/Schäfer*, S. 26; *Sachverständigenrat* Gutachten 2007/2008, S. 110 ff.

177 *Rudolph/Hofmann/Schaber/Schäfer*, S. 26.

178 *Rudolph/Hofmann/Schaber/Schäfer*, S. 26.

179 *Sinn*, S. 136; *Rudolph* ZGR 2010, S. 9; *Bloss/Ernst/Häcker/Eil*, S. 69; *Sachverständigenrat* Gutachten 2007/2008, S. 111; *Jahn*, in: Bankrechts-Handbuch, § 114a, Rn. 4.

180 *Sinn*, S. 136; *Rudolph* ZGR 2010, S. 9; *Bloss/Ernst/Häcker/Eil*, S. 69; *Sachverständigenrat* Gutachten 2007/2008, S. 111; *Jahn*, in: Bankrechts-Handbuch, § 114a, Rn. 4.

181 *Sinn*, S. 136; *Rudolph* ZGR 2010, S. 9; *Bloss/Ernst/Häcker/Eil*, S. 69; *Sachverständigenrat* Gutachten 2007/2008, S. 111; *Jahn*, in: Bankrechts-Handbuch, § 114a, Rn. 4.

verbriefte Ansprüche gegen den Inhalt der Forderungspools aus.[182] Das zum Kauf der Forderungen benötigte Kapital beschafft sich das emittierende *SPV* durch die Emission von Eigen- und Fremdkapital, und die generierten Barmittel seines Portfolios gibt es wieder an die Investoren aus.[183] Eine Rücklagenbildung oder ähnliche Risikovorsorge wird nicht betrieben.[184] Daher muss das *SPV* – um das Liquiditätsrisiko zu minimieren – wegen seines nur sehr geringen Eigenkapitals regelmäßig mit einer Zusage von seiner Muttergesellschaft (oder Dritten) ausgestattet werden, es im Falle mangelnder eigener Liquidität mit Geldmitteln zu versorgen.[185] Die Zweckgesellschaften haben nämlich keine ausreichenden Reserven, um unvorhergesehene Liquiditätsengpässe, wie sie später entstanden sind, selbst ausgleichen zu können.[186] Hierzu mussten sie die eingeräumten Liquiditätslinien in Anspruch nehmen.[187]

Handelt es sich um einen Pool aus Hypothekenkrediten, also solchen Darlehen, die durch eine Immobilie besichert sind, so spricht man von *Mortgage Backed Securities* (*MBS*).[188] Bei Pools anderer Kredite wie Autokredite, Konsumkredite, Kreditkartenforderungen oder Leasingforderungen spricht man von *Asset Backed Securities* (*ABS*).[189] Im Folgenden werden wegen der Beschränkung dieser Untersuchung auf Hypothekenkredite nur noch *MBS* behandelt.

Dadurch, dass regelmäßig im Wege eines sogenannten *True Sales* die vollständige Übertragung der *Collaterals* auf das *SPV* erfolgte, waren die Investoren, die in die strukturierten Produkte investierten, welche vom *SPV* emittiert wurden, vor den Gläubigern im Falle einer Insolvenz des *Originators* geschützt.[190] Durch diese Übertragung entsteht eine sogenannte insolvenzferne Position des *SPV* weg vom *Originator*; zudem bestehen Ansprüche allein gegen das *SPV*.[191] An das *SPV*, das

---

182 *Sinn*, S. 136; *Rudolph* ZGR 2010, S. 9; *Bloss/Ernst/Häcker/Eil*, S. 69; *Sachverständigenrat* Gutachten 2007/2008, S. 111; *Jahn*, in: Bankrechts-Handbuch, § 114a, Rn. 4.
183 *Sinn*, S. 136; *Rudolph* ZGR 2010, S. 9; *Bloss/Ernst/Häcker/Eil*, S. 69; *Sachverständigenrat* Gutachten 2007/2008, S. 111; *Jahn*, in: Bankrechts-Handbuch, § 114a, Rn. 4.
184 *Sinn*, S. 136; *Rudolph* ZGR 2010, S. 9; *Bloss/Ernst/Häcker/Eil*, S. 69; *Sachverständigenrat* Gutachten 2007/2008, S. 111; *Jahn*, in: Bankrechts-Handbuch, § 114a, Rn. 4.
185 *Deutsche Bundesbank*, Finanzstabilitätsbericht 2007, S. 47; *Jahn*, in: Bankrechts-Handbuch, § 114a, Rn. 4; *Bloss/Ernst/Häcker/Eil*, S. 110; *Sinn*, S. 136; *Hellwig*, S. 38.
186 *Hellwig*, S. 43.
187 Vgl. z.B.: *IKB AG*, Geschäftsbericht 2007/2008.
188 *Jahn*, in: Bankrechts-Handbuch, § 114a, Rn. 6; *Bloss/Ernst/Häcker/Eil*, S. 74 ff.; *Sachverständigenrat* Gutachten 2007/2008, S. 112.
189 *Bloss/Ernst/Häcker/Eil*, S. 72, 75; *Rudolph/Hofmann/Schaber/Schäfer*, S. 39; *Sachverständigenrat* Gutachten 2007/2008, S. 112.
190 *Bloss/Ernst/Häcker/Eil*, S. 70; *Rudolph*, ZGR 2010, S. 10.
191 *Bloss/Ernst/Häcker/Eil*, S. 70; *Rudolph*, ZGR 2010, S. 10.

von einem Arrangeur gemanagt und von einem Treuhänder überwacht wird, werden vom *Originator* nun immer weiter neue Kredite abgetreten.[192]

Die emittierenden *SPV* haben üblicherweise ihren Sitz in „Steuerparadiesen".[193] Um die Vermarktung zu vereinfachen, nutzten die *Collateralised Debt Obligations* jedoch meist sogenannte Co-Emittenten mit Sitz in *Delaware*.[194]

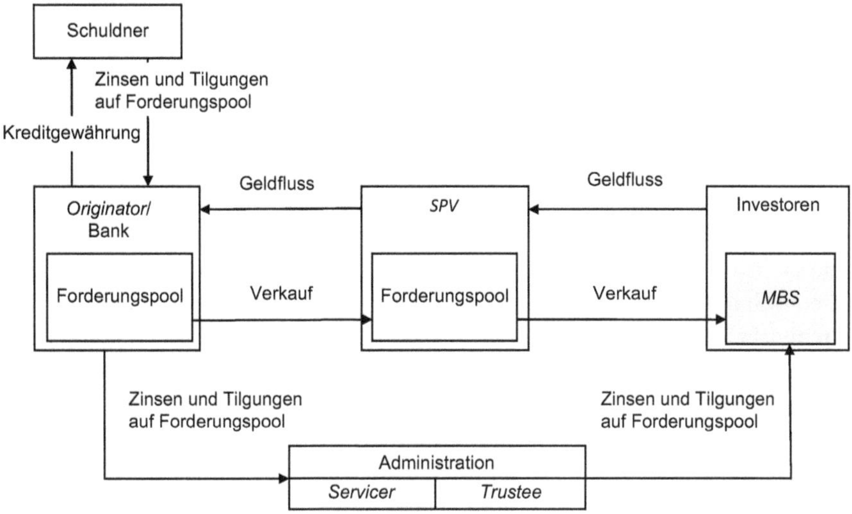

Abbildung 7: Der Aufbau des Verbriefungsprozesses[195]

2. Die Strukturierung der Hypotheken

Ein wichtiger weiterer Zwischenschritt fehlt in der Darstellung der Verbriefung jedoch noch – die Strukturierung der Hypotheken. Das *SPV* strukturiert nämlich die Hypotheken, bevor es die *MBS* an die Investoren ausgibt. Die Ausgabe der *MBS* erfolgt – und das ist das eigentlich Neue an den *CDOs* – in verschieden strukturierten Tranchen. Diese Tranchen werden als verschiedene Risikoklassen geschaffen, gegen die sich dann die Ansprüche aus den erworbenen Papieren richten.[196]

---

192 *Jahn*, in: Bankrechts-Handbuch, § 114a, Rn. 4; *Rudolph*, S. 10.

193 *Bloss/Ernst/Häcker/Eil*, S. 79.

194 *Bloss/Ernst/Häcker/Eil*, S. 79.

195 Vgl. *Rudolph*, ZGR 2010, S. 10; *Neumüller/Hochgatterer*, S. 266; *Bloss/Ernst/Häcker/Eil*, S. 69; *Münchau*, S. 106; *Glüder/Böhm*, Kreditwesen 2003, S. 647; *Jahn*, in: Bankrechts-Handbuch, § 114a, Rn. 5.

196 *Jahn*, in: Bankrechts-Handbuch, § 114a, Rn. 4; *Sinn*, S. 136 ff.; *Münchau*, S. 140 f.

Denn die Hypotheken haben zwar je verschiedene Ausfallwahrscheinlichkeiten, Laufzeiten oder Zinssätze, in ihrer ursprünglichen Zusammensetzung in einem einzigen Pool handelt es sich jedoch um eine noch relativ homogene Masse.[197] Diese Homogenität soll durch die Strukturierung in drei verschiedene Tranchen aufgehoben werden. Dafür wird das Verlust- und Ausfallrisiko jeder Forderung eines Pools bestimmt und einer der drei verschiedenen Tranchen zugeteilt.[198]

Für die Einstufung in die Tranchen waren in der Regel die Ratingagenturen verantwortlich.[199] Ratings sind standardisierte Meinungsäußerungen über die künftige Fähigkeit, rechtliche Verpflichtung und Bereitschaft eines Emittenten, Zahlungen von Zins und Tilgung einer von ihm begebenen Schuldverschreibung termingerecht und vollständig zu erfüllen.[200] Für dieses Geschäftsmodell sind Ratings einer anerkannten Ratingagentur[201] eine Grundvoraussetzung und daher von größter Bedeutung.[202] Jeder Kreditbeziehung wohnt das Problem einer asymmetrischen Information inne[203] und dieses Informationsdefizit, welches zwischen Kreditgeber und Kreditnehmer schon besteht, vergrößert sich mit zunehmender Entfernung zum Kreditnehmer.[204] Dieses Informationsdefizit soll durch die Schaffung der nötigen Transparenz bezüglich der Risiken ausgeglichen werden.[205] In Form einer Bewertung sollen Ratingagenturen diese Transparenz ermöglichen. Ein Rating dient also dazu, allen Marktteilnehmern zu einem gleichen Informationsstand zu verhelfen.[206] Um die Kapitalmarktfähigkeit von zu emittierenden Papieren herzustellen, ist daher ein Rating einer anerkannten Ratingagentur erforderlich. Zudem können von institutionellen Anlegern nur Produkte erworben werden, bei denen eine bestimmte Qualitätsstufe festgestellt wurde, denn die Ratings bestimmen im Wesentlichen die Eigenkapitalhinterlegung für die Aktiva.[207] Mit der Bewertung von Risiken kommt ihnen eine entscheidende Aufgabe zur Sicherung der Funktionsfähigkeit der

---

197 *Sinn*, S. 136; *Bloss/Ernst/Häcker/Eil*, S. 70.

198 *Sinn*, S. 139; *Münchau*, S. 105; *Bloss/Ernst/Häcker/Eil*, S. 70; *Sachverständigenrat* Gutachten 2007/2008, S. 112.

199 *Bloss/Ernst/Häcker/Eil*, S. 79.

200 *Blaurock*, ZGR 2007, S. 603; *Möllers*, JZ 2009, S. 861.

201 *Jahn*, in: Bankrechts-Handbuch, § 114a, Rn. 48.

202 *Schön/Cortez*, IRZ 2009, S. 16; *Möllers*, JZ 2009, S. 862; *Sachverständigenrat* Gutachten 2007/2008, S. 120.

203 *Sachverständigenrat* Gutachten 2007/2008, S. 118.

204 *Sachverständigenrat* Gutachten 2007/2008, S. 115.

205 *Rudolph/Hofmann/Schaber/Schäfer*, S. 27.

206 *Rudolph/Hofmann/Schaber/Schäfer*, S. 27.

207 *Sachverständigenrat* Gutachten 2007/2008, S. 120; *Blaurock*, ZGR 2007, S. 613.

globalen Finanzmärkte zu.[208] Der springende Punkt bei der Weitergabe von Kreditrisiken liegt also in der korrekten Bewertung der Ausfallwahrscheinlichkeit der zu übertragenden Risiken.[209] Folglich haben die anerkannten Ratingagenturen, die die *CDO*-Papiere bewerten, von Anfang an erheblichen Einfluss auf die gesamte Vertragsgestaltung. Sie werden in den gesamten Prozess der Verbriefung schon frühzeitig eingebunden,[210] um den Käufern der Papiere Klarheit über die Bonität ihrer Geschäftspartner und der angebotenen Papiere zu verschaffen.[211]

Bei der Tranche mit dem geringsten Ausfallrisiko, welches sich im Wahrscheinlichkeitsbereich von 0,02 – 0,75 % Ausfall p.a. bewegt,[212] handelt es sich um die so genannte *Senior-Tranche*; diese trägt zumeist ein Rating im AAA–A Bereich.[213] Bei der Tranche mit einem mittleren Ausfallrisiko, welches sich im Wahrscheinlichkeitsbereich von 1,07 – 29,96 % Ausfall p.a. bewegt,[214] handelt es sich um die sogenannte *Mezzanine-Tranche* mit einem BBB–B Rating.[215] Die Tranche auf der höchsten Risikostufe ist die sogenannte *Equity*- oder *Eigenkapital-Tranche,* diese erhält ein Rating unterhalb von B.[216] Diese letztgenannte Tranche ist in der Regel ähnlich riskant, wie es eine direkte Aktieninvestition wäre,[217] d.h. bei einer Investition in diese Tranche muss auch mit einem Totalverlust der investierten Gelder gerechnet werden. Die Investition in AAA bewertete Tranchen gilt hingegen als sehr sicher und ist zu vergleichen mit der Investition in *Bundesschatzbriefe*, die ebenfalls mit AAA bewertet sind.

Zu dieser Risikoklassifizierung kommt nun noch die Strukturierung des Geldflusses hinzu (*Cash-Flow*). Dieser strömt zuerst in den Hypothekenpool der *Senior-Tranche*, und erst wenn die Forderungen aus dieser Tranche vollständig befriedigt sind, fließt er weiter in den Pool der Hypotheken der *Mezzanine-Tranche*, bedient diese Ansprüche und strömt anschließend weiter in den Pool der

---

208 *Blaurock*, ZGR 2007, S. 652; *Schön/Cortez*, IRZ 2009, S. 16.

209 *Sachverständigenrat* Gutachten 2007/2008, S. 115.

210 *Jahn*, in: Bankrechts-Handbuch, § 114a, Rn. 48.

211 *Sinn*, S. 144; *Münchau*, S. 105.

212 *Coval/Jurek/Stafford*, S. 9.

213 *Sinn*, S. 139; *Münchau*, S. 105; *Bloss/Ernst/Häcker/Eil*, S. 70; *Sachverständigenrat* Gutachten 2007/2008, S. 113.

214 *Coval/Jurek/Stafford*, S. 10.

215 *Sinn*, S. 139; *Münchau*, S. 105; *Bloss/Ernst/Häcker/Eil*, S. 70; *Sachverständigenrat* Gutachten 2007/2008, S. 113.

216 *Sinn*, S. 139; *Münchau*, S. 105; *Bloss/Ernst/Häcker/Eil*, S. 70; *Sachverständigenrat* Gutachten 2007/2008, S. 113.

217 *Münchau*, S. 105.

Equity-Tranche.[218] Es handelt sich also um eine *Wasserfall-Struktur.*[219] Das bedeutet, dass wenn das Geld nicht ausreichen sollte, alle Tranchen in gleichem Maße zu bedienen, zuerst die *Equity-Tranche* ausfallen wird und in der *Senior-Tranche* erst ganz am Ende mit Ausfällen zu rechnen ist.[220] Die oberste Tranche war daher nach den Ratings der Ratingagenturen als sehr sicher bewertet worden, da das gesamte Risiko in den unteren Tranchen gebündelt zu sein schien.[221]

Diese Technik der Strukturierung machte es möglich, aus schlechten, d.h. risikoreichen *Subprime*-Kreditforderungen teilweise AAA-geratete Wertpapiere zu machen.[222] Diese hatten eben das Recht, zuerst aus den Darlehensrückflüssen bedient zu werden.[223] Um die verschiedenen Risikoklassen attraktiv für Anleger zu machen, wurden die Renditen entsprechend gestaltet.[224] Die *Equity-Tranche* mit dem höchsten Ausfallrisiko wurde am höchsten, die *Senior-Tranche* am niedrigsten verzinst, wobei diese Verzinsung regelmäßig mit einem Prozentpunkt noch deutlich über der von langfristigen Staatspapieren stand.[225] Um nach außen hin zu signalisieren, dass nicht die Tranchen mit den höchsten Risiken abgestoßen werden und damit Vertrauen zu schaffen, verblieb die Tranche mit dem höchsten Risiko – die *Equity-Tranche* – regelmäßig beim ursprünglichen Kreditgeber (*Originator*).[226]

Bei der ersten Strukturierung erhält man *CDO*s. Insbesondere die *Mezzanine-Tranche* wurde gerne von institutionellen Anlegern aufgekauft, von den Käufern unter neuer Risikoberechnung strukturiert und somit nach der *Wasserfall-Struktur* bedient (sogenannte *CDO*^{2} oder *synthetischer CDO*).[227] Die *Senior-Tranche* wurde an Endkunden verkauft, und die *Mezzanine-Tranche* verschiedener Anbieter von anderen Marktteilnehmern wiederum zusammengelegt und erneut strukturiert, wobei es im Rahmen dieser Strukturierung wiederum möglich war, aus zu 100 % BBB–B gerateten Papieren 88 % AAA-geratete

---

218 *Sinn*, S. 139; *Münchau*, S. 105; *Bloss/Ernst/Häcker/Eil*, S. 70; *Sachverständigenrat* Gutachten 2007/2008, S. 113.

219 *Sinn*, S. 139; *Münchau*, S. 105; *Bloss/Ernst/Häcker/Eil*, S. 70; *Sachverständigenrat* Gutachten 2007/2008, S. 113.

220 Vgl. *Bloss/Ernst/Häcker/Eil*, S. 80.

221 *Münchau*, S. 105.

222 *Sinn*, S. 137.

223 *Sinn*, S. 137.

224 *Sinn*, S. 137.

225 *Sinn*, S. 137.

226 *Sachverständigenrat* Gutachten 2007/2008, S. 113.

227 *Coval/Jurek/Stafford*, S. 8; *Sinn*, S. 138; *Münchau*, S. 112 ff.; *Sachverständigenrat* Gutachten 2007/2008, S. 114.

Papiere und nur 12 % schlechter geratete Papiere zu generieren.[228] Dafür waren allerdings bis zu sechs Verbriefungsstufen üblich, es werden aber auch bis zu 24 Verbriefungsstufen für möglich gehalten.[229]

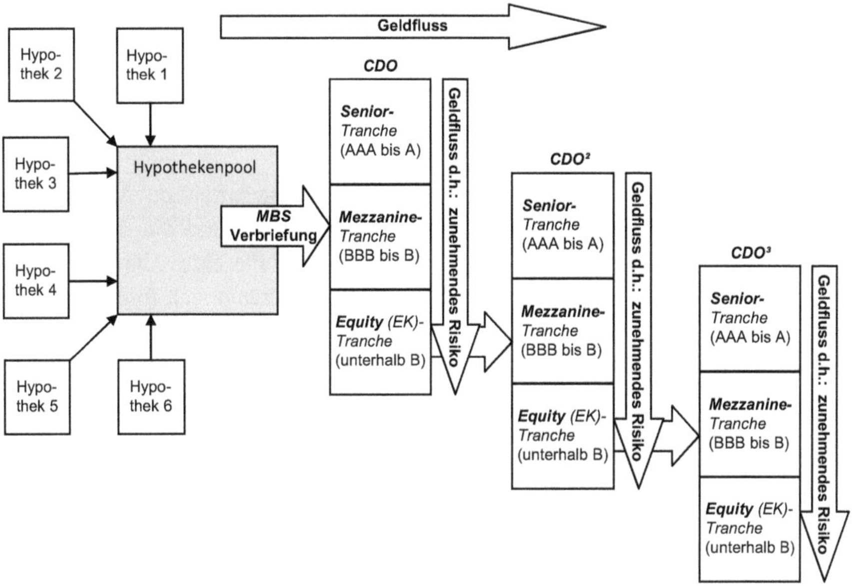

Abbildung 8: Überblick über den Strukturierungsprozess[230]

Betriebswirtschaftlich gibt es für diese vielen Verbriefungsstufen keine vernünftige Begründung, außer der, dass die Investmentbanken, die diese *CDOs²*, *CDOs³* etc. auf den Markt brachten und die Ratingagenturen, die diese bewerteten, hohe Gebühren dafür berechneten.[231]

3. Die Möglichkeit der weltweiten Verbreitung

Die Strukturierung von verbrieften Kreditportfolios war auf diese Weise dafür verantwortlich, dass hohe Bestände an *Subprime*-Krediten in die Portfolios von

228 *Coval/Jurek/Stafford*, S. 10, mit einem Beispiel.

229 So beschreibt es *Sinn*, S. 138.

230 Vgl. *Rudolph*, ZGR 2010, S. 11; *Bloss/Ernst/Häcker/Eil*, S. 70; *Sinn*, S. 139; *Glüder/Böhm*, Kreditwesen 2003, S. 647; *Sachverständigenrat* Gutachten 2007/2008, S. 114.

231 *Münchau*, S. 114.

institutionalisierten Anlegern gelangten, die durch institutionelle Bestimmungen gehalten waren, nur sehr sichere Aktiva, im Bereich von A-Ratings oder besser, zu erwerben.[232] Mit der Verbriefung wurde die Möglichkeit geschaffen, die Risiken der amerikanischen Immobiliengeschäfte weltweit zu verbreiten.

III. Die Zweckgesellschaften und Liquiditätsfazilitäten in der Bankbilanz

Schaut man sich nun die Gründung von Zweckgesellschaften zur Auslagerung oder zum Handel mit verbrieften *Subprime*-Kreditrisiken und die Absicherung dieser Geschäfte durch die Zusagen einer Bank, im Falle eines Liquiditätsengpasses ein entsprechendes Darlehen zu gewähren, an, drängt sich folgende Frage auf: Warum wurden weder die Zweckgesellschaften noch die Kreditfazilitäten in den Bankbilanzen konsolidiert bzw. diese Kreditzusagen nicht mit Eigenkapital unterlegt? Denn über diese „Brücke" der Darlehenszusage kehrten die über die Verbriefungen ausgelagerten Risiken zu den Banken zurück bzw. hielten Einzug bei diesen, als hätten die Banken die risikobehafteten Kredite selbst vergeben.

1. Konsolidierung von Zweckgesellschaft oder Kreditfazilität

Die Banken gründeten *SPVs* zur Auslagerung und zum Handel mit Kreditrisiken, um dadurch eine Verbesserung ihrer bankenaufsichtsrechtlichen Eigenkapitalquoten zu erreichen. Dazu mussten die auszulagernden Vermögenswerte der Bank, die Kreditforderungen, komplett aus den Bilanzen abgehen und auf die Zweckgesellschaften übertragen werden.[233] Bei einer Zweckgesellschaft handelt es sich um ein Unternehmen, das mit einer begrenzten und genau definierten Geschäftstätigkeit (z.B. um die Verbriefung von Finanzinstrumenten durchzuführen) zu Gunsten und im Auftrag eines anderen Unternehmens gegründet wird.[234] Eine solche Zweckgesellschaft wird meist mit rechtlichen Vereinbarungen gegründet, die ihrer Geschäftsführung Schranken bezüglich der Entscheidungsmacht über die Geschäfte der Zweckgesellschaft auferlegt.[235] Wobei diese Bestimmungen häufig ebenfalls vorschreiben, dass die Geschäftspolitik,

232 *Kengeter*, Kreditwesen 2003, S. 627; *Hellwig*, S. 24; *Sachverständigenrat Gutachten 2007/2008*, S. 107.

233 *Schön/Cortez*, IRZ 2009, S. 12; *Wohlgemuth*, Grundlagen des Konzernabschlusses, Rn. 70.

234 Siehe SIC-12.1.

235 Siehe SIC-12.1.

die die laufende Tätigkeit der Zweckgesellschaft festlegt, nicht geändert werden kann, außer vielleicht durch ihren Gründer oder Sponsor (d.h. sie funktioniert als sogenannter *Autopilot*).[236] Diese Zweckgesellschaften, auf die diese Werte übertragen wurden, wurden durch schuldrechtliche Verträge so ausgestaltet, dass ihr Zweck wie bei einem Autopilot vorherbestimmt war und die Konsolidierungspflichten – für die die Beherrschungsmöglichkeit durch das Mutterunternehmen nach *Internationalem Rechnungslegungsstandard* und *Handelsgesetzbuch* heute ausschlaggebend ist[237] – umgangen werden konnten.[238] Im Rahmen dessen herrscht eine generelle Konsolidierungspflicht für Zweckgesellschaften, dennoch besteht ein, wenn auch geringer, Ermessens- bzw. Gestaltungsspielraum.[239] Um die Zweckgesellschaften nicht konsolidieren zu müssen,

> „*sah es die Praxis als Aufgabe an, Gestaltungen zu finden, die sowohl im Einzelabschluss wie auch im Konzernabschluss [...] zu einer Nichtkonsolidierung von SPVs führten*“.[240]

Es wurde also ganz gezielt nach „*Gestaltungsmöglichkeiten*“ gesucht, die gegebenen Konsolidierungspflichten zu umgehen.[241] Diese Gestaltungsmöglichkeiten wurden in der Vergangenheit[242] und werden auch heute noch[243] – sowohl für IFRS und HGB Abschlüsse – gefunden, obwohl gerade durch die *SIC-12-Interpretation* von *IAS 27*, übernommen durch die VO (EG) Nr. 1126/2008 vom 3. November 2008, diese Lücken geschlossen werden sollten:[244]

> „*Häufig sind entsprechende Konzentrationen gerade eben so aufgebaut, dass zahlreiche Unternehmen und Einrichtungen beteiligt sind. Dies kann bewusst zu einer vielschichtigen Risiko- und Ertragsteilung führen, um so eine Konsolidierungspflicht zu vermeiden.*“[245] „*Bei der Gestaltung von SPE wird regelmäßig darauf geachtet, dass die formalen Kriterien für das Vorliegen von Beherrschung nach § 290 Abs. 2 HGB durch den Initiator nicht erfüllt werden.*“[246]

---

236 Siehe SIC-12.1.

237 *Watrin/Hoehne/Lammert*, MüKo-Bilanzrecht, zu IAS 27, Konzern- und separate Einzelabschlüsse nach IFRS (Consolidated and Separate Financial Statements), Rn. 53 ff.; *Merkt*, in: Baumbach/Hopt, § 290, Rn. 8 ff.; von *Keitz/Ewelt*, IRZ 2010, 447 ff.

238 *Schön/Cortez*, IRZ 2009, S. 14.

239 *Boukab/Marxfeld/Wagner*, IRZ 2008, S. 501, 504.

240 *Schmidtbauer*, DStR 2002, S. 1015.

241 *Schön/Cortez*, IRZ 2009, S. 14.

242 *Wohlgemuth*, Grundlagen des Konzernabschlusses, Rn. 70.

243 Durch den bestehenden Ermessensspielraum ist eine nicht Konsolidierung wohl möglich, vgl. *Boukab /Marxfeld/Wagner*, IRZ 2008, S. 504; *Zwirner/Busch*, IRZ 2011, S. 9.

244 *Schön/Cortez*, IRZ 2009, S. 14.

245 *Deutsche Bundesbank*, Finanzstabilitätsbericht 2007, S. 50.

246 Mujkanovic, StuB 4 2008, S. 140.

Bei den Verpflichtungen, den Zweckgesellschaften Darlehen zu gewähren, handelte es sich um Kreditfazilitäten. Bei der Frage der Konsolidierung dieser Kreditzusagen zur Übernahme des Liquiditätsrisikos findet sich ebenfalls ein solcher Ermessenspielraum.[247] Die aktive Gestaltung und das Ausnutzen der bestehenden Spielräume haben in der Praxis somit dazu geführt, dass Zweckgesellschaften häufig nicht konsolidiert wurden und Kreditzusagen nicht passiviert wurden.[248]

2. Eigenkapital

Um die Kreditzusagen nicht wie „normale" Kredite mit entsprechend Eigenkapital unterlegen zu müssen – dann wäre das Verbriefungsgeschäft gerade für die Banken weniger reizvoll gewesen – nutzten die Banken die Vorschriften im Rahmen von *Basel I*:[249] Gemäß Artikel 6 Abs. 2 der Richtlinie 89/647/EWG des Rates vom 18. Dezember 1989 über einen Solvabilitätskoeffizienten für Kreditinstitute[250] sind

> *„außerbilanzmäßige Geschäfte zunächst in die in Anhang I wiedergegebenen Risikogruppen einzuordnen [...,] Posten mit niedrigem Kreditrisiko [sind] mit 0 % anzusetzen [...]."*[251] Gemäß *Anhang I „Klassifizierung der außerbilanzmäßigen Geschäfte"*[252] sind *Geschäfte* mit niedrigem Kreditrisiko *„... [n]icht in Anspruch genommene[n] Kreditfazilitäten (Verpflichtungen, Darlehen zu geben, Wertpapiere zu kaufen, Garantien oder Akzepte bereitzustellen), die eine Ursprungslaufzeit von höchstens einem Jahr haben oder jederzeit ohne Vorankündigung und ohne besondere Gründe widerrufen werden können."*[253]

Sofern die Banken den Zweckgesellschaften also – wie sie es typischerweise auch taten[254] – die Kreditfazilität nur für den Zeitraum von bis zu einem Jahr, d.h. maximal 364 Tage am Stück einräumten, mussten diese Darlehenszusagen nicht mit Eigenkapital unterlegt werden.

Das *Bundesaufsichtsamt für das Kreditwesen* hatte, da es an gesetzlichen Regelungen für den Verkauf von Kreditforderungen an Zweckgesellschaften durch deutsche Banken bis dato mangelte, in seinem Rundschreiben 4/1997 vom 20. Mai 1997 seine Anforderungen an Veräußerungen von Kundenforderungen im

---

247 *Schön/Cortez*, IRZ 2009, S. 15.
248 *Schön/Cortez*, IRZ 2009, S. 16 f.
249 Vgl. *Deutsche Bundesbank*, Finanzstabilitätsbericht 2007, S. 16.
250 ABl. L 386/18 vom 30.12.89, S. 14 ff.
251 ABl. L 386/18 vom 30.12.89, S. 17 f.
252 ABl. L 386/18 vom 30.12.89, S. 20.
253 ABl. L 386/18 vom 30.12.89, S. 20.
254 *Deutsche Bundesbank*, Finanzstabilitätsbericht 2007, S. 48.

Rahmen von *Asset-Backed Securities*-Transaktionen durch deutsche Kreditinstitute bekanntgemacht. Darin forderte es, dass bei dem die Kreditforderungen veräußernden Kreditinstitut keinerlei Kontrahenten- oder Marktrisiken verbleiben dürften, denn allein dieser Risikoausschluss rechtfertige die völlige Freisetzung des bisher durch die veräußerten Aktiva gebundenen Eigenkapitals. Die Festlegungen dieses Rundschreibens stehen der *Basel I-Regelung* jedoch nicht entgegen, wie man meinen könnte; vielmehr machte es ihre Nutzung, wie geschehen, gerade möglich. Solange lediglich eine Liquiditätsfazilität eingeräumt wurde, und damit bei Bedarf *ABS* aus dem Markt zurückgenommen und für kurze Zeit in eigenem Bestand gehalten wurden, galt dagegen die Anrechnung im *Grundsatz I*.[255]

Solange die Fazilität nur der Absicherung des Liquiditätsrisikos der Zweckgesellschaft dienen sollte und immer nur für einen kürzeren Zeitraum als ein Jahr vergeben wurde, war die Nutzung der *Basel I*-Richtline in der Weise möglich, dass die Kreditzusagen, egal wie hoch sie auch ausfielen, nicht mit Eigenkapital unterlegt werden mussten. Nach der Richtlinie 2006/48/EG des *Europäischen Parlaments* und des *Rates* vom 14. Juni 2006 über die Aufnahme und Ausübung der Tätigkeit der Kreditinstitute (Art. 78 Absatz 1 i.V.m. Anhang II) ist die *Basel-Regelung* bis heute grundsätzlich geblieben. Seit deren verpflichteten Einführung in *Deutschland* im Januar 2008[256] – bis zum 01. Januar 2008 konnte aufgrund einer Übergangsregelung in § 339 Abs. 9 Satz 1 SolvV noch der alte Grundsatz I angewandt werden[257] – sind jedoch von Zweckgesellschaften ausgegebene verbriefte Kredite, die durch Kreditzusagen abgesichert wurden, gemäß Art. 101 mit Eigenkapital zu unterlegen, als würden sie von der Bank selbst gehalten.

IV. Die Vorteile und Risiken der neuen Instrumente

1. Die Vorteile

Der wesentliche Vorteil dieser „modernen" Instrumente gegenüber den traditionellen Kreditrisikotransferinstrumenten liegt für die Banken grundsätzlich zunächst darin, dass „moderne" Instrumente eine flexible Optimierung der Risikostruktur

---

255 *BaFin*, Anschreiben zum Rundschreiben 4/1997.

256 *Deutsche Bundesbank*, Finanzstabilitätsbericht 2007, S. 16.

257 § 339 Abs. 9 Satz 1 der Verordnung über die angemessene Eigenmittelausstattung von Instituten, Institutsgruppen und Finanzholding-Gruppen, vom 14.12.2006 (BGBl. I S. 2926): Bis zum 01.01.2008 darf ein Institut abweichend von dieser Verordnung die Anforderungen des Grundsatzes I anwenden.

der Kreditportfolios der Banken ermöglichen.[258] Die Banken können so ihr eigenes Kreditportfolio effektiver steuern und sich flexibler ändernden Marktbedingungen anpassen.[259] Auch ist es den Banken mit der neuen Finanzinnovation möglich, bereitgestellte Kredite ganz aus den Büchern zu entfernen und auf andere Marktteilnehmer zu übertragen. Sie haben ebenfalls die Möglichkeit, sich am Markt kurzfristig von gewissen Beständen zu trennen – dadurch verlor der Kreditmarkt zunehmend seinen illiquiden und für den öffentlichen Kapitalmarkt weniger zugänglichen Charakter.[260] Die Kreditgeber sind bei der Nutzung der modernen Instrumente eben nicht mehr, wie bisher, die gesamte Vertragslaufzeit an Engagements gebunden.[261] Die Verbriefung gilt daher auch als die „große Innovation im Finanzsektor“[262], denn sie eröffnet dem Kreditnehmer den Zugang zur gesamten Liquidität des globalen Finanzsystems und die Kreditvergabe hängt nicht mehr nur von der Liquidität der einzelnen kreditvergebenden Bank ab.[263] Durch die Kreditverbriefung wandeln die Emittenten gewöhnliche zunächst nicht frei handelbare Forderungen in konkrete Anlageprodukte um[264] und ermöglichen damit, neue Handelsstrategien zu verfolgen.[265] Ebenso machen es verschiedene Kreditderivate möglich, Kreditrisiken von der zugrunde liegenden Kreditposition zu separieren und getrennt zu handeln.[266] Die Banken können somit ihre Risiken besser streuen (sogenannte *Diversifikation von Kreditportefeuilles*[267]), sie können durch einen Verkauf eine Kapitalerleichterung bewirken und so ihre Liquidität für mehr neues Geschäft erhöhen.[268] Für andere Finanzmarktakteure – wie Versicherungen, Pensionsfonds etc. – liegt der Vorteil von Kreditverbriefungen darin, dass sie sich auf diese Weise an Kreditrisiken beteiligen und daraus Erträge erzielen können.[269] Dadurch, dass

---

258 *Rudolph/Hofmann/Schaber/Schäfer*, S. 22.

259 *Glüder/Böhm*, Kreditwesen, S. 649; *Kengeter*, Kreditwesen, S. 627; *Deutsche Bundesbank*, Monatsbericht Juli 2008, S. 22; *Sachverständigenrat* Gutachten 2007/2008, S. 117.

260 *Kengeter*, Kreditwesen 2003, S. 628; *Rudolph/Hofmann/Schaber/Schäfer*, S. 25; *Sachverständigenrat* Gutachten 2007/2008, S. 109.

261 *Rudolph/Hofmann/Schaber/Schäfer*, S. 25; *Sachverständigenrat* Gutachten 2007/2008, S. 109.

262 *Glüder/Böhm*, Kreditwesen, S. 646 ff.; *Münchau*, S. 107.

263 *Glüder/Böhm*, Kreditwesen, S. 646 ff.; *Münchau*, S. 107.

264 *Bloss/Ernst/Häcker/Eil*, S. 69; *Sachverständigenrat* Gutachten 2007/2008, S. 107.

265 *Deutsche Bundesbank*, Monatsbericht Juli 2008, S. 22.

266 *Rudolph/Hofmann/Schaber/Schäfer*, S. 61.

267 *Deutsche Bundesbank*, Monatsbericht Juli 2008, S. 22.

268 *Bloss/Ernst/Häcker/Eil*, S. 82; *Jahn*, in: Bankrechts-Handbuch, § 114a, Rn. 3; *Sachverständigenrat* Gutachten 2007/2008, S. 108; *Boukab/Marxfeld/Wagner*, IRZ 2008, S. 497.

269 *Sachverständigenrat* Gutachten 2007/2008, S. 117.

die Finanzierungsrisiken auf mehrere verteilt werden, sinkt zudem die Risikoprämie, die als Zins von den Kunden verlangt wird.[270] Somit hilft diese Möglichkeit des Risikotransfers, insgesamt Risiken und Kosten zu reduzieren.[271] Damit handelt es sich aus volkswirtschaftlicher Sicht um wertvolle Instrumente, die *„die Produktivität der Finanzintermediation erhöh[en]“*[272], und die Bereitschaft, Risiken zu tragen, wird durch die Verteilung der Risiken auf mehrere Schultern erhöht.[273] Das alles wird als *„eine der wichtigsten Produktionsfaktoren“* angesehen.[274] Diesen Vorteilen stehen – als Kehrseite der Medaille – jedoch erhebliche Risiken gegenüber, die im Folgenden vorgestellt werden.

2. Die Risiken

Die Komplexität der modernen Instrumente macht es den Investoren, der Bankenaufsicht und den Ratingagenturen extrem schwer, die Risiken angemessen einzuschätzen.[275] Das Problem liegt darin, dass man die Risiken einzelner Kredite zwar berechnen, die systemischen Risiken, also die des gesamten Kreditmarktes, die durch die Verbriefung entstehen, aber kaum noch mathematisch erfassen kann, wenngleich dies trotzdem versucht wird.[276] Die Probleme liegen nicht in den mathematischen Modellen selbst,[277] sondern die Modelle eignen sich einfach nicht für die systemische Problematik, die sich aus der Bündelung solch vieler einzelner Kredite ergibt.[278] In die Berechnungen wurde nie das Risiko eines gleichzeitigen Ausfalls nahezu aller Forderungen integriert, eine realistische Risikobewertung war somit nicht möglich.[279] Von den Ratingagenturen und den anderen Marktteilnehmern wurde daher zunächst das Risiko übersehen oder ausgeblendet, das aus einem Kollaps des amerikanischen Immobilienmarktes entstehen konnte.[280] Erst im Laufe des Jahres 2007, viel zu spät also, fand nach Beginn des Zusammenbruchs dieses Risiko Beachtung.[281]

---

270 *Sinn*, S. 133.

271 *Sachverständigenrat* Gutachten 2007/2008, S. 117.

272 *Deutsche Bundesbank*, Monatsbericht Juli 2008, S. 22.

273 Vgl. hierzu *Kengeter*, Kreditwesen 2003, S. 630.

274 *Sinn*, S. 133.

275 *Sachverständigenrat* Gutachten 2007/2008, S. 118; *de Larosiere*, S. 9.

276 *Münchau*, S. 142; *Sinn*, S. 144 ff.

277 *Münchau*, S. 147.

278 *De Larosiere*, S. 10; *Münchau*, S. 154.

279 *Erber*, in: DIW Berlin, Wochenbericht Nr. 43/2008, S. 669.

280 *Sinn*, S. 137.

281 Vgl. *Schön/Cortez*, IRZ 2009, S. 16; *Möllers*, JZ 2009, S. 862; *BIZ*, 77. Jahresbericht, S. 145 f.

Den Ratingagenturen, denen nach wie vor wegen ihrer zentralen Rolle eine „*grenzenlose Macht*“ im System der globalen Finanzmärkte attestiert wird,[282] die immer wieder auch bei der Bewertung von Ländern offensichtlich wird, wird zudem vorgeworfen, sie hätten nicht gewissenhaft gearbeitet. Die Kritik reicht vom Vorwurf des „*kläglichen Versagens*“[283] bis hin zu „*manipulierten Ratings*“[284]. Dies erscheint verständlich, denn die Agenturen haben *CDO-Papiere* erstklassig bewertet, obwohl sie sich aus *Subprime*-Hypotheken und damit aus der risikoreichsten Klasse von amerikanischen Hypotheken überhaupt zusammensetzten.[285] Dabei wird ihnen im Wesentlichen vorgeworfen, aus mangelnder Unabhängigkeit heraus zu positive Ratings vergeben zu haben, denn die Agenturen werden von den Emittenten für die Ratingtätigkeit bezahlt, um eine möglichst gute Bonitätsbewertung zu erhalten.[286] Dadurch liege der Interessenkonflikt auf der Hand, und noch dazu haben die Agenturen durch sogenanntes *indicative Rating* ihren Kunden dabei geholfen, die Papiere zu strukturieren sowie den verschiedenen Tranchen zuzuweisen und so schließlich Strukturen zu bewerten, an deren Entwicklung sie beteiligt waren.[287] Über den Vorwurf mangelnder Unabhängigkeit hinaus oder gerade deswegen wird ihnen angelastet, die systemischen Risiken nicht erkannt und in ihre Berechnungen nicht aufgenommen zu haben.[288] Die Agenturen seien also selbst nur auf das große Geschäft aus gewesen.[289] Welches Machtpotential die Ratingagenturen besitzen, verdeutlicht sich, wenn man sich vergegenwärtigt, dass der internationale Ratingmarkt zu 80 % von den zwei großen amerikanischen Unternehmen *Moody's* und *Standard & Poor's*[290] und zu 15 % von dem britischen Unternehmen *Fitch* kontrolliert wird.[291] Drei gigantisch große private Unternehmen mit immensem Einfluss auf die Kapitalmärkte haben also nahezu alleine die

---

282 Vgl. *Bloss/Ernst/Häcker/Eil*, S. 87, 100; *BMWi*, Schlaglichter der Wirtschaftspolitik – Monatsbericht Dezember 2010, S. 10.

283 *Sinn*, S. 144.

284 *Erber*, in: DIW Berlin, Wochenbericht Nr. 43/2008, S. 668.

285 Vgl. auch *Bloss/Ernst/Häcker/Eil*, S. 87.

286 *De Larosiere*, S. 10; *Schön/Cortez*, IRZ 2009, S. 16 f.; *Blaurock*, ZGR 2007, S. 604; *Bloss/Ernst/Häcker/Eil*, S. 99 f.; *BMWi*, Schlaglichter der Wirtschaftspolitik – Monatsbericht Dezember 2010, S. 10 f.

287 *Sinn*, S. 145; *Möllers*, JZ 2009, S. 862, 864; *Schön/Cortez*, IRZ 2009, S. 16.

288 *BMWi*, Schlaglichter der Wirtschaftspolitik – Monatsbericht Dezember 2010, S. 12; *Bloss/Ernst/ Häcker/Eil*, S. 98; *Sinn*, S. 144, 145.

289 *Sinn*, S. 147.

290 *Möllers*, JZ 2009, S. 861.

291 *Blaurock*, ZGR 2007, S. 606; *BMWi*, Schlaglichter der Wirtschaftspolitik – Monatsbericht Dezember 2010, S. 13; *Bloss/Ernst/Häcker/Eil*, S. 100.

Risikobewertung von Banken, industriellen Unternehmen und Ländern in der Hand. Es handelt sich somit um eine oligopolistische Marktstruktur.[292] Zu diesem Umstand tritt noch hinzu, dass sich die Ratings inzwischen auch schon in vielen nationalen Rechtsordnungen wiederfinden[293] und hier als anerkannte Ratingagenturen die Risikoklassifizierung vornehmen, die der Ausgangspunkt für die Berechnung von vorzuhaltendem Eigenkapital, also der Risikoabsicherung, dient.[294]

Die Investoren verlassen sich durch die oben genannten Umstände nur noch auf die Ratings der Agenturen, ohne die Finanzprodukte selbst zu durchdringen.[295] Die Finanzierung von langfristigen Anlagen mit kurzfristigen Mitteln birgt ebenfalls erhebliche Risiken (sogenannte *Fristentransformation*). Außerdem besteht, wie bereits in diesem Teil 1 unter A.II. dargestellt, die Gefahr, dass die Verbriefung zu einem sehr sorglosen Umgang mit den Kreditrisiken und damit zu einer ruinösen Kreditvergabepraxis führt.[296]

Hinzu tritt das von den Banken selbst verursachte Problem, das durch die Handelbarkeit der Risiken so erst ermöglicht wurde:

> *„Einer der Hauptgründe für eine Bank, Assets aus der Bilanz auszugliedern, besteht darin, die […] auferlegten Kapitalanforderungen zu umgehen, die zusätzliche Cash-Reserven für Kreditrisiken und operationelle Risiken verlangen.“*[297]

Die Handelbarkeit ermöglichte es den Banken also nicht nur, Kreditrisiken aus ihrer Bilanz zu entfernen und Kosten zu senken. Vielmehr nutzten sie diese Möglichkeit, um ihren Gewinn auf Kosten der Risikovorsorge und auf Kosten der Sicherheit der eigenen Institute zu steigern. So übertrugen sie die Risiken auf Gesellschaften, für die sie wiederum weitreichende Kreditzusagen übernahmen und missbrauchten damit die Verbriefungen, um bankaufsichtsrechtliche Bestimmungen zum Mindesteigenkapital nach den *Baselgesetzen* – deren Funktion oben bereits kurz dargestellt wurde – zu umgehen.[298] Denn statt Kredite beispielsweise über einen Zeitraum von 5 Jahren zu vergeben und diese entsprechend ihrer Risikoklassifizierung mit Eigenkapital zu unterlegen, wurden sie auf Zweckgesellschaften übertragen, neu verbrieft und geratet. Anschließend wurden diese Kredite fünfmal für 364 Tage

---

292 Vgl. *Schön/Cortez*, IRZ 2009, S. 16.

293 Näher hierzu *Blaurock*, ZGR 2007, S. 612.

294 Vgl. SolvV, Abschnitt 4. Anerkennung von Ratingagenturen und Zuordnung von Bonitätsbeurteilungskategorien zu Bonitätsstufen (§§ 52–54 SolvV).

295 *Möllers*, JZ 2009, S. 862.

296 Vgl. *BIZ*, 77. Jahresbericht, S. 10; *Deutsche Bundesbank*, Monatsbericht Juli 2008, S. 22.

297 *Bloss/Ernst/Häcker/Eil*, S. 82.

298 Vgl. *Sachverständigenrat* Gutachten 2007/2008, S. 118.

mit einer Kreditfazilität besichert, ohne eine entsprechende Risikovorsorge zu treffen. Damit fand eine sogenannte *Regulierungs-Arbitrage* durch die Banken statt.[299] Werden aber die Kreditzusagen später von den Zweckgesellschaften in Anspruch genommen, kehren die Risiken, die vorher ausgelagert wurden, zu den Banken, die durch die Verknüpfung faktisch die Betreiber der Zweckgesellschaften waren,[300] zurück.[301] Durch die Umgehung der Risikovorsorge und der Neuinvestition der dadurch frei gewordenen Geldmittel konnten die Banken zum Teil die aus den eingegangenen Risiken entstandenen Verluste nicht mehr aus eigener Kraft abfangen. Darüber hinaus ist die Konsolidierungspflicht für Zweckgesellschaften seitens des Bilanzierenden nach IFRS und wohl auch nach US-GAAP und HGB mit erheblichen Ermessensspielräumen ausgestattet.[302] Demnach ist davon auszugehen, dass diese Spielräume regelmäßig so ausgenutzt wurden, dass die Zweckgesellschaften nicht in die Konzernabschlüsse der Beteiligten einbezogen wurden.

Zudem nutzten die von den Banken gegründeten Zweckgesellschaften meistens noch den Effekt der *Fristentransformation* zur Gewinnerzielung.[303] Das bedeutet auf der einen Seite, dass sie sich selbst überwiegend durch den Verkauf von kurzfristig besicherten Schuldverschreibungen finanzierten, den *Asset-Backed-Commercial-Papers*,[304] für den sie im Idealfall niedrigere Zinsen zu zahlen hatten.[305] Auf der anderen Seite legten sie diese Gelder in langfristige hypothekenbesicherte *CDO*-Papiere an, für die sie höhere Zinssätze erhielten.[306] *Fristentransformation* bedeutet also die Finanzierung langfristiger Engagements durch kurzfristige Geschäfte; daraus ergibt sich die Gewinnmarge. Gerade weil die Zweckgesellschaften nicht bilanziert oder besichert waren, konnten Geschäfte mit sehr hohen Volumina vorgenommen und so die Gewinnmarge erheblich gesteigert werden.[307] Das Risiko dieser Anlage liegt damit auf der Hand. Sobald die Zinssätze der kurzfristigen Refinanzierung über das Niveau der langfristigen Engagements steigen, werden Verluste realisiert.

---

299 *Sachverständigenrat* Gutachten 2007/2008, S. 128.

300 *Sachverständigenrat* Gutachten 2007/2008, S. 126.

301 Vgl. *Bloss/Ernst/Häcker/Eil*, S. 110; *Deutsche Bundesbank*, Finanzstabilitätsbericht 2007, S. 25.

302 *Boukab/Marxfeld/Wagner*, IRZ 2008, S. 504.

303 *Sachverständigenrat* Gutachten 2007/2008, S. 93 f. mit Bsp. zur *IKB AG* S. 130; *Sinn*, S. 66, 169.

304 *Sachverständigenrat* Gutachten 2007/2008, S. 93 f. mit Bsp. zur *IKB AG* S. 130; *Sinn*, S. 66, 169.

305 *Sinn*, S. 66, 169.

306 *Sinn*, S. 66, 169.

307 *Sinn*, S. 169.

C. Die Krise

I. Das Platzen der US-amerikanischen Immobilienblase und die Auswirkungen

Die Kumulation verschiedener Entwicklungen und deren gegenseitig-zirkelschlüssig verstärkende Wirkung führten schließlich zu einer Sogwirkung, die das weltweite Bankensystem in die Tiefe zog. Der Höhepunkt und letztendlich der „Todesstoß" für die Banken war die Inanspruchnahme der zur Verfügung gestellten Kreditfazilitäten durch die Zweckgesellschaften. Die einzelnen Entwicklungen werden im Folgenden in nicht chronologischer Reihenfolge dargestellt. Teilweise beginnen sie gleichzeitig, überholen sich oder entwickeln sich unterschiedlich:

- Die Hausse der Immobilienpreise (1997–2006 plus 85 %) flachte ab, die Preise stiegen nicht mehr so stark wie bisher; sie begannen ohnehin schon seit dem Jahr 2005 leicht zu stagnieren (siehe Abbildung 4).[308] Im Jahr 2006 stoppten die amerikanischen Banken offensiv die Vergabe von Krediten an problematische Kunden (sogenannte *NINJAs*, s.o. Teil 1, A.II.), die dementsprechende Sorge um die Kreditqualität führte zu einem Rückzug der Investoren.[309] Es entstand ein Abwärtstrend im Immobiliensektor, der sich auch darin zeigt, dass die Neubaubeginne im Jahr 2006 um 35 % zurückgingen und die Zahl der zum Verkauf stehenden Häuser stark anstieg.[310]
- Die *amerikanische Zentralbank* (*FED*) hatte den Leitzins im Jahr 2006 aufgrund der sich erholenden amerikanischen Gesamtwirtschaft[311] wieder über die 5 % Marke (siehe Abbildung 3) angehoben.
- Der Anstieg bedeutete für die einst günstig vergebenen *teaser-rate-Kredite* – die Lockangebote –, dass sie erheblich teurer wurden, und zwar so teuer, dass viele, auch einst solvente Kreditnehmer mit dieser Kostenentwicklung nicht mithalten konnten und nicht mehr in der Lage waren, ihre Kredite regelmäßig zu bedienen. Diese Entwicklung führte dazu, dass das gerade in den letzten Jahren so erheblich gewachsene Segment der *Subprime*-Kreditnehmer in extreme Zahlungsschwierigkeiten geriet.[312]

---

308 *Bloss/Ernst/Häcker/Eil*, S. 26; *Sinn*, S. 124; *Münchau*, S. 14.
309 *Bloss/Ernst/Häcker/Eil*, S. 26; *Sinn*, S. 124; *Münchau*, S. 14.
310 *BIZ*, 77. Jahresbericht, S. 16.
311 *BIZ*, 77. Jahresbericht, S. 69 ff.
312 *BIZ*, 77. Jahresbericht, S. 29.

• Die Zahl der Zahlungsrückstände und Ausfälle stieg an.[313] Daraus resultierend nahm die Zahl der Zwangsvollstreckungen ebenfalls erheblich zu,[314] insbesondere der Anteil der Zwangsversteigerungen von Immobilien aus dem *Subprime*-Hypothekenbereich ging erheblich in die Höhe:[315]

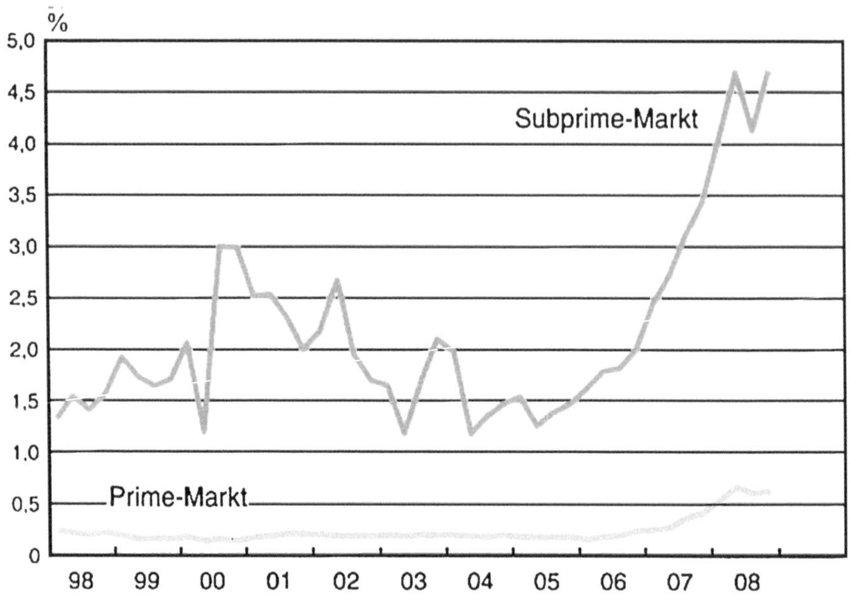

Abbildung 9: „Zwangsversteigerungen von Wohnimmobilien in den USA (1. Quartal 1998 bis 4. Quartal 2008)“[316]

• Die Entwicklung auf dem US-amerikanischen Immobilienmarkt wirkte sich bald auch auf den Markt für strukturierte Finanzprodukte aus: Der Ausfall der Hypothekenforderungen führte dazu, dass sich die Quote der unbezahlten verbrieften Hypothekenforderungen seit dem Jahr 2001 verdoppelte, sie stieg bis Ende des Jahres 2006 auf 14 % an.[317]

---

313 *BIZ*, 77. Jahresbericht, S. 29.

314 *Sachverständigenrat* Gutachten 2007/2008, S. 99 f.; *Bloss/Ernst/Häcker/Eil*, S. 27; *Sinn* S. 49.

315 *Sinn*, S. 125.

316 Abbildung übernommen von *Sinn*, S. 125.

317 *Hellwig*, S. 17.

- Von nun an begann sich die Spirale immer schneller zu drehen – es kam zu einer strudelartigen Abwärtsbewegung mit einem negativen Effekt für die Kreditinstitute weltweit:[318] Sowohl der Aufwärtstrend der Immobilienpreise als auch die Stagnation waren nun endgültig vorbei, die bis 2005 *„entstandene Immobilienblase platzte regelrecht“*.[319] Die Immobilienpreise begannen zu fallen und sanken schließlich immer mehr,[320] *„der Preisrückgang von Juni 2006 bis Dezember 2008 betrug ca. 28 %“*[321].
- Im Laufe dieser Entwicklung begannen die Banken wieder damit, die Kreditbedingungen zu verschärfen.[322] Für die einen wurde es schwieriger, überhaupt neue Kredite aufzunehmen, für die anderen (also die, denen schon ein Kredit bewilligt worden war) wurden diese – wegen der flexiblen Zinssätze – teurer.[323] Dies führte zu regelrechten *„Zahlungsschocks“*[324] der Kreditnehmer.[325]
- Die Finanzinstitute und die Unternehmen der Realwirtschaft, die über einige Jahre die *Leverage-Chance* ausgenutzt hatten, mussten nun schnell damit beginnen, risikobehaftete Anlagen abzustoßen. Dies führte allein schon wegen des steigenden Angebotes auf dem Wertpapier-Markt zu einer rapiden Wertminderung der Anlagen.[326]
- Die einstigen Käufer der (in Teil 1 unter B.I.2. beschriebenen) strukturierten Finanzprodukte stellten auf breiter Front ihre Käufe ein.[327] Folglich brach auch die Nachfrage nach neuen Krediten zwecks Verbriefung ein, was wiederum zur Verschärfung der Kreditbedingungen führte.
- Die Folge der Zahlungsausfälle – bei den Hypotheken und damit auch bei den auf ihnen basierenden *CDOs*[328] – war logischerweise ein Wertverlust bei den *CDOs*. Der Wertverfall der *CDOs* verlief so rapide, dass er bei der schlechtesten *CDO-Tranche* zu Beginn des Jahres 2007 nur noch etwa 3 % des Wertes von Mitte des Jahres 2006 aufwies.[329] Die solide *CDO-Tranche* folgte zur Mitte des

318 *De Larosiere*, S. 13; *Hellwig*, S. 34.
319 *De Larosiere*, S. 12.
320 *Shiller*, S. 25.
321 *Sinn*, S. 49.
322 *Bloss/Ernst/Häcker/Eil*, S. 26.
323 *Bloss/Ernst/Häcker/Eil*, S. 26.
324 *BIZ*, 77. Jahresbericht, S. 29.
325 *Bloss/Ernst/Häcker/Eil*, S. 26.
326 *De Larosiere*, S. 13.
327 *Coval/Jurek/Stafford*, S. 27.
328 *BIZ*, 77. Jahresbericht, S. 146; *Sinn*, S. 49.
329 *Sinn*, S. 46.

Jahres 2007.[330] Der Wertverfall der *CDOs* führte sodann ab Sommer 2007 dazu, dass auch die Aktien der Institute, die diese Werte in ihren Büchen hatten, fielen.[331]

- Diese insgesamt negative Entwicklung wurde durch die ursprünglich anglo-amerikanische Bilanzierungsmethode des sogenannten *Fair-Value* verstärkt. Die Konzerne weltweit bilanzieren mittlerweile nach dieser Methode, dazu zählen auch die großen international tätigen deutschen Kapitalgesellschaften. Diese bilanzieren nicht mehr nach dem HGB sondern nach den *International Financial Reporting Standards*.[332] Im Gegensatz zu dem traditionellen Bewertungsansatz des HGB wurden Anlage- und Umlaufvermögen der Konzerne nicht mehr vorsichtig nach dem Niederstwertprinzip (vgl. § 253 HGB) und die Vermögensgegenstände des Umlaufvermögens nicht mehr nur höchstens mit den Anschaffungskosten bilanziert,[333] sondern nach der *Fair-Value-Methode*. Dies bedeutet, dass sie die in ihren Handelsbüchern enthaltenen Anlagen jeweils zum aktuellen Tageswert (also *Fair-Value*) bewerten müssen.[334] Daraus ergab sich nun das folgende Problem: Während der Hausse waren natürlich die Bewertungen in die Höhe gestiegen. Nun mussten die Institute in einer Phase, in der sie sowieso schon unter Druck standen und in der schon ein Wertverfall stattfand, erhebliche Wertberichtigungen in ihren Büchern vornehmen.[335]
- Zur gleichen Zeit etwa begannen wiederum die Ratingagenturen, ihre ursprünglichen Ratings der *CDOs* zu korrigieren – sie erkannten das bislang unbeachtete Problem des systemischen Risikos, das den *CDOs* innewohnte, und passten ihre Ratings den tatsächlichen Gegebenheiten an.[336] Sie stuften die *CDOs* in ihren Ratings herab.
- Für die Institute wiederum, die *CDOs* direkt in ihrem Bestand hielten, bedeutete dies eine Wertminderung ihrer Anlagen bzw. eine Erhöhung des von ihnen gehaltenen Risikos. Als Folge daraus, dass sich nun durch das neue Rating ihr gehaltenes Risiko erhöhte, musste das vorzuhaltende Eigenkapital zur Risikovorsorge ebenfalls erhöht werden. Wie bereits oben angesprochen, bilden die Ratings der privatwirtschaftlich organisierten Ratingagenturen in verschiedenen nationalen Rechtsordnungen die Grundlage zur Berechnung des zur Risikovorsorge vorzuhaltenden Eigenkapitals. Folglich mussten die Kreditinstitute, wenn sie an ihre Eigenkapitalgrenze stießen, entweder ihr Eigenkapital erhöhen oder Risiken abstoßen.

---

330 *Sinn*, S. 47.

331 *Sinn*, S. 47.

332 *Hellwig*, S. 41.

333 *Merkt*, in: *Baumbach/Hopt*, HGB, § 253, Rn. 15; *Baetge/Kirsch/Thiele*, S. 325 ff.

334 *Döring/Buchholz*, S. 142, 188 ff.

335 *Hellwig*, S. 42; *de Larosiere*, S. 13.

336 *De Larosiere*, S. 13.

- Die Institute, die die *Leverage-Chance* nutzten, mussten sodann immer häufiger und in immer größerem Umfang *CDO-Papiere* abstoßen, sodass sich durch das zunehmende Angebot und die sowieso schon erhöhte Risikostruktur der *CDOs* die Preise der *CDOs* weiter abwärts bewegten.[337] Das bedeutet eine klassische Zirkelbewegung wiederum nach IFRS Abwertungen in den Bankbilanzen.
- Als Folge dieser Entwicklung und durch den Paukenschlag des Zusammenbruchs großer amerikanischen Banken – als spektakulärster sei der von *Lehmann Brothers* am 15. September 2008 genannt – breitete sich eine Vertrauenskrise unter den Banken aus.[338] Denn diese Banken galten eigentlich als „*too-big-to-fail*".[339] Die Banken liehen sich aus Angst, die andere könne es nicht mehr zurückzahlen, gegenseitig kein Geld mehr.[340] Der Interbankenmarkt (der Markt, auf dem sich die Banken kurzfristig Geld leihen) „*trocknete*" aus,[341] was bedeutet, dass die Risikoaufschläge für kurzfristiges Geld horrend stiegen.[342] Kaum eine Bank lieh sich mehr Geld und die, die sich dennoch Geld liehen, waren in den Augen der anderen Banken so instabil, dass man diesen aus Eigenschutz keines mehr leihen wollte.[343] So erging es in Deutschland beispielsweise dem Hypothekenfinanzierer *Hypo Real Estate*.[344]
- Diese Entwicklung führte dazu, „*dass auch Banken, die nur in sehr geringem Umfang in amerikanische Immobilienhypotheken engagiert waren*", plötzlich von der Krise betroffen waren.[345] Denn einige Banken ohne Publikumsverkehr waren von diesem Interbankenmarkt abhängig, um sich mit frischem Geld zu versorgen. Sie gerieten somit auch in den Sog des Strudels.
- Folglich sprang nun die *Europäische Zentralbank* (*EZB*) ein und versorgte den Interbankenmarkt mit Liquidität.[346] Diese Geldmarktkrise hielt einige Zeit an, aber „*trotz der Maßnahmen der EZB gelang es nicht, den Interbankenmarkt nachhaltig zu beleben*".[347] Stattdessen übertrug sich die Krise auf den Markt für

---

337 *BIZ*, 77. Jahresbericht, S. 128.

338 *Sachverständigenrat* Gutachten 2007/2008, S. 91.

339 Als „too-big-to-fail" werden Banken bezeichnet, bei denen man davon ausgeht, „*dass sie zu groß sind, als dass der Staat es sich leisten kann sie fallen zu lassen*", vgl. *Sinn* S. 70.

340 *Sachverständigenrat* Gutachten 2008/2009, S. 128.

341 *Sachverständigenrat* Gutachten 2008/2009, S. 128.

342 *Cecchetti*, Crisis and Response, *Working Paper 14134*, S. 6 ff.

343 *Sachverständigenrat* Gutachten 2008/2009, S. 128.

344 *Sinn*, S. 75.

345 *Sachverständigenrat* Gutachten 2008/2009, S. 129.

346 *Sachverständigenrat* Gutachten 2008/2009, S. 135 ff.

347 *Sachverständigenrat* Gutachten 2008/2009, S. 138; *Münchau*, S. 23.

die *Commercial Papers*,[348] jene Papiere, mit denen sich die Zweckgesellschaften kurzfristig refinanzierten.

- Nach alledem standen die Zweckgesellschaften vor zwei wesentlichen Problemen:[349] Zum einen waren ihre langfristigen Finanzierungen eingebrochen.[350] Auf den Finanzmärkten wurden keine *CDOs* mehr gehandelt.[351] Zum anderen brachen die kurzfristigen Finanzierungen ebenfalls ein.[352] Die nun wertlosen *CDOs* wurden zudem nicht mehr als Sicherheiten akzeptiert.[353]
- Als Konsequenz dieser Entwicklung blieb den Zweckgesellschaften nichts anderes mehr übrig, als die Kreditlinien(-fazilitäten) ihrer ohnehin schon angeschlagenen „Mutterbanken" in Anspruch zu nehmen, da sie selbst keinerlei Puffer besaßen.[354] Die Inanspruchnahme traf die Banken aufgrund der hohen Volumina[355], die die Zweckgesellschaften handelten, heftig.

Diese Inanspruchnahme der Kreditlinien bildete schließlich den absoluten Tiefpunkt der Krise. Die betroffenen Banken hatten nun Liquiditäts- und Solvenzprobleme.[356] Denn aufgrund der hohen Volumina, die von den Zweckgesellschaften gehandelt wurden, und mangels Eigenkapitalunterlegung dieser Risiken, brauchte sich das Eigenkapital dieser Banken ziemlich schnell auf.[357]

Diese Banken hatten im Ergebnis nicht mehr bloß „ärgerliche" Verluste abzuschreiben; sie standen auch nicht bloß kurz vor der eigenen Existenzvernichtung, denn technisch hatten sie ihren Büchern nach zu urteilen ein negatives Eigenkapital.[358] Sie waren faktisch schon einen Schritt weiter: Sie hatten sich selbst zu Fall gebracht und waren außerstande, sich selbst zu helfen. Gerettet wurden sie lediglich durch staatliche Subventionierung.[359]

---

348 *Münchau*, S. 23.
349 *Münchau*, S. 23.
350 *Münchau*, S. 23.
351 *Münchau*, S. 23.
352 *Münchau*, S. 23.
353 *Münchau*, S. 23.
354 *Hellwig*, S. 43; *Münchau*, S. 24.
355 *Sinn*, S. 169.
356 *Sachverständigenrat* Gutachten 2008/2009, S. 145.
357 *Sinn*, S. 67.
358 *Hellwig*, S. 42, 45.
359 Vgl. *Deutsche Bundesbank*, Finanzstabilitätsbericht 2010, S. 20, 36, 82, zur Rettung der *Hypo Reale Estate Holding AG*.

II. Die deutschen Kreditinstitute in der Krise

1. Allgemeines

Als die Werthaltigkeit der Finanzprodukte nachließ und sich die Zweckgesellschaften über ihre kurzfristig laufenden Wertpapiere nicht mehr refinanzieren konnten, mussten die Zweckgesellschaften also die Liquiditätslinien der „Mutterbanken" in Anspruch nehmen, wodurch diese teilweise in Existenznot gerieten.[360] Die nun erforderlichen Wertberichtigungen bei den auf den *Subprime*-Krediten beruhenden Produkten führten zu einem entsprechenden Abschreibungsbedarf der deutschen „Mutterbanken" und damit oftmals auch zu einer problematischen bilanziellen Überschuldung.[361] Weltweit kam es krisenbedingt zu erheblichen Verlusten, die im Kern auf das Geschäft mit den verbrieften Krediten zurückzuführen waren.

2. Der rechtliche Rahmen für die Öffnung der deutschen Märkte für den Handel mit Kreditderivaten

In *Deutschland* wurde das Verbriefen von eigenen Krediten 1997 geregelt, jedoch nicht durch den Gesetzgeber, sondern durch die *BAFin*. Wie das *Bundesaufsichtsamt für das Kreditwesen* in seinem Jahresbericht 1997 mitteilte, habe es,

> *„um dem zunehmenden Interesse der deutschen Kreditwirtschaft an der Verbriefung eigener Kundenforderungen Rechnung zu tragen und um den Kreditinstituten bei der Vorbereitung so genannter Asset-Backed Securities (ABS)-Transaktionen in wesentlichen Fragen Planungs- und Rechtssicherheit zu gewähren, sein Rundschreiben zum Thema Asset-Backed Securities-Transaktionen veröffentlicht*".[362]

In seinem Rundschreiben legt das *Bundesaufsichtsamt* Eckpunkte fest, innerhalb derer eine außerbilanzielle Verbriefung von Kreditforderungen für deutsche Banken möglich sein soll.[363] Das *Bundesaufsichtsamt* nahm derzeit diese Regulierung für die deutschen Banken vor, denn mit einer (einheitlichen) Harmonisierung innerhalb der *Europäischen Union* war zeitnah nicht zu rechnen.[364]

---

360 Vgl. *Brüning/Samson*, ZIP 2009, S. 1090.

361 So BT-Drucks. 16/ 10600, S. 12, 13; vgl. *Thonfeld*, NZI 2009, S. 16.

362 *Bundesaufsichtsamt für das Kreditwesen*, Jahresbericht 1997, S. 26.

363 *Deutsche Bundesbank*, Monatsbericht Juli 1997, S. 60.

364 *Deutsche Bundesbank*, Monatsbericht Juli 1997, S. 60.

Laut dem zugehörigen Anschreiben zum Rundschreiben 4/1997[365] hatte das *Bundesaufsichtsamt* jedoch nicht alle bei *ABS*-Transaktionen auftretenden Fragen voll umfänglich zu umreißen, es wollte vielmehr lediglich zwei zentrale Problemkreise regeln:

1. die Möglichkeit der Eigenkapitalentlastung des veräußernden Kreditinstituts und
2. die Wahrung der Interessen der Schuldner der veräußerten Forderungen.[366]

Im ersten Abschnitt des Rundschreibens (4/1997 – Veräußerung von Kundenforderungen im Rahmen von *Asset-Backed Securities*-Transaktionen durch deutsche Kreditinstitute) befasst sich das *Bundesaufsichtsamt* mit dem eigenkapitalentlastenden Übergang der Kreditforderungen auf die Zweckgesellschaften. Die festgelegten Rahmenbedingungen sollen im Kern sicherstellen, dass bei den veräußernden Kreditinstituten keinerlei Kreditrisiken zurückbleiben; es dürfen also weder Adressausfallrisiken, noch Kontrahenten- oder Marktrisiken bei den Kreditinstituten verbleiben.[367] Gerade die Übertragung der Kreditrisiken auf die Zweckgesellschaft (I, Nr. 1, Nr. 2, Nr. 7), die Vergabe von Krediten an die Zweckgesellschaft (I, Nr. 5, Nr. 6) und der Ankauf selbst emittierter *ABS* (I, Nr. 4, Nr. 6) wurden im ersten Abschnitt daher streng reglementiert.[368] Diese Absicht stellt das *Bundesaufsichtsamt* zusätzlich in seinem Anschreiben nochmals explizit klar:

> *„Zweck dieser Regelungen sei eine klare finanzielle Trennung zwischen dem veräußernden Kreditinstitut und der Zweckgesellschaft, um zweifelsfrei sicherzustellen, dass die Kreditrisiken, die das Institut auf die Zweckgesellschaften übertragen haben will, nicht in einem anderen Mantel auf das Institut zurück fallen.“*[369]

Ein an eine Zweckgesellschaft vergebenes Darlehen müsste nach Abschnitt I, Nr. 5 c) des Rundschreibens 4/1997 somit vom haftenden Eigenkapital des Veräußerers in voller Höhe – also voll und nicht nur mit 8 % Eigenkapital unterlegt – abgezogen werden. Denn auf diesem Wege (über diese „Brücke“, vgl. oben) würde sich das Institut wieder an den auszulagernden Risiken direkt beteiligen. Eine Auslagerung der Kreditrisiken aus der Bilanz wäre nämlich nicht gegeben

---

365 *BaFin*, Anschreiben zum Rundschreiben 4/1997.

366 *BaFin*, Anschreiben zum Rundschreiben 4/1997.

367 *BaFin*, Rundschreiben 4/1997 – Veräußerung von Kundenforderungen im Rahmen von Asset-Backed Securities-Transaktionen durch deutsche Kreditinstitute, vom 19.03.1997, Abschnitt I.

368 *BaFin*, Rundschreiben 4/1997 – Veräußerung von Kundenforderungen im Rahmen von Asset-Backed Securities-Transaktionen durch deutsche Kreditinstitute, vom 19.03.1997, Abschnitt I.

369 *BaFin*, Anschreiben zum Rundschreiben 4/1997.

und eine Freisetzung von Eigenkapital nicht zu rechtfertigen. Reine Liquiditätsfazilitäten hingegen sollten während der Abwicklung der Transaktion möglich sein, *„diese Hilfe könne den Zweckgesellschaften eingeräumt werden“*[370], um bei Bedarf *ABS* aus dem Markt zurückzunehmen und für kürzere Zeit im eigenen Bestand zu halten, diese Fazilitäten seien mit dem *Grundsatz I* anzurechnen.[371]

Verschiedene damals schon bestehende Bedenken[372] gegen Geschäfte mit verbrieften Krediten, wie:

- Verstärkte Verlagerung von Finanzbeziehungen in den Nichtbankenbereich,
- Störung des Vertrauensverhältnisses zwischen Bank und Kunde, und
- Beeinträchtigungen der Kreditqualität durch sinkende Bonitätsanforderungen,

wurden mit einem Verweis auf die schon seit Jahren in den *USA* durchgeführten *ABS*-Transaktionen, die große Werthaltigkeit der emittierten Papiere und damit ausgeräumt, dass es sich bei den Hauptbeteiligten der *ABS*-Transaktionen *„in der Regel um namhafte, große Institute handele, die nicht riskieren könnten, durch auch nur eine einzige fehlgeschlagene Transaktion dieser Art ihren Ruf aufs Spiel zu setzen“*.[373]

Für den Handel mit Kreditderivaten wurde in *Deutschland* aber seit 1998 an einer Regelung gearbeitet, sodass diese auch hier handelbar wurden.[374] Zwar war der Begriff des Kreditderivats noch nicht Gegenstand der Neufassung des *Eigenkapitalgrundsatzes I* im Rahmen der 6. Novelle des Kreditwesengesetzes[375] gewesen, was in der Literatur zur Verwunderung führte.[376] Jedoch legte das *Bundesaufsichtsamt für das Kreditwesen* am 16. Juni 1999 das verbindliche *„Rundschreiben 10/1999 – Behandlung von Kreditderivaten im Grundsatz I gemäß §§ 10, 10a KWG und im Rahmen der Großkredit- und Millionenkreditgrenze“* vor. Dieses basierte auf mit Rundschreiben I5 – A233 – 2/98

---

370 *BaFin*, Anschreiben zum Rundschreiben 4/1997; *Deutsche Bundesbank*, Monatsbericht Juli 1997, S. 64.

371 *BaFin*, Anschreiben zum Rundschreiben 4/1997; *Deutsche Bundesbank*, Monatsbericht Juli 1997, S. 64.

372 *Deutsche Bundesbank*, Monatsbericht Juli 1997, S. 60 f.

373 *Deutsche Bundesbank*, Monatsbericht Juli 1997, S. 61.

374 *Glüder/Böhm*, Kreditwesen 2003, S. 646; *Schulte-Mattler/Meyer-Ramloch*, Bankaufsichtliche Behandlung von Kreditderivaten in Deutschland, S. 442 ff.

375 Sechstes Gesetz zur Umsetzung von EG-Richtlinien zur Harmonisierung bank- und wertpapierrechtlicher Vorschriften vom 22.10.1997, BgBl. I S. 2518.

376 *Schulte-Mattler/Meyer-Ramloch*, Bankaufsichtliche Behandlung von Kreditderivaten in Deutschland, S. 442.

vom 13. Juli 1998 und I3 – 236 – 5/98 vom 14. September 1998 an die einzelnen Verbände übersandten Entwürfen zur Behandlung von Kreditderivaten im *Grundsatz I*.[377]

3. Deutsche Banken – Teilhabe und Auswirkungen

a. Deutsche Industriebank AG

Die erste deutsche Bank, die öffentlich bekannt geben musste, an den *Subprime*-Krediten des amerikanischen Wohnimmobilienmarkt beteiligt zu sein, war die *Deutsche Industriebank AG* (kurz: *IKB AG*).[378] Daher soll zum besseren Verständnis der in den vorangegangenen Kapiteln abstrakt gehaltenen Ausführungen die Teilhabe und die Auswirkungen der Krise am Beispiel der *IKB AG* anhand deren Geschäftsberichte ausführlicher dargestellt werden.

(1) Die Konstruktion

Die *IKB AB* ist eine deutsche Spezialbank im Bereich der Finanzierung von mittelständischen Unternehmen, Immobilieninvestoren und Projektpartnern mit einem Marktanteil von 10 %.[379] Am 27. Juli 2007 wurde bekannt, dass die Entwicklungen am US-Hypothekenmarkt für die *IKB AG* existenzbedrohende Auswirkungen habe.[380] Die *IKB AG* war nämlich in hohem Maße in strukturierten Wertpapierportfolios engagiert, die zudem noch erhebliche Risiken aus US-amerikanischen Immobilienkrediten enthielten.[381] Noch am 30. Juni 2007 veröffentlichte deren Vorstand das vorläufige Quartalsergebnis, in welchem eine voraussichtliche Steigerung von 15 % gegenüber dem Vorjahresergebnis berichtet wurde und dass die Entwicklung auf dem US-Hypothekenmarkt für sie praktisch keine Auswirkungen habe.[382] Einerseits hatte die *IKB AG* selbst bis zum 31. März 2008 Aktiva in einem Gesamtvolumen von 24 Mrd. Euro verbrieft und an den nationalen und internationalen Kapitalmärkten ausplatziert, um das Kreditrisiko zu reduzieren und eine Eigenkapitalentlastung herbeizuführen.[383] Auf der anderen Seite hatte sich die *IKB AG* an den US-Hypotheken beteiligt. Zum 31. Juli 2007 sah diese Beteiligung wie folgt

377 *BaFin*, Anlage zum Rundschreiben 10/1999.
378 *IKB*, Geschäftsbericht 2007/2008, S. 42.
379 *IKB*, Geschäftsbericht 2007/2008, S. 42.
380 *IKB*, Geschäftsbericht 2007/2008, S. 16.
381 *IKB*, Geschäftsbericht 2007/2008, S. 48.
382 *IKB*, Geschäftsbericht 2007/2008, S. 16.
383 *IKB*, Geschäftsbericht 2007/2008, S. 44.

aus: Einer Zweckgesellschaft, dem Conduit *Rhineland Funding*, mit einem Anlagevolumen von 13,2 Mrd. Euro – außerhalb der Bilanz der *IKB AG* – hatte die *IKB AG* Liquiditätslinien in Höhe von 8,1 Mrd. Euro zugesagt.[384] Auch hatten die Zweckgesellschaften *Havelrock I Ltd.* und *Havelrock II Ltd.* dem *Rhineland Funding* Liquiditätslinien zugesagt, mit dem sie 25 % des Liquiditätsrisikos sowie das Ausfallrisiko einzelner Banken absicherten.[385] Die *IKB AG* und die *IKB International S.A.* stellten auch der *Havelrock I* und *II Ltd.* Kreditlinien zur Verfügung und übernahmen damit ein Kreditausfallrisiko in Höhe von 1,2 Mrd. Euro.[386] In Höhe von 5 Mrd. Euro hatte die *IKB AG* und in Höhe von 1,3 Mrd. Euro hatte die *IKB International S.A., Luxembourg* Portfolioinvestments (im Wesentlichen in *CDOs* und *ABS*)[387] getätigt,[388] die in hohem Maße Risiken aus *US-Subprime*-Hypothekenkrediten enthielten[389]. An einer weiteren Zweckgesellschaft (*Rhinebridge*) war die *IKB AG* durch sogenannte *Capital Notes* (Schuldverschreibungen) in Höhe von 1,8 Mrd. Euro beteiligt.[390] Das Eigenkapital der *IKB AG* betrug zum 31. März 2008 1.184 Mio. Euro.[391] Der Conduit *Rhineland Funding* hatte für die *IKB AG* in kreditbesicherte Wertpapiere investiert und sich selbst revolvierend in die durch die Emission von sogenannten *Asset Backed Commercial Papers* finanziert.[392] Diese *Commercial Papers* sind kurzfristige, nicht börsennotierte als Inhaberpapiere ausgestaltete Geldmarktpapiere, die in der Regel eine Laufzeit von 90 Tagen aufweisen.[393] Das bedeutet: durch die immer neue Ausgabe von solchen Papieren wurden die Verbindlichkeiten gegenüber den Investoren der zuvor ausgegebenen Papiere getilgt. Mit der Investition in länger laufende Wertpapiere und deren Refinanzierung über (kürzer laufende) *Commercial Papers* wurde sogenannte Laufzeitarbitrage betrieben, durch die der Conduit Zusatzerträge erzielte.[394] Nicht nur mit dieser *Fristentransformation*, sondern auch mit den Provisionseinkünften aus diesen Geschäften konnte eine Bank so

---

384 *IKB*, Geschäftsbericht 2007/2008, S. 48.
385 *IKB*, Geschäftsbericht 2007/2008, S. 48.
386 *IKB*, Geschäftsbericht 2007/2008, S. 48.
387 *IKB*, Geschäftsbericht 2007/2008, S. 45.
388 *IKB*, Geschäftsbericht 2007/2008, S. 48.
389 *IKB*, Geschäftsbericht 2007/2008, S. 45.
390 *IKB*, Geschäftsbericht 2007/2008, S. 48.
391 *IKB*, Geschäftsbericht 2007/2008, S. 109.
392 *IKB*, Geschäftsbericht 2007/2008, S. 45.
393 *Boulkab/Marxfeld/Wagner*, IRZ 2008, S. 498, 500.
394 *IKB*, Geschäftsbericht 2007/2008, S. 45.

zusätzlich verdienen.[395] Durch diese Investitionen wurden die Erträge der *IKB AG* vor 2007 deutlich erhöht.[396] Fügt man alle Einzelteile zusammen, kann man am Beispiel der *IKB AG* und deren *Rhineland Funding* die Risikobeteiligung an den amerikanischen *Subprime*-Krediten gut verbildlichen:

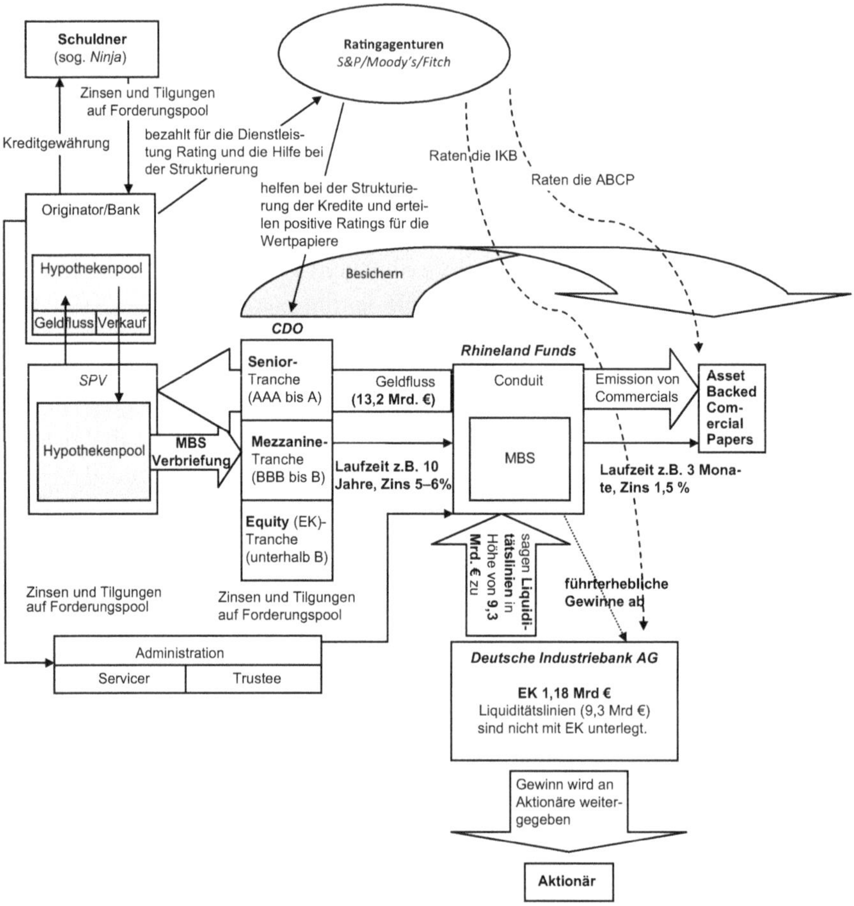

Abbildung 10: Vom amerikanischen Schuldner bis zum deutschen Aktionär am Beispiel der IKB AG

395 *Boulkab/Marxfeld/Wagner*, IRZ 2008, S. 497.

396 *IKB*, Geschäftsbericht 2007/2008, S. 45.

(2) Die Auswirkungen

Die Ratingagenturen begannen Mitte Juli 2007, ihre Ratings für Portfolios mit *Subprime*-Risiken kritisch zu überdenken und korrigierten diese nach unten.[397] Die Refinanzierung mit *Commercial Papers* war für den Conduit *Rhineland Funding* daher bald nicht mehr möglich, da dieser Markt völlig zum erliegen kam.[398] Aufgrund von Unsicherheit und einer großen Vertrauenskrise bei den Investoren wollte keiner mehr in diese Papiere investieren, da deren Risiko nicht mehr abschätzbar erschien.[399] Für die *CDOs* ergaben sich seit Juli 2007 keine Wertumsätze mehr.[400] Insbesondere aufgrund des hohen *Subprime*-Anteils, in das die *IKB AG* investiert hatte, ergab sich somit zunehmend das Risiko, dass *Rhineland Funding* seine Finanzierung in absehbarer Zeit nicht mehr sichern konnte.[401] Daher rechnete der Banken- und Kapitalmarkt damit, dass dieser die zugesagten Liquiditätslinien dauerhaft in Anspruch nehmen würde und die *IKB AG* damit erhebliche *Subprime*-Kreditrisiken zu tragen habe.[402] Die Verbindlichkeiten, die allein *Rhineland Funding* eingegangen war, beliefen sich auf mehr als das Vierfache des Eigenkapitals der *IKB AG*, und die Verluste der Immobilienengagements waren so enorm, dass sie die *IKB AG* an den Rand ihrer eigenen Existenz brachten.[403] Das Risiko der strukturierten Wertpapiere überstieg damit, wie die Bank in ihrem Geschäftsbericht 2007/2008 schrieb, „*aus heutiger Sicht bei weitem die Risikotragfähigkeit der Bank*".[404] Andere Banken stellten aufgrund der Entwicklung nun die Bonität der *IKB AG* selbst infrage, sodass es für die *IKB AG* nicht mehr möglich war, sich im notwendigen Umfang liquide Mittel zu besorgen.[405] Keine andere Bank war mehr bereit, der *IKB AG* Geld zu leihen, denn dieses Risiko wollte keiner mehr eingehen. Die Risiken des US-Hypothekenmarktes schlugen sich somit also im deutschen Bankenmarkt nieder. Über die Direktinvestitionen und die Zusage von Liquiditätslinien griffen die Kreditrisiken der amerikanischen *Subprime*-Hypotheken auf die *IKB AG* über und führte zu deren wirtschaftlichen Zusammenbruch.

---

397 *IKB*, Geschäftsbericht 2007/2008, S. 41.
398 *IKB*, Geschäftsbericht 2007/2008, S. 41; *Boulkab/Marxfeld/Wagner*, IRZ 2008, S. 497 ff.
399 *IKB*, Geschäftsbericht 2007/2008, S. 41; *Boulkab/Marxfeld/Wagner*, IRZ 2008, S. 497 ff.
400 *IKB*, Geschäftsbericht 2007/2008, S. 48.
401 *IKB*, Geschäftsbericht 2007/2008, S. 48.
402 *IKB*, Geschäftsbericht 2007/2008, S. 48.
403 *Hellwig*, S. 38.
404 *IKB*, Geschäftsbericht 2007/2008, S. 48.
405 *IKB*, Geschäftsbericht 2007/2008, S. 48.

Durch die leichte weltweite Handelbarkeit der Kreditrisiken liefert die Verbriefung damit eine zentrale Erklärung dafür, wie die Risiken aus US-amerikanischen Immobilienkrediten rund um die Welt verteilt wurden und in den Bilanzen deutscher Banken Platz finden konnten.[406]

Am 29. Juli 2007 wurde der damalige Vorstandsvorsitzende fristlos gekündigt.[407] Der Finanzvorstand legte zum 7. August sein Amt nieder und zum 15. Oktober schieden zwei weitere Mitglieder der Führungsebene aus der *IKB AG* aus.[408]

(3) Die Rettung

Um die Insolvenz der *IKB AG* zu verhindern, unternahm die bundeseigene Muttergesellschaft der *IKB AG*, die *Kreditanstalt für Wiederaufbau* (*KfW*), erhebliche Rettungsanstrengungen:

- Zunächst übernahm die *KfW* zum 30. Juli 2007 die Liquiditätslinien der *IKB AG* in Höhe von 8,1 Mrd. Euro zugunsten *Rhineland Funding*.[409]
- Des Weiteren übernahmen die *KfW* und die Bankenverbände bis November die Risiken, die die *IKB AG* gegenüber den *Havelrock*-Gesellschaften in Höhe von 1,2 Mrd. Euro übernommen hat, bis auf einen Betrag von 54 Mio. Euro.[410]
- Außerdem emittierte im Januar 2007 die *IKB AG* eine Wandelanleihe, die unter Ausschluss des Bezugsrechts vollständig von der *KfW* übernommen wurde, sodass der Anteil der *KfW* am Aktienkapital der *IKB AG* von 37,8 % auf 43,4 % anstieg. Bis Ende März 2008 erhöhte sich dieser Anteil nochmal auf 45,5 %.[411]
- Für das risikoreichste Teilportfolio der *IKB AG*, bestehend aus *CDOs* und *ABS* mit *Subprime*anteilen, das Ende Juli 2007 ein Volumen von 3,3 Mrd. Euro aufwies, verpflichtete sich die *KfW* mit Unterstützung der Bankenverbände, zuerst eintretende Verluste bis zu einer Höhe von 1 Mrd. Euro zu übernehmen.[412]
- Zum Ausgleich der hohen Bewertungsverluste aus den Portfolien der *IKB AG* und der daraus resultierenden Eigenkapitalminderung hat die *KfW* das bankenaufsichtsrechtliche Kernkapital der *IKB AG* im Februar 2008 um 600 Mio.

---

406 *Sachverständigenrat* Gutachten 2007/2008, S. 108; *Möllers*, JZ 2009, S. 862.
407 *IKB*, Geschäftsbericht 2007/2008, S. 22.
408 *IKB*, Geschäftsbericht 2007/2008, S. 22.
409 *IKB*, Geschäftsbericht 2007/2008, S. 49.
410 *IKB*, Geschäftsbericht 2007/2008, S. 49.
411 *IKB*, Geschäftsbericht 2007/2008, S. 49.
412 *IKB*, Geschäftsbericht 2007/2008, S. 49.

Euro und im März 2008 um weitere 450 Mio. Euro verstärkt und zwar durch die Vergabe eines Darlehens mit sofortigem Forderungsverzicht und einer Besserungsabrede.[413]

b. Commerzbank AG

Die Auswirkungen des Verfalls der *Subprime*-Kredite des amerikanischen Wohnimmobilienmarktes machten sich auch bei der zweitgrößten deutschen Bank – der *Commerzbank AG* – bemerkbar:

- 2006

Das Jahr 2006 bezeichnete der damalige Vorstandsvorsitzende der *Commerzbank AG* noch als „*das beste Jahr unserer Geschichte*"[414] und warb mit der „*Spitzenposition im Syndizierungs- und Verbriefungsgeschäft mit einem platzierten Volumen von 16,3 Mrd. Euro*" seiner Bank.[415] Als „*Vermittler zwischen Kunde und Kapitalmarkt*" unterstütze sie die „*Finanzierung und Verbriefung eines Portfolios des Landes Hessen mit einem Volumen von 550 Mio. Euro*".[416] Auch in der Zukunft solle die *Commerzbank AG* eine „*wichtige Rolle im Bereich der strukturierten Produkte spielen*" und ihre „*Marktführerschaft in Deutschland weiter ausbauen*".[417]

- 2007

Im Jahr 2007 entstanden der *Commerzbank* AG Belastungen durch das Engagement im *Subprime*-Bereich.[418] Das Jahr wurde dementsprechend als durchwachsen angesehen.[419] Allerdings sei 2007 aufgrund des lediglich „*überschaubaren Umfangs*" an Engagements im *Subprime*-Bereich „*ein gutes Jahr für die Commerzbank*" gewesen.[420] Im Jahr 2007 veröffentlichte die *Commerzbank AG* den Umfang ihrer *ABS*-Investments in den amerikanischen *Subprime*-Markt mit 1,2 Mrd.

---

413 *IKB*, Geschäftsbericht 2007/2008, S. 49 f.

414 *Commerzbank AG*, Geschäftsbericht 2006, S. 4.

415 *Commerzbank AG*, Geschäftsbericht 2006, S. 4.

416 *Commerzbank AG*, Geschäftsbericht 2006, S. 51.

417 *Commerzbank AG*, Geschäftsbericht 2006, S. 66.

418 *Commerzbank AG*, Geschäftsbericht 2007, S. 7; *Commerzbank AG*, Hauptversammlung 15. Mai 2008, S. 4.

419 *Commerzbank AG*, Geschäftsbericht 2007, S. 7; *Commerzbank AG*, Hauptversammlung 15. Mai 2008, S. 4.

420 *Commerzbank AG*, Geschäftsbericht 2007, S. 7; *Commerzbank AG*, Hauptversammlung 15. Mai 2008, S. 4.

Euro.[421] Die Auswirkungen auf den Marktwert von *ABS*-Papieren machte sich bei der Commerzbank direkt oder indirekt über Zweckgesellschaften (z.B.: dem Conduit „*Kaiserplatz*“[422]) bemerkbar. Aufgrund der Ratingherabstufungen der – auf *Subprime*-Risiken basierenden – Papiere durch die Agenturen gab es mehrere sogenannte *Downgrading-Wellen*, die eine Anpassung des Marktwertes der *ABS*

> *„in allen Ratingkategorien erforderlich machten [,] [...] selbst in ursprünglich AAA- und AA-Bewertungen[,] [...] insbesondere, wenn diese für so genannte Mezzanine-ABS-Tranchen vorgenommen wurden“*[423]: *„Gemäß der Indexbewertungen wurde im zweiten Quartal ein Marktwertabschlag vom 98 Mio. Euro im Quartalsabschluss berücksichtigt (davon 44 Mio. Euro GuV-wirksam). [...] Für das dritte Quartal wurden weitere Marktwertverluste von 553 Mio. Euro (davon GuV-wirksam 291 Mio. Euro) und für das vierte Quartal 248 Mio. Euro vorgenommen.“*[424]

Demnach musste die *Commerzbank AG* also im Jahr 2007 Abschreibungen in Höhe von 583 Mio. Euro auf ihre, auf amerikanischen *Subprime*-Kreditrisiken basierenden, Engagements vornehmen.[425] Zudem schloss die Bank weitere Abschreibungen zwar nicht aus, ging jedoch davon aus, dass diese dann nur noch in geringerem Umfang vorzunehmen wären.[426] Auch nahm die *Commerzbank AG* im Jahr 2007 selbst *ABS*-Strukturierungen für Firmenkunden vor, über die Zweckgesellschaft *Kaiserplatz,* die im Wesentlichen durch Stützungslinien der *Commerzbank AG* unterlegt wurden.[427] Letztendlich konnte die *Commerzbank AG* im Jahr 2007 aufgrund ihres positiven operativen Ergebnisses ihre hohen Abschreibungen ausgleichen.[428] Dies gelang allerdings im Jahr 2008 nicht mehr. Der erwirtschaftete Konzernüberschuss betrug im Ergebnis 1,92 Mrd. Euro und die Dividende je Aktie stieg von 75 Cent im Vorjahr auf einen Euro.[429]

- 2008

Auch im Jahr 2008 trat die *Commerzbank-Gruppe* über ihre verschiedenen Gesellschaften im Rahmen von Verbriefungsgeschäften in den drei Rollen

---

421 *Commerzbank AG*, Geschäftsbericht 2007, S. 98.
422 *Commerzbank AG*, Geschäftsbericht 2007, S. 98.
423 *Commerzbank AG*, Geschäftsbericht 2007, S. 99.
424 *Commerzbank AG*, Geschäftsbericht 2007, S. 98 f.
425 Vgl. auch *Commerzbank AG*, Geschäftsbericht 2007, S. 154: *„Des weiteren ist in der Neubewertungsreserve eine negative Wertänderung in Höhe von 191 Mio. Euro enthalten.“*
426 *Commerzbank AG*, Geschäftsbericht 2007, S. 154.
427 *Commerzbank AG*, Geschäftsbericht 2007, S. 127.
428 *Commerzbank AG*, Geschäftsbericht 2007, passim.
429 *Commerzbank AG*, Geschäftsbericht 2007, S. 8.

Investor, Originator und *Sponsor* auf.[430] Als *Investoren*-Position gilt indes auch das Stellen von Liquiditätsfazilitäten für Verbriefungstransaktionen und Erstverlustpositionen bzw. zurückgekaufte Tranchen aus Verbriefungen, bei denen die *Commerzbank AG* als *Originator* tätig ist. Diese Verbriefungspositionen fallen zwar auch unter die Adressausfallrisiken und müssen entweder nach den Regelungen des *KSA* oder des *IRBA* risikogewichtet werden, in den Eigenkapitalanforderungen im *IRBA* sind aber keine Verbriefungspositionen aus Erstverlustpositionen enthalten, da diese direkt vom haftenden Eigenkapital abgezogen werden müssen.[431] Aus dem im Jahr 2008 veröffentlichten Offenlegungsbericht zum 31. Dezember 2008 ergibt sich für die *Commerzbank AG*, dass sie:

- Effektiv verbriefte Positionen in den tabellarischen Darstellungen der Adressausfallrisiken zum 31. Dezember 2008 nicht aufgenommen hat, bei denen ein effektiver und wirksamer Risikotransfer nach § 232 SolvV stattgefunden hat.[432]
- In der Rolle des Investors aufgetreten ist und die drei großen am Kapitalmarkt tätigen Ratingagenturen (*S&P, Moody's, Fitch*) im Zusammenhang mit gehaltenen Verbriefungspositionen sowohl im Rahmen von Investmententscheidungen als auch für die Berechnung der Eigenkapitalanforderungen nutzte.[433]
- In der Rolle des *Originators* selbst ebenfalls Verbriefungen mit dem Ziel der regulatorischen Eigenkapitalentlastung, Risikoabsicherung, ökonomischen Risikosteuerung und unter dem Aspekt der Refinanzierung durchgeführt hat.[434]
- Offenbar *Special Purpose Vehicles*, nach der Prüfung hinsichtlich der Frage der Bilanzierung nach IFRS SIC 12, mangels Annahme von Kapitalverflechtung nicht konsolidiert hat.[435] Hierbei wurden die notwendigen Informationen in einer Stellungnahme zur Konsolidierungsfrage vorbereitet und dem Vorstand selbst zur Entscheidung zur Verfügung gestellt.[436]
- Ihre eigenen *SPVs* über den EUR- oder USD-ABCP-Markt refinanzierte, diesen verschiedenen Fazilitäten zur Verfügung stellte und sie von *S&P* und *Moody's* bewerten ließ.[437]

---

430 *Commerzbank AG*, Offenlegungsbericht 2008, S. 44.
431 *Commerzbank AG*, Offenlegungsbericht 2008, S. 14.
432 *Commerzbank AG*, Offenlegungsbericht 2008, S. 34.
433 *Commerzbank AG*, Offenlegungsbericht 2008, S. 44 f.
434 *Commerzbank AG*, Offenlegungsbericht 2008, S. 45.
435 *Commerzbank AG*, Offenlegungsbericht 2008, S. 43; *Commerzbank AG*, Geschäftsbericht 2008, S. 197.
436 *Commerzbank AG*, Offenlegungsbericht 2008, S. 45 f.
437 *Commerzbank AG*, Offenlegungsbericht 2008, S. 47.

Es bleibt also offen, ob es auch grundsätzlich mögliche, nicht mit Eigenkapital unterlegte Liquiditätsfazilitäten (z.B. mit einer unterjährigen Laufzeit) gegeben hat, denn diese sind mangels Konsolidierungspflicht (siehe Teil 1 unter B.III.1.) nicht ersichtlich. Für eigene Zweckgesellschaften stellte die *Commerzbank AG* zum 31. Dezember 2008 jedenfalls Liquiditätslinien in Höhe von 1,1 Mrd. Euro.[438] Für Zweckgesellschaften fremder Institute stellte sie Liquiditätslinien in Höhe von 0,2 Mrd. Euro.[439]

Insbesondere im vierten Quartal 2008 erlitt die *Commerzbank AG* sehr hohe Verluste.[440] Das *ABS*-Portfolio verlor erheblich an Wert,[441] das *CDO*-Portfolio wurde weitestgehend abgeschrieben.[442] Aber nicht alleine durch Wertberichtigungen von *Subprime*-basierten Produkten, sondern nun auch durch die Verwerfungen an den Kapitalmärkten im Allgemeinen (alleine das Handelsergebnis fiel von noch 879 Mio. Euro in 2007 auf minus 450 Mio. Euro in 2008, es zeigten sich *„signifikante Verluste im Segment des Kredithandels“*[443]) ergaben sich nun die Verluste.[444] Das Ergebnis vor Steuern lag letztendlich bei insgesamt minus 403 Mio. Euro, durch die Aktivierung von Verlustvorträgen konnte jedoch noch ein Steuerertrag in Höhe von 465 Mio. Euro vereinnahmt werden, sodass nach Abzug der Gewinne für konzernfremde Gesellschafter nur noch ein, den Aktionären zurechenbarer, schmaler Konzernüberschuss in Höhe von 3 Mio. Euro verblieb.[445] Zum Ultimo des Jahres 2008 konnte die *Commerzbank AG* somit nur dank eines Steuerertrags einen geringen Konzernüberschuss erzielen[446] – vor Steuern ergab sich ein Verlust.[447]

Zum 31. Dezember 2008 wurde der *Commerzbank AG* vom Sonderfonds Finanzmarktstabilität (SoFFin) eine stille Einlage in Höhe von 8,2 Mrd. Euro zur Verfügung gestellt,[448] in der Summe stellte der SoFFin der Commerzbank im Jahr 2008 – aufgrund ihrer Schieflage – Eigenkapital in Höhe von 18,2 Mrd. Euro bereit.[449] Das Eigenkapital betrug zum 31. Dezember 2008 insgesamt 19,9 Mrd. Euro.[450]

---

438 *Commerzbank AG*, Geschäftsbericht 2008, S. 166.
439 *Commerzbank AG*, Geschäftsbericht 2008, S. 166.
440 *Commerzbank AG*, Geschäftsbericht 2008, S. 10.
441 Vgl. *Commerzbank AG*, Geschäftsbericht 2008, S. 160 ff.
442 *Commerzbank AG*, Geschäftsbericht 2008, S. 163.
443 *Commerzbank AG*, Geschäftsbericht 2008, S. 108.
444 *Commerzbank AG*, Geschäftsbericht 2008, S. 108.
445 *Commerzbank AG*, Geschäftsbericht 2008, S. 109.
446 *Commerzbank AG*, Geschäftsbericht 2008, S. 8.
447 *Commerzbank AG*, Geschäftsbericht 2008, S. 8.
448 *Commerzbank AG*, Offenlegungsbericht 2008, S. 12.
449 *Commerzbank AG*, Geschäftsbericht 2008, S. 10.
450 *Commerzbank AG*, Geschäftsbericht 2008, S. 110.

Die geschäftliche Entwicklung der *Commerzbank AG* spiegelt sich in der Entwicklung der Dividendenzahlungen der Jahre 2006–2008 wohl am deutlichsten wider:

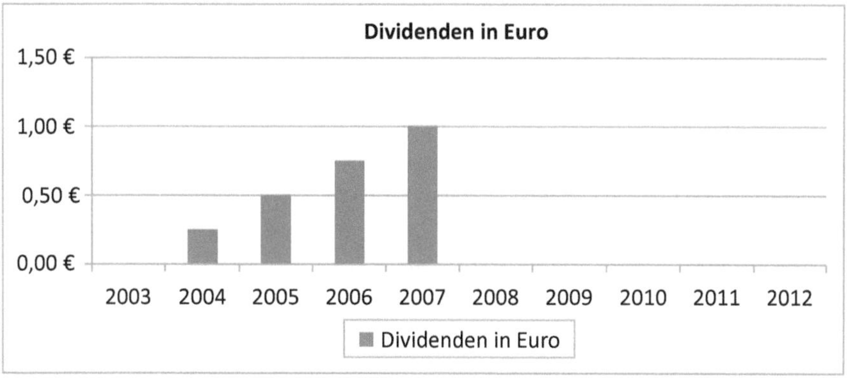

Abbildung 11: Die Dividenden der Geschäftsjahre 2003–2012 in Euro[451]

Letztendlich lässt sich somit festhalten, dass die *Commerzbank AG* aufgrund der staatlichen Stützungsmaßnahme durch den SoFFin gerettet wurde.

4. Conclusio

Zusammenfassend lässt sich feststellen, dass die deutschen Banken entweder über die Direktinvestition – den Kauf von strukturierten Finanzprodukten – oder über die Absicherung ihrer Zweckgesellschaften mittels Kreditlinien an den Risiken des US-amerikanischen Immobilienmarktes partizipierten. Diese hinter den Investitionen stehenden Kreditrisiken haben den Banken extreme Verluste beschert.

D. Die Suche der Wirtschaftspsychologen nach möglichen Anknüpfungspunkten für Pflichtverletzungen von Bankvorständen

Anknüpfend an die vorangegangene, vorwiegend ökonomisch-juristisch vorgenommene strukturelle Analyse der weltweiten Finanzgeschäfte mit Kreditrisiken und der Analyse der Teilhabe deutscher Banken an diesen Geschäften soll nun der

451 *Commerzbank AG*, Geschäftsbericht 2008, S. 24; Geschäftsbericht 2009, S. 10, 24; Geschäftsbericht 2010, S. 22, 40; Geschäftsbericht 2011, S. 11, 32; Geschäftsbericht 2012, S. 25.

Versuch unternommen werden, das Verhalten von Bankenleitern in der Finanzkrise herauszuarbeiten. Erst ein solches erkanntes aktives Handeln oder Unterlassen macht eine strafrechtliche Begutachtung am Maßstab des § 266 StGB möglich.

Es sollen daher im Folgenden charakteristische Geschehensabläufe heraus kristallisiert werden,[452] die für die Finanzkrise und deren Ausmaß verantwortlich gemacht werden können. Insgesamt soll so eine Konkretisierung erfolgen, und zwar dahingehend, dass einzelne mögliche Pflichtverletzungen festgestellt und überprüft werden können. Anhand der Darstellung der wirtschaftspsychologischen Betrachtung von *Lorenz Fischer* und *Oliver Fischer* sollen so mögliche Anknüpfungspunkte von Pflichtverletzungen näher herausgearbeitet werden.

Aus psychologischer, genauer noch aus wirtschaftspsychologischer, Perspektive haben *Fischer* und *Fischer* die Finanzkrise untersucht. Sie haben dabei:

- *einerseits* die objektiven Randbedingungen – politische wie ökonomische – und
- *andererseits* die Prozesse, die auf scheinbar irrationalem Verhalten basieren, untersucht und dort psychologische Regelhaftigkeiten erkannt.[453]

Zusammenfassend konnten die Autoren folgende Feststellungen treffen:

- Bezüglich der Hypothekenvergabe aufgrund der ständig steigenden Immobilienpreise (vgl. Teil 1 unter A.II.) ziehen sie als Erklärung den sogenannten *Mechanismus des sozialen Vergleichs* heran.[454] Dieser beruht auf dem Phänomen, dass das auf den ersten Blick logische, aber bei näherer Betrachtung nicht mehr tragfähige Entscheidungskriterium – dass nämlich wegen der ständig steigenden Immobilienpreise kein Risiko bestand – nur bestehen konnte, solange wichtige Vergleichspersonen ein ähnliches Verhalten zeigen.[455] Nach diesem *Mechanismus* erscheint den einzelnen Akteuren sodann keine rationale Erklärung mehr für ihr eigenes Handeln erforderlich,[456] solange alle anderen mit denen sie sich vergleichen, es ebenfalls so machen. Dieser Mechanismus greift in der Art und Weise, dass sofern ein Akteur der Vergleichsgruppe in eine Richtung geht, die anderen Akteure ihm dies gleichtun. Dies setzt sich solange

452 Vgl. insgesamt zu einer rein psychologischen Perspektive auf die Finanzkrise und Banker: *Fischer/Fischer*, Wirtschaftspsychologie, 2011, S. 5 ff.

453 *Fischer/Fischer*, Wirtschaftspsychologie, 2011, S. 6.

454 *Fischer/Fischer*, Wirtschaftspsychologie, 2011, S. 7.

455 *Fischer/Fischer*, Wirtschaftspsychologie, 2011, S. 7.

456 *Fischer/Fischer*, Wirtschaftspsychologie, 2011, S. 7.

fort, bis letztendlich alle Akteure in die gleiche Richtung gehen, ohne dass dies von einem einzelnen Akteur hinterfragt wird, auch wenn es objektiv betrachtet die falsche Richtung ist.

- Bezüglich der *Subprime*-Risiken in Form der *CDOs* (vgl. Teil 1, B.II.), beschreiben die Autoren, dass von den Beteiligten die These, dass ein auf vielen Schultern verteiltes Risiko für jeden einzelnen Beteiligten ein geringeres Risiko darstelle, als intuitive Gesetzmäßigkeit ungeprüft und unkritisch übernommen wurde.[457] Wobei allerdings, auch wenn man ein Rating dieser Papiere im AAA-Bereich annahm (vgl. Teil 1, B.II.), die Frage offen bleibt, wie diese Kredite eigentlich bewertet werden sollten bzw. bewertet wurden, denn es gab im Grunde nur einen jungen und illiquiden Markt für diese Investmentprodukte.[458] Letztendlich war wohl die Vorstellung, Kredite ohne Risiko vergeben zu können und dabei noch Wertpapiere mit Top-Ratings erzeugen zu können, zu verlockend hinsichtlich des Ziels der Ertragsmaximierung um jeden Preis. Eine kritische Analyse barg nämlich die Gefahr, den extrem hohen, kurzfristigen Ertrag zu dämpfen.

  Bei den Investmentbankern, die diese neuen Produkte auf Basis von Kreditrisiken konstruierten, diese an- und verkauften, handelte es sich zudem um eine relativ geschlossene Gruppe von jungen – zwar hoch ausgebildeten aber noch relativ unerfahrenen – Angestellten, die Entscheidungen trafen, welche in der Regel von den Leitungen der Banken selbst nicht mehr hinreichend kontrolliert werden konnten.[459] Nach der wirtschaftspsychologischen Analyse von *Fischer* und *Fischer* bildeten sich somit Subkulturen innerhalb der Banken, die für sich und die Bank enorme Verdienstmöglichkeiten entwickelten.[460] Allerdings muss man an dieser Stelle festhalten, dass die teilweise angewandte Strategie der Banken, die Regulierung bezüglich des Eigenkapitals durch Zweckgesellschaften zu umgehen (vgl. Teil 1, B.III.2.), nicht allein von diesen Subkulturen durchgeführt werden konnte. Hierzu war die Mitwirkung und Information der Bankenleiter erforderlich. Dennoch, diese Einheiten brachten den Banken viel Geld und wurden dafür im Gegenzug kaum sinnvoll kontrolliert.
- Weiterhin besaßen die Kreditderivate, mit denen ab dem Jahr 1997 „neuerdings“ gehandelt wurde, einen extrem hohen Abstraktionsgrad im Vergleich zu den

---

457 *Fischer/Fischer*, Wirtschaftspsychologie, 2011, S. 8.
458 *Fischer/Fischer*, Wirtschaftspsychologie, 2011, S. 8.
459 *Fischer/Fischer*, Wirtschaftspsychologie, 2011, S. 8.
460 *Fischer/Fischer*, Wirtschaftspsychologie, 2011, S. 8.

sonstigen Geldgeschäften der Banken, und gerade diese Abstraktion ist nach *Fischer* und *Fischer* „*von ihren Schöpfern und Benutzern nicht in vollem Umfang verstanden worden*".[461] Somit wurde gerade wegen dieses „*unscharfen Beurteilungsgegenstands [...] die Orientierung an anderen Personen zur einzigen, einigermaßen verlässlichen Orientierungsregel*".[462] Dieser Prozess wird in der Sozialpsychologie als *Normbildung* bezeichnet.[463] Mithin ergab es sich, dass eine eigene kritische inhaltliche Prüfung der Geschäfte nicht mehr stattfand, das heißt: Solange Andere solche Geschäfte machten, schien es für den Einzelnen in Ordnung zu sein, ebenfalls solche Geschäfte zu tätigen.[464] Hier trat noch der Umstand hinzu, dass die Intransparenz der Kreditderivate durch einzelne Beteiligte bewusst gefördert wurde.[465] *William Black,* Wirtschafts- und Juraprofessor an der University of Missouri, Kansas City, spricht in diesem Zusammenhang von betrügerischen Machenschaften amerikanischer Bankhäuser, insbesondere der *Lehman-Bank*.[466] Hierdurch ist letztendlich – im Gegensatz zu einem vollkommenen Markt – eine Monopolisierung des Wissens durch einige wenige Anbieter der neuen Produkte entstanden.[467] *Fischer* und *Fischer* gehen daher davon aus, dass die solche Produkte kaufenden Banken den Verkäufern ein übergroßes Maß an Vertrauen entgegengebracht haben. Die Käuferbanken haben den Verkäuferbanken also unterstellt, dass sie ihnen (den Käufern) nur absolut sichere Papiere verkaufen würden:[468] Demnach kauften die Banken folglich Produkte, die sie nicht verstanden und deren Risiken sie nicht überblickten. Sie setzten dabei darauf, dass die Verkäufer ihnen schon das „Richtige" verkaufen würden. Demnach liegt die Schlussfolgerung nahe, dass die sprichwörtliche *Katze im Sack* gekauft wurde.

- Weiterhin zeigen *Fischer* und *Fischer* auf, dass die Bedeutung des Vertrauens und das Ausmaß des Informationsdefizits sich noch weiter verdeutlicht durch das schlussendlich vollständige Versagen des Handels zwischen den Banken aufgrund des großen Misstrauens untereinander[469] (vgl. Teil 1, C.I.). Denn, wie

---

461 *Fischer/Fischer*, Wirtschaftspsychologie, 2011, S. 10.
462 *Fischer/Fischer*, Wirtschaftspsychologie, 2011, S. 10.
463 *Fischer/Fischer*, Wirtschaftspsychologie, 2011, S. 10.
464 *Fischer/Fischer*, Wirtschaftspsychologie, 2011, S. 10.
465 *Fischer/Fischer*, Wirtschaftspsychologie, 2011, S. 10.
466 *William Black*, Die Lehmann-Pleite war vorsätzlicher Betrug, in *FAZ*, Interview vom 18.05.2010, abrufbar unter www.faz.net.
467 *Fischer/Fischer*, Wirtschaftspsychologie, 2011, S. 12.
468 *Fischer/Fischer*, Wirtschaftspsychologie, 2011, S. 12.
469 *Fischer/Fischer*, Wirtschaftspsychologie, 2011, S. 12 f.

sich zeigte, waren die Banken offensichtlich auch mit erheblichen Nachforschungen nicht in der Lage, die Risiken der *CDOs* selbst zu berechnen und zu überblicken.[470] Nur so lässt sich der plötzliche Zusammenbruch des Handels mit diesen Produkten sinnvoll erklären. Hierzu schrieb die *FAZ* am 23. April 2010 folgenden Satz, der für sich selbst spricht: „*Offenbar sind CDO den Investoren zu komplex geworden, weshalb sie die Titel meiden.*“[471]

Die Gruppe der Investmentbanker, die diese Finanzprodukte kreierten, verfügte, so wird vermutet, über Informationen, die keine andere am Markt beteiligte Institution besaß.[472] Zudem waren sie offensichtlich darum bemüht, diesen Informationsvorsprung zu behalten.[473] So konnten sie derivative Produkte mit einem hohen Abstraktionsgrad erschaffen, der von anderen Bankern außerhalb ihrer kleinen „elitären“ Gruppe nicht mehr nachvollziehbar war.[474] Es liegt also nahe, dass selbst die Experten der potentiellen Käuferbanken sich nicht mehr in der Lage sahen, die Risiken der Papiere zu beurteilen.[475] Sie durchschauten die Risiken nicht.[476]

Andererseits boten diese Produkte höhere Erträge als die herkömmlichen,[477] sodass wohl die „*Begeisterung für diese Strategie, die einen überproportionalen Gewinn versprach, alle Bedenken in den Hintergrund treten*“ ließ.[478] Dies spricht ebenfalls dafür, dass die neu geschaffenen Finanzprodukte unkritisch genutzt wurden.[479] Der unbedingte Wille zur Steigerung des eigenen Ertrages siegte also über einen vernünftigen und auch kritischen Umgang mit den neuen Produkten.

- Die Autoren resümieren daher, dass sich gezeigt habe, dass seitens von Bankenleitern eine „*Kontrolle von ihren zunächst sehr erfolgreichen Managern*

---

470 *Fischer/Fischer*, Wirtschaftspsychologie, 2011, S. 13.

471 *FAZ*, 23.04.2010, S. 25, CDO-Verbriefungen sterben aus.

472 *Fischer/Fischer*, Wirtschaftspsychologie, 2011, S. 13; vgl. *William Black*, Die Lehmann-Pleite war vorsätzlicher Betrug, in: *FAZ*, Interview vom 18.05.2010, abrufbar unter www.faz.net.

473 *Fischer/Fischer*, Wirtschaftspsychologie, 2011, S. 13; vgl. *William Black*, Die Lehmann-Pleite war vorsätzlicher Betrug, in: *FAZ*, Interview vom 18.05.2010, abrufbar unter www.faz.net.

474 *Fischer/Fischer*, Wirtschaftspsychologie, 2011, S. 14.

475 *Fischer/Fischer*, Wirtschaftspsychologie, 2011, S. 16.

476 *Fischer/Fischer*, Wirtschaftspsychologie, 2011, S. 19.

477 *Fischer/Fischer*, Wirtschaftspsychologie, 2011, S. 19.

478 *Fischer/Fischer*, Wirtschaftspsychologie, 2011, S. 16.

479 *Fischer/Fischer*, Wirtschaftspsychologie, 2011, S. 15.

entweder objektiv nicht möglich war, nicht gewollt war oder zu wenig kompetentes Personal zur Verfügung stand", um die von diesen alleine gewinnorientierten Angestellten eingegangenen Risiken zu kontrollieren.[480] „*Die kurzfristigen Buchgewinne schienen auch dieses Verhalten zu rechtfertigen.*"[481]

Nach alledem wird auch aus der Perspektive der Wirtschaftspsychologie deutlich, dass individuelles Handeln von Bankvorständen bezüglich möglicher Pflichtverletzungen zwingend ist.

480 *Fischer/Fischer*, Wirtschaftspsychologie, 2011, S. 17.
481 *Fischer/Fischer*, Wirtschaftspsychologie, 2011, S. 17.

Teil 2: Die bisherige Rechtspraxis in Deutschland bezogen auf die mögliche bankrelevante Rechtsprechung zur Untreue

Im nächsten Abschnitt soll die Frage geklärt werden, ob die zuvor aufgezeigten Konstellationen unter die traditionelle Auslegung des Untreuetatbestandes durch die Rechtsprechung subsumiert werden können. Im Kern geht es somit um die Klärung der strafrechtlichen Haftung im Sinne der Untreue gemäß § 266 StGB. Dabei werden die Erörterungen der Fragen

- einer möglichen Pflichtwidrigkeit der Geschäfte und
- des möglichen Schadens

ins Zentrum der Betrachtung gestellt. Auch wird herausgearbeitet, welche Anforderungen von der Rechtsprechung an die Feststellung des subjektiven Tatbestandes zu stellen sind.

A. Die Varianten des Untreuetatbestandes und ihr Verhältnis zueinander

Der Untreuetatbestand (§ 266 StGB) sieht seinem Wortlaut nach zwei Alternativen der Tathandlung vor:

> „*Wer die ihm* [...] *eingeräumte Befugnis missbraucht* [erste Alternative] *oder die ihm kraft ... eines Treueverhältnisses obliegende Pflicht* [zweite Alternative], *fremde Vermögensinteressen wahrzunehmen, verletzt* [Hervorhebungen durch Verfasser].“[482]

Hierbei handelt es sich um die sogenannte Missbrauch- und Treubruchalternative.

Die früher vorherrschende Lehre sah den Missbrauch und den Treubruch als zwei getrennte, selbständige Tatbestände an, nach der nur für den Treubruchtatbestand eine Vermögensbetreuungspflicht des Täters vorauszusetzen war.[483] Der Passus „*fremde Vermögensinteressen wahrzunehmen*“ bezog sich dieser Auffassung nach nur auf den Treubruchtatbestand. Eine weitere Ansicht sieht für den Missbrauchstatbestand zwar auch eine Vermögensbetreuungspflicht als

---

482 § 266 StGB, in der Fassung der Bekanntmachung vom 13.11.1998, BGBl. I S. 3322, zuletzt geändert durch Art. 1 SchwarzgeldbekämpfungsG vom 28.04. 2011, BGBl. I S. 676.

483 BGHSt 1, 188; *Kargl*, ZStW 113 (2001), S. 589; *Labsch*, Jura 1987, S. 345 f.; vgl. auch *Schünemann*, LK-StGB, § 266, Rn. 11.

notwendige Voraussetzung an, jedoch genügt nach dieser eine Vermögensbetreuungspflicht von milderer Intensität als bei dem Treubruchtatbestand – es dürfen danach also nicht derart hohe Anforderungen gestellt werden.[484]

Mittlerweile hat sich in der Rechtsprechung[485] und der dieser folgenden Literatur[486] allerdings eine andere – als gefestigt anzusehende – Ansicht herausgebildet, nach der sich der Passus „*fremde Vermögensinteressen wahrzunehmen*" auf beide Varianten bezieht. Dafür spricht nach diesen Auffassungen auch der Bestimmtheitsgrundsatz nach Art. 103 Abs. 2 GG, ansonsten würde nämlich gerade die Missbrauchsalternative eine unfassbare Weite erfahren. Die Rechtsprechung und der wohl überwiegende Teil der Literatur fordern somit inzwischen für beide Tatbestandsvarianten des Untreuetatbestandes eine Verletzung der Vermögensbetreuungspflicht: Sie sehen die Missbrauchsvariante als Spezialfall der allgemeinen Treubruchvariante – der Missbrauchvariante sei daher als *lex specialis* der Vorrang einzuräumen.

I. Die Missbrauchsvariante

Dem Täter der Missbrauchsvariante muss nach dem Wortlaut des Untreuetatbestandes „*durch Gesetz, behördlichen Auftrag oder Rechtsgeschäft die Befugnis eingeräumt sein, über fremdes Vermögen zu verfügen oder einen anderen zu verpflichten*". Diese, wirksam gegenüber dem Vermögensinhaber eingeräumte,[487] Befugnis muss er missbrauchen und dadurch dem, dessen Vermögensinteressen er zu betreuen hat, einen Nachteil zufügen.[488] Seinem Wortlaut nach setzt der Untreuetatbestand also ein rechtsgeschäftliches oder hoheitliches, insbesondere nach außen hin wirksames, Handeln voraus.[489] Von der Missbrauchsvariante erfasst sein sollen rein tatsächliche Handlungsmöglichkeiten gerade nicht.[490]

---

484 Mitsch, BTII/1 § 8, Rn. 19; S/S-*Lenckner-Perron*, § 266, Rn. 2; *Seelmann*, JuS 1982, S. 917; *Wegenast*, S. 134 ff.; Eisele, GA 01, S. 380 f.

485 RGSt 69, 58, 59; BGHSt 24, 386, 387; 33, 244, 250; 35, 224, 227; anders noch: BGHSt 1, 186, 188.

486 *Wessels/Hillenkamp*, Rn. 750; *Lackner/Kühl*, § 266, Rn. 4, 8; *Arzt/Weber*, § 24, Rn. 68; *Maurach/Schroeder/Maiwald*, BT 1, § 45, Rn. 11, 18; *Krey/Hellmann/Heinrich*, BT Teil 2, Rn. 91; *Schreiber/Beulke*, JuS 77, S. 657; *Vormbaum*, JuS 81, S. 20.

487 Fischer, § 266, Rn. 19; *Schünemann*, LK-StGB, § 266, Rn. 43.

488 § 266 StGB, in der Fassung der Bekanntmachung vom 13.11.1998, BGBl. I S. 3322, zuletzt geändert durch Art. 1 SchwarzgeldbekämpfungsG vom 28.04. 2011, BGBl. I S. 676.

489 *Wessels/Hillenkamp*, Rn. 753 ff.; *Kindhäuser*, § 34, Rn. 7.

490 BGHSt 8, 149; S/S-*Lenckner/Perron*, § 266, Rn, 17; Fischer, § 266, Rn. 25; *Wessels/Hillenkamp*, Rn. 753.

Die Tathandlung der Missbrauchsalternative des Untreuetatbestandes liegt also nach der Rechtsprechung des *Bundesgerichtshofes491* und der dieser Ansicht folgenden Lehre[492] nur vor, wenn im Rahmen eines rechtlich wirkenden Könnens die Grenzen des im Innenverhältnis einzuhaltenden rechtlichen Dürfens bewusst überschritten werden. Diese Tatbestandsvariante des Missbrauchs kann in Bezug auf die mit der Banken- und Finanzkrise aufgeworfenen Fragen nur vorliegen, sofern die Entscheidungsträger über alle Informationen bezüglich der getätigten Geschäfte verfügten und trotz dieser Kenntnis bösgläubig Risiken eingingen, die ihre Institute zu Fall bringen konnten,[493] oder sofern sie sich bewusst darüber waren, nicht alle Informationen zu haben und eigentlich noch weitere Informationen hätten einholen müssen. Sofern diese Kenntnis der Geschäftsleiter/Vorstände nicht gegeben sein sollte, ist auch kein *bewusstes Überschreiten eines rechtlichen Dürfens* möglich.

Allerdings: Sofern die Entscheidungsträger zwar nach außen, aber intern zum Abschluss der getätigten Geschäfte nicht ermächtigt gewesen wären, zu nennen ist hier die Satzung der Banken, läge ein typischer Fall der Missbrauchsalternative vor.

II. Treubruchvariante

Der Täter der Treubruchvariante muss nach dem Wortlaut des Untreuetatbestandes die *„ihm kraft Gesetz, behördlichen Auftrags, Rechtsgeschäfts oder eines Treuverhältnisses obliegende Pflicht, fremde Vermögensinteressen wahrzunehmen“*, verletzen. Dadurch muss er dem, dessen Vermögensinteressen er zu betreuen hat, einen Nachteil zufügen.[494] Dem Täter muss, schon dem Wortlaut der Norm nach, folglich die Pflicht obliegen, fremde Vermögensinteressen zu betreuen. Anknüpfungspunkt soll, im Gegensatz zur Missbrauchsvariante, gerade nicht die formale Stellung des Täters, sondern seine *rein faktische* Einwirkungsmacht sein.[495] Aufgrund dieses sehr weiten Einzugsbereichs seines Wortlauts wird die Treubruchsvariante als nicht mit dem Bestimmtheitsgebot nach

491 *BGH* NStZ 2011, 280; BGHSt 5, 61, 63.

492 *Achenbach*, NStZ 1989, 497, 499; *Mitsch*, BT II/1, § 8, Rn. 25; *Krey/Hellmann/Heinrich*, BT Teil 2, Rn. 796; *Kindhäuser*, § 34, Rn. 11; *Wessels/Hillenkamp,* Rn. 753; *Maurach/Schroeder/Maiwald*, § 45, Rn. 19.

493 So *Krey*, Finanzmarktkrise und deutsches Strafrecht, FS-Roxin, S. 1080.

494 § 266 StGB, in der Fassung der Bekanntmachung vom 13.11.1998, BGBl. I S. 3322, zuletzt geändert durch Art. 1 SchwarzgeldbekämpfungsG vom 28.04.2011, BGBl. I S. 676.

495 *Fischer*, § 266, Rn. 33; *Mitsch* BT II/1, § 8, Rn. 38, 46.

Art. 103 Abs. 2 GG für vereinbar gehalten.[496] Dieser in rechtsstaatlich bedenklicher Weise[497] weite Wortlaut der Vermögensbetreuungspflicht bedarf aus dieser Sicht einer restriktiven Auslegung,[498] um noch Art. 103 Abs. 2 GG zu genügen.

Die Tathandlung der Treubruchalternative, die die dem Täter obliegende Vermögensbetreuungspflicht, im Sinne einer Hauptpflicht,[499] verletzt, muss eine vermögensrelevante Handlung im Sinne einer wesentlichen Pflichtverletzung sein.[500] Auch die Tatbestandsalternative des Treubruchs kann in Bezug auf die mit der Finanzkrise aufgeworfenen Fragen mithin vorliegen, sofern z.B. Entscheidungsträger nicht über alle Informationen verfügten, die sie benötigten.[501] Im Gegensatz zur Missbrauchsvariante genügt hier die aufgrund *eines Treueverhältnisses obliegende Pflicht.* Auf ein bewusstes Überschreiten des Dürfens kommt es bei dieser Tatbestandsvariante nicht an.

B. Vermögensbetreuungspflicht

Das geschützte Rechtsgut der Untreue ist nach weit überwiegender Ansicht,[502] insbesondere der Rechtsprechung,[503] das individuelle *Vermögen* des Treugebers. Der Untreuetatbestand (§ 266 StGB) wird in seiner aktuellen Fassung somit als reines Vermögensdelikt verstanden.[504] Der nationalsozialistische Gesetzgeber verstand den Untreuetatbestand in seiner ursprünglichen Fassung vom 26. Mai 1933 noch als Verratstatbestand.[505] Er instrumentalisierte den Tatbestand sogleich nach seiner Einführung dazu, Leiter zahlreicher einflussreicher Wirtschaftsunternehmen anzuklagen,

---

496 *Kargl*, ZStW 113 (2001), 570 ff.; *Arzt*, FS-Bruns, S. 367; *Bernsmann,* GA 07, S. 219 ff.; *Labsch*, S. 196; *Gribbhom,* JuS 65, S. 390 f.

497 *Kindhäuser*, § 34, Rn. 30; *Krey/Hellmann/Heinrich*, BT Teil 2, Rn. 810 f.

498 *Kargl*, ZStW 113 (2001), S. 570 ff.; *Dahs*, NJW 2002, S. 272 f.; *Dierlamm*, NStZ 1997, S. 534 ff.; *Labsch*, S. 189 ff.; *Mitsch,* BT II/1, § 8, Rn. 37, 40.

499 RGSt 69, 58, 62; BGHSt 1, 186, 189; BGHSt 13, 315, 317; BGHSt 24, 386, 387; BGHSt 33, 244, 250; BGHSt 35, 224, 227; *BGH* NJW 2006 (*Kinowelt*-Urteil), S. 454.

500 *Mitsch,* BT II/1, § 8, Rn. 46; *Hartmann*, S. 489.

501 So *Krey*, Finanzmarktkrise und deutsches Strafrecht, in: FS-Roxin, S. 1080.

502 *Fischer,* § 266, Rn. 2; *Seier*, Untreue, Rn. 10; *Schünemann*, LK-StGB, § 266, Rn. 28; HK-GS-*Beukelmann,* § 266, Rn. 1, 5; S/S-*Lenckner/Perron,* § 266, Rn. 1; NK-*Kindhäuser*, § 266, Rn. 9; *Wessels/Hillenkamp*, Rn. 747; *Mayer*, Die Untreue, S. 354; *Dahs*, NJW 2002, S. 273; *Nelles*, S. 305; *Binding*, S. 396; *Maurach/Schroeder/Maiwald*, § 45, Rn. 1; *Arzt/Weber*, § 22, Rn. 1.

503 BGHSt 8, 254 ff.; 14, 38, 47; 43, 297.

504 *Dierlamm,* MüKo-StGB, § 266, Rn. 1.

505 *Dahm*, Untreue, S. 448 ff.

und verwirklichte damit den Zweck, führende Wirtschaftspositionen mit Parteigenossen zu besetzen.[506] Dieser früheren sogenannten *Verratstheorie* wurde jedoch schon durch die Neufassung des § 266 StGB der Boden entzogen.[507] Diese Auffassung wird von der Rechtsprechung des *Bundesverfassungsgerichtes* gestützt. Nach dieser führe der Umstand, dass der Begriff der „Treue" im Nationalsozialismus missbraucht wurde, nicht zu der Beurteilung des Untreuetatbestandes als nationalsozialistisches Gedankengut.[508] Hierfür spreche *„die mehrfache Befassung des Deutschen Bundestags mit dem Untreuetatbestand seit 1949"*.[509] Diese zeige, dass der *„demokratische Gesetzgeber sich die Norm in ihrer geltenden Fassung zu eigen gemacht"* habe.[510]

Neben dem Vermögen wurde allerdings vereinzelt auch das *Vertrauen der Allgemeinheit in die Redlichkeit des Rechts- und Wirtschaftsverkehrs* als schützenswert angesehen.[511] Diese Auffassung ist jedoch umstritten, die überwiegende Ansicht der Rechtsprechung folgt ihr nicht:[512] Das Vertrauen bzw. auch die Sicherheit der Güterzuordnung und das Befriedigungsinteresse von Gläubigern seien nämlich vom Schutzbereich des Untreuetatbestandes (§ 266 StGB) nicht erfasst. Der Vertrauensbruch an sich stehe zwar mit dem Rechtsgut des Vermögens in Beziehung, jedoch lediglich in der Weise, dass es als das Angriffsmittel auf das geschützte Rechtsgut *Vermögen* dient.[513] Allerdings bleibt auch bei einer Anerkennung des Vermögens als einzig von § 266 StGB geschütztes Rechtsgut der Gläubigerschutz, als mittelbar geschütztes Gut, hinter diesem stehen.[514] Die Gläubiger einer Gesellschaft werden durch den Schutz des Gesellschaftsvermögens lediglich reflexiv mit geschützt.[515]

Nach der gefestigten Rechtsprechung und wohl überwiegender Meinung der Literatur setzen sowohl der Missbrauchstatbestand als auch der Treubruchtatbestand die Verletzung einer *Vermögensbetreuungspflicht* voraus,[516] was sich aus dem Verhältnis der beiden Varianten zueinander ergibt. Dabei gilt eine restriktive Interpretation des Merkmals „Pflicht". In diesem Sinne hat bereits das *Reichsgericht in Strafsachen* in

---

506 *Mayer*, Die Untreue, S. 337.

507 *Nelles*, S. 284; *Schünemann*, LK-StGB, § 266, Rn. 28.

508 *BVerfG*, NJW 2010, 3212, Rn. 89.

509 *BVerfG*, NJW 2010, 3212, Rn. 89.

510 *BVerfG*, NJW 2010, 3212, Rn. 89.

511 *Dunkel*, GA 1977, S. 334 f.; *Luthmann*, NJW 1960, S. 420; *Meyer*, MDR 1971, S. 894; *Meyer*, JuS 1973, S. 215.

512 *BGH*, NJW 2000, S. 154 f.; *Wesels/Hillenkamp*, Rn. 747.

513 *Schünemann*, LK-StGB, § 266, Rn. 28.

514 Vgl. Ransiek, ZStW 116 (2004), S. 673.

515 Vgl. Ransiek, ZStW 116 (2004), S. 673.

516 *BVerfG*, NJW 2010, 3215, Rn. 109.

einer Entscheidung in seinem 69. Bande eine restriktive Auslegung der Pflichtenstellung im Sinne einer Hauptpflicht vorgenommen. Nach dieser kommt es darauf an *„[...], ob die das Vermögen des Anderen berührende Obliegenheit des Täters den wesentlichen Inhalt oder nur eine Nebenpflicht des zwischen beiden bestehenden Innenverhältnisses bildet* [Hervorhebungen durch den Verfasser]".*517* Diese Linie führt der *Bundesgerichtshof* seit einer Entscheidung in seinem ersten Bande fort: *„Dazu genügt allerdings weder die Pflicht, einen Vertrag zu erfüllen, als solche, noch die Interessen des Partners gebührende Rücksicht zu nehmen.*"[518] Nur solche Rechtsbeziehungen genießen nach dieser Entscheidung *„den Schutz des § 266* [...]*, bei denen die Wahrnehmung fremder Vermögensinteressen den Hauptgegenstand bildet.*"[519] Die Auslegung der Pflichtenstellung als Hauptpflicht ist bis heute ständige Rechtsprechung.[520]

In seiner Entscheidung, veröffentlicht im dreizehnten Bande, konkretisierte der *Bundesgerichtshof* die Anforderungen an das Vorliegen einer Hauptpflicht insoweit, indem er entschied, dass dem *„Grad der Selbständigkeit, der Bewegungsfreiheit und der Verantwortlichkeit des Verpflichteten, [der] Dauer, [dem] Umfang und [der] Art [der] Tätigkeit"* Anzeichen für die *„Bedeutung der Wahrnehmung von Vermögensinteressen*" darstellen.[521] Das *Bundesverfassungsgericht* sieht diese *„Möglichkeit zur verantwortlichen Entscheidung innerhalb eines gewissen Ermessensspielraums"*[522] als geeignetes Abgrenzungskriterium an. Diese gefestigte Rechtsprechung dient dazu, den *„Anwendungsbereich des Untreuetatbestands im Sinne der dahinter stehenden Schutzkonzeption zu begrenzen".*[523] Diese Auslegung entspricht auch der überwiegenden Ansicht in der Lehre.[524]

Bei Vorstandsmitgliedern von in der Form von Aktiengesellschaften organisierten Kreditinstituten oder auch öffentlich-rechtlich organisierten Kreditinstituten ist dieses Element als unproblematisch anzusehen. Sie haben für die ihnen anvertrauten Gesellschaften Lenkungsentscheidungen zu treffen. Dabei liegt es

---

517 RGSt 69, 59, 62.

518 BGHSt 1, 186, 189.

519 BGHSt 1, 186, 189.

520 RGSt 69, 58, 62; BGHSt 1, 186, 189; BGHSt 13, 315, 317; BGHSt 24, 386, 387; BGHSt 33, 244, 250; BGHSt 35, 224, 227; *BGH*, NJW 2006 (*Kinowelt*-Urteil), S. 454.

521 BGHSt 13, 315, 317.

522 *BVerfG*, NJW 2010, 3215, Rn. 109.

523 *BVerfG*, NJW 2010, 3215, Rn. 110.

524 *Krey/Hellmann/Heinrich*, BT Teil 2, Rn. 799; NK-*Kindhäuser*, § 266, Rn. 22; *Lackner/Kühl*, § 266, Rn. 11; S/S-*Lenckner/Perron*, § 266, Rn. 24; *Fischer*, § 266, Rn. 36; *Schünemann*, LK-StGB, § 266, Rn. 58 ff.; *Mitsch*, BT II/1, § 8, Rn. 41.

gerade in ihrem Aufgabenbereich, die ihnen von der Gesellschaft bzw. der Bank anvertrauten Vermögen zu betreuen.[525]

C. Pflichtwidrigkeit

I. Die Substanz des Untreuetatbestandes

Seinem Wortlaut nach verlangt § 266 StGB die *Verletzung* einer eingeräumten *Befugnis* oder obliegenden *Pflicht, fremde Vermögensinteressen wahrzunehmen.* Im Vordergrund steht die Frage nach den strafrechtlichen Voraussetzungen der Pflichtwidrigkeit eines Handelns oder evtl. auch Unterlassens im Sinne des § 266 StGB bzw. der ausreichenden Konturierung dieser strafrechtlichen Voraussetzungen.[526]

1. Begriffsbestimmung

Der Begriff *Wahrnehmen* kommt seinem Sprachgebrauch nach – neben dem rein sinnlichen Anschauen und Betrachten als Ausgangspunkt – von der Rücksichtnahme auf etwas, der Pflege von etwas, dem Achtgeben auf etwas, dem Sorgetragen für etwas.[527] Wer etwas wahrnimmt, der kümmert sich um etwas, der handelt so, wie es im Interesse eines Anderen liegt.[528] Meist also stellvertretend für jemanden anderes. Er kümmert sich um etwas, was einen Anderen betrifft, er übernimmt in dieser Beziehung somit Verantwortung für eine nicht ihm gehörende Sache, ein Gut, das für ihn fremd ist, er nimmt mithin eine über die normale Wahrung fremder Vermögensinteressen hinausgehende Fürsorge für fremdes Vermögen wahr.[529]

Der aus dem Wort Pflegen hergeleitet Begriff *Pflicht* ist im Sinne einer Verbindlichkeit einem Anderen, einer höheren Stelle gegenüber zu verstehen.[530] Eine *Pflicht* erfüllt jemand aufgrund sozialer, moralischer oder dienstlicher Prinzipien oder

525 *BGH,* NJW 1975, 1234; *BGH,* NJW 1955, 508; BGHSt 46, 30; *BVerfG,* NJW 2010, 3215, Rn. 110.

526 *Ransiek,* ZStW 116 (2004), S. 635; *Schünemann,* LK-StGB, § 266, Rn. 125.

527 Der Begriff *Wahrnehmen,* in: Das Deutsche Wörterbuch von *Jacob* und *Wilhelm Grimm* im Internet, abrufbar unter: http://www.dwb.uni-trier.de/, zuletzt abgerufen am 31.08.2012.

528 *Wahrig-Burgfeind,* Deutsches Wörterbuch, S. 1624.

529 *Sax,* JZ 1977, S. 666.

530 Der Begriff *Pflicht,* in: Das Deutsche Wörterbuch von *Jacob* und *Wilhelm Grimm* im Internet, abrufbar unter: http://www.dwb.uni-trier.de/, zuletzt abgerufen am 31.08.2012.

Vorschriften.[531] Es handelt sich um eine ihm zufallende Aufgabe, eine Obliegenheit, also um etwas, das er tun muss.[532] Wer also eine Pflicht wahrnimmt, übernimmt Verantwortung für ein ihm von höherer Stelle (dem übergeordneten Inhaber des Vermögens) anvertrautes Gut.

Dem übergeordneten Inhaber des Vermögens (Geschäftsherrn) gegenüber besteht entweder eine *Pflicht* oder eine *Befugnis zur Wahrnehmung des Vermögensinteresses.* Bei der *Befugnis* handelt es sich nach dem ursprünglichen Sprachgebrauch um *„die Freiheit die durch keinen entgegengesetzten Imperativ eingeschränkt ist“.*[533] Es geht um eine Erlaubnis, eine Berechtigung, eine Ermächtigung,[534] und somit auch darum, dass dem Befugten von dem, der ihn ermächtigt, eine besondere, eine herausgehobene Stellung mit besonderer Macht eingeräumt wird, die andere so nicht genießen:[535] In seiner Befugnisstellung ist der Befugte mithin frei, er hat eine Berechtigung, eine Ermächtigung für etwas bekommen – die *Vermögensfürsorge.*

2. Die Stellung des Pflichtigen

Dem Befugten wird mithin eine besondere „Machtstellung“ eingeräumt, und zwar eine solche, die ein jeder, der in einer rechtlichen oder tatsächlichen Beziehung zu fremdem Vermögen steht, innehat.[536] Dem Vermögensinhaber gegenüber nimmt der Wahrnehmende also eine Vertrauensstellung ein, ihm ist die Fürsorge über ein ihm nicht gehörendes, ein fremdes Vermögen übertragen. In dieser Eigenschaft muss ihm vom Sinn und Zweck eines „Sorge-tragen-für-etwas“, einer Stellvertretung für den Vermögensinhaber (der Übernahme einer Verantwortung für eine nicht ihm gehörende Sache) ein eigenverantwortlicher Handlungsfreiraum – egal ob eng oder weit gezogen – eingeräumt sein. Wäre dieser *eigenverantwortliche* Handlungsfreiraum nicht gegeben, würde es sich nicht um eine Stellung verantwortlicher Fürsorge, sondern um eine reine weisungsgebundene Ausführungstätigkeit handeln. Es würde an der Möglichkeit der selbständigen Entscheidung fehlen.

Mit der Betrauung dieser Fürsorgestellung entsteht zwischen dem Vermögensinhaber und dem Pflichtigen/Befugten eine Beziehung besonderer Nähe, eine Vertrauensstellung. Dem Befugten/Pflichtigen steht also im Ursprung, insbesondere

---

531 *Wahrig-Burgfeind*, Deutsches Wörterbuch, S. 1134.
532 *Wahrig-Burgfeind*, Deutsches Wörterbuch, S. 1134.
533 Der Begriff *Pflicht*, in: Das Deutsche Wörterbuch von *Jacob* und *Wilhelm Grimm* im Internet, abrufbar unter: http://www.dwb.uni-trier.de/, zuletzt abgerufen am 31.08.2012.
534 *Wahrig-Burgfeind*, Deutsches Wörterbuch, S. 239.
535 *Sax*, JZ 1977, S. 666.
536 *Sax*, JZ 1977, S. 666; *Mayer*, Untreue, S. 353; *Binding*, S. 397 f.

mit dem Willen des Vermögensinhabers, die Möglichkeit der Disposition über das für ihn fremde Vermögen frei.[537] Er steht dem zu betreuenden fremden Vermögen somit nicht mehr von außen gegenüber, sondern er gehört zum Lager des Vermögensinhabers.

Mithin ist das Verhältnis geprägt von einer Abwesenheit ständiger Kontrolle und engmaschiger stetiger Weisung durch den Vermögensinhaber/Geschäftsherrn. Dies bestätigt die Rechtsprechung des *Bundesgerichtshofes*. In Bezug auf die Stellung eines Darlehensnehmers gegenüber der Darlehensgeberin (der Bank) stellte dieser nämlich schon frühzeitig fest, dass *„ein Darlehensvertrag kein auf fremdnützige Geschäftsbesorgung gerichtetes Rechtsgeschäft ist“*.[538] Der *Bundesgerichtshof* verlangt demnach sogar, dass die Treuepflicht, die der Treunehmer wahrnimmt, eine Art Geschäftsbesorgung zum Gegenstand hat, die auf die Betreuung der fremden Vermögensangelegenheiten gerichtet ist.[539]

Auch das *Bundesverfassungsgericht* geht davon aus, dass sowohl lediglich Vertragserfüllungspflichten als auch allgemeine vertragliche Nebenpflichten (vgl. §§ 241 Abs. 2 BGB, 311 Abs. 2 BGB) nicht ausreichen, eine Pflichtenstellung im Sinn des § 266 StGB zu begründen.[540] Es müsse den Täter des Untreuetatbestandes vielmehr *„eine inhaltlich besonders herausgehobene Pflicht zur Wahrnehmung fremder Vermögensinteressen“* treffen.[541] Ob dies der Fall ist, sei im Wege einer Gesamtbetrachtung zu ermitteln.[542]

Sax bezeichnet die Einräumung einer speziellen, herausgehobenen Machstellung im besonderen Vertrauen als das verallgemeinerungsfähige Wesentliche der Pflichtenstellung.[543] Mit seinen Worten: *„Der vermögensschädigende Missbrauch der über fremdes Vermögen eingeräumten besonderen“* Machtstellung ist somit, in beiden möglichen Alternativen des Untreuetatbestandes, *„die Substanz der Untreue“*.[544] Es wird dem Täter der Untreue somit eine umfangreichere Macht eingeräumt als jene, die der normal schuldrechtlich Verpflichtete über das für ihn fremde Vermögen hat.[545] Aus dieser Machtstellung heraus lässt sich insofern ableiten, dass deren Inhaber die Pflicht trifft, das zu betreuende Vermögen nicht durch eigenes

537 *Schünemann*, LK-StGB, § 266, Rn. 94.
538 *BGH*, Urteil vom 15.06.1976 – 1 StR 266/76, in: GA 1977, S. 18 f.
539 *BGH*, Urteil vom 15.06.1976 – 1 StR 266/76, in: GA 1977, S. 19; BGHSt 49, 155.
540 *BVerfG*, NJW 2010, 3214, Rn. 109.
541 *BVerfG*, NJW 2010, 3214, Rn. 109.
542 *BVerfG*, NJW 2010, 3214, Rn. 109.
543 *Sax*, JZ 1977, S. 667.
544 Sax, JZ 1977, S. 702.
545 *Sax*, JZ 1977, S. 703.

Verhalten zu schädigen, denn er ist gerade die Pflicht eingegangen, das fremde Vermögen zu umsorgen und mithin vor schädigenden Einflüssen zu schützen.[546]

§ 266 StGB umschreibt selbst aber keine explizite Tathandlung, sondern bedroht lediglich jede Verletzung dieser eingegangenen besonderen Machtstellung mit Strafe.[547] Insofern ähnelt die Untreue ganz wesentlich der Garantenstellung gemäß § 13 StGB. Die Garantenstellung nach § 13 StGB begründet nämlich ebenfalls ein *„besonderes Pflichtenverhältnis"*, das den sogenannten Garanten aus der Masse heraushebt und gerade ihm den Schutz eines speziellen Rechtsgutes auferlegt.[548] Dem Garanten aus § 13 StGB ist also aufgrund seiner besonderen, herausgehobenen Stellung die Unversehrtheit eines Gutes anvertraut.[549]

Die herausgehobene Stellung vertraut dem Täter der Untreue (§ 266 StGB) ebenfalls die Unversehrtheit eines Gutes – das Vermögen des Treugebers – an. Den Untreuetäter trifft insofern ebenfalls eine besondere Pflicht für das ihm anvertraute Vermögen, dessen Schutz und dessen Kontrolle nämlich gerade in seinen Händen liegt. Der Täter der Untreue, der seine Vermögensfürsorgepflicht verletzt, übt daher zudem die Kontrolle über das von ihm zu betreuende Vermögen aus.[550] Diese sogenannte *Kontrollherrschaft* eint mithin die Garantenpflicht und die Pflichtdelikte,[551] zu denen auch der Untreuetatbestand (§ 266 StGB) als klassisches Pflichtdelikt zu zählen ist.[552] Über den Gesichtspunkt der *Kontrollherrschaft* ist folglich eine Gleichstellung zwischen der Pflicht des Untreuetatbestandes aus § 266 StGB und der Garantenstellung aus § 13 StGB angenommen worden.[553]

Der Täter des Untreuetatbestandes nimmt in Bezug auf das von ihm zu betreuende fremde Vermögen also eine Herrschaftsposition ein, die der Pflicht, die aus der Stellung als Garant gemäß § 13 StGB erwachsen kann – im Sinne einer Obhutspflicht – gleich steht.[554] Bei einer Schädigung des in Obhut genommenen Vermögens handelt es sich dementsprechend nicht um einen Angriff von außen auf dieses Vermögen, wie es z.B. bei einem Betrug oder Diebstahl die Regel ist,

546 *Tiedemann*, FS-Tröndle, S. 322 f.
547 *Roxin*, AT Bd. 2, § 25, Rn. 281, 283, 284.
548 *Roxin*, AT Bd. 2, § 32, Rn. 1.
549 *Roxin*, AT Bd. 2, § 32, Rn. 1.
550 *Roxin*, AT Bd. 2, § 32, Rn. 20.
551 *Roxin*, AT Bd. 2, § 32, Rn. 19.
552 *Roxin*, AT Bd. 2, § 25, Rn. 271.
553 Vgl. so auch *Roxin*, AT Bd. 2, § 32, Rn. 20.
554 Vgl. so auch *Schünemann*, LK-StGB, § 266, Rn. 59, 125; *Dierlamm*, MüKo-StGB, § 266, Rn. 33; im Ergebnis auch *Ransiek*, ZStW 116 (2004), S. 642.

sondern um einen Angriff auf dieses Vermögen von innen heraus.[555] Der Vermögensinhaber wird also aus seinem eigenen Lager, von innen heraus, geschädigt.

Der Täter einer Untreuehandlung muss folglich einer Vermögensbetreuungspflicht unterliegen. Ist dies nicht der Fall, kann er diese Pflicht auch nicht verletzen. Nach Sinn und Zweck des Untreuetatbestandes liegt der Unrechtsgehalt, über die nackte Vermögensschädigung hinaus, also gerade in der Verletzung dieser Vermögensbetreuungspflicht. Nur bei einer solchen Verletzung der Vermögensbetreuungspflicht handelt es sich um eine Schädigung von innen heraus, wie sie für den Untreuetatbestand charakteristisch ist. Es ist mithin zwingende Voraussetzung, dass der Täter des Untreuetatbestandes die ihm vom Vermögensinhaber eingeräumte machtvolle Herrschaftsposition über das zu betreuende fremde Vermögen – im Treubruchs- sowie im Missbrauchstatbestand – missbraucht.[556]

Nach dem Sinn und Zweck des Untreuetatbestandes und der Stellung des Untreuetäters muss die Beziehung durch die Vermögensbetreuung als Hauptpflicht geprägt sein.[557] Dabei können die Beziehungen, in denen jemand in einer besonderen Machtstellung zu dem zu betreuenden fremden Vermögen steht, je nach Lebenssachverhalt jedoch sehr unterschiedlich sein.[558]

3. Das Suchprogramm des § 266 StGB

Nicht jede Pflichtverletzung kann eine Pflichtwidrigkeit im Sinne des Untreuetatbestandes (§ 266 StGB) begründen, es muss sich um den expliziten Missbrauch vermögensschützender Befugnisse handeln.[559] Der Befugte muss sich, um seine Pflichten nicht zu verletzen, an die Weisungen des Vermögensinhabers halten.[560] Liegt also ein Einverständnis des Vermögensinhabers vor, wird die Handlung des Betreuungspflichtigen grundsätzlich *„der Pflichtwidrigkeit entkleidet und [...] damit tatbestandslos"*.[561] Dies allerdings geschieht lediglich in den Grenzen der eigenen Dispositionsbefugnis des Vermögensinhabers.[562]

555 *Schünemann*, LK-StGB, § 266, Rn. 61.

556 *Schünemann*, LK-StGB, § 266, Rn. 94.

557 So auch die ständige Rechtsprechung: RGSt 69, 58, 62; BGHSt 1, 186, 189; BGHSt 13, 315, 317; BGHSt 24, 386, 387; BGHSt 33, 244, 250; BGHSt 35, 224, 227; *BGH* NJW 2006 (*Kinowelt*-Urteil), 453, 454.

558 *Sax*, JZ 1977, S. 703.

559 S/S-*Lenckner/Perron*, § 266, Rn. 17; *Nelles*, S. 577.

560 S/S-*Lenckner/Perron*, § 266, Rn. 17; *Nelles*, S. 577.

561 *Schünemann*, LK-StGB, § 266, Rn. 100; BGHSt 3, 32, 39.

562 *Nelles*, S. 568; *Hillenkamp*, NStZ 1981, S. 167 f.

Sofern keine generellen oder speziellen Weisungen erteilt sind oder feststellbar sind, ist auf die jeweils in Frage kommenden zivilrechtlichen oder öffentlich-rechtlichen Regelungen zurückzugreifen.[563] Allerdings ist nach Sinn und Zweck des Untreuetatbestandes und in Anbetracht seines rein vermögensschützenden Charakters zu beachten, dass es sich bei dem Pflichtenverstoß um einen solchen handelt, der gegen das Vermögensinteresse des Vermögensinhabers gerichtet ist.[564] Es muss sich also bei den Normen aus den verschiedenen Rechtsgebieten auch stets um solche handeln, die dem Schutz des betreuten Vermögens dienen.[565] Lediglich die Verletzung einer pflichtenkonkretisierenden Norm kann folglich nicht ausreichen. Was zivil- oder öffentlich-rechtlich erlaubt ist, kann wegen der Struktur des § 266 StGB somit nicht pflichtwidrig im Sinne des § 266 StGB sein. Umgekehrt muss aber auch nicht zwingend strafrechtlich relevant sein, was zivilrechtlich pflichtwidrig ist, weil eventuell noch weitere Voraussetzungen fehlen und das Strafrecht lediglich die *ultima ratio* darstellt, mithin mildere Mittel der Sanktionierung zur Verfügung stehen (es handelt sich somit um eine sogenannte *asymmetrische Akzessorietät*).[566]

§ 266 StGB beinhaltet daher ein „*Suchprogramm*“,[567] das auf die verschiedenen Regelungen aus den jeweils zu lösenden Problemkreisen verweist, ohne diese Regeln selbst im Tatbestand zu nennen;[568] bei der strafrechtlichen Beurteilung sind diese Regelungen mit hinzuzuziehen.[569] Es bleibt also für den jeweiligen Einzelfall zu prüfen, ob eine Pflicht mit vermögensschützendem Charakter verletzt wurde.[570] Insoweit wird sogar der Vergleich mit § 370 *Abgabenordnung* angestellt, der nämlich selbst ebenfalls nur auf die jeweiligen speziellen Steuerregelungen verweist.[571] Insofern soll durch jeweils verschiedene Tatbeiträge eine Verletzung der tatbestandsspezifischen Pflicht möglich sein.[572] § 266 StGB soll in den jeweiligen Lebensbereichen wirken, in denen Vermögensbetreuungspflichten bestehen und entstehen, soweit Möglichkeiten zur Einwirkung auf fremdes

---

563 *Schünemann*, LK-StGB, § 266, Rn. 94.

564 S/S-*Lenckner/Perron*, § 266, Rn. 17; *Nelles*, S. 577.

565 Vgl. *Ransiek*, ZStW 116 (2004), S. 672; *Tiedemann*, FS-Tröndle, S. 327.

566 *Dierlamm*, in: MüKo-StGB, § 266, Rn. 153.

567 *Ransiek*, ZStW 116 (2004), S. 645.

568 *Ransiek*, ZStW 116 (2004), S. 644; vgl. auch *Tiedemann*, Untreue bei Interessenkonflikten, FS-Tröndle, S. 326, in Bezug auf Aufsichtsratsmitglieder einer AG.

569 *Nelles*, S. 577.

570 Vgl. *Tiedemann*, Untreue bei Interessenkonflikten, FS-Tröndle, S. 327.

571 *Ransiek*, ZStW 116 (2004), S. 645.

572 *Roxin*, AT Bd. 2, § 25, Rn. 283.

Vermögen bestehen.[573] Insofern hat es gegenüber der früheren Regelungen, zumindest auf den ersten Blick, lediglich eine Verschiebung der Strafnormen gegeben: Früher war dieser Schutz etwa im Gesellschaftsrecht in den spezifischen Gesetzen geregelt, auf die § 266 StGB jetzt zurückgreift, beispielhaft seien § 294 AktG a.F., § 81a GmbHG a.F., § 146 GenG a.F., VerAufsG a.F. und § 95 BörsG a.F. genannt.[574]

In seinem letzten Urteil zu den verfassungsrechtlichen Anforderungen an den Tatbestand der Untreue vom 23. Juni 2010[575] führt das *Bundesverfassungsgericht* unter anderem zu dem Merkmal der Pflichtwidrigkeit aus:

> Das *„zentrale Merkmal der Verletzung einer Pflicht zur Wahrnehmung und Betreuung fremder Vermögensinteressen bzw. des Missbrauchs rechtlicher Befugnisse* [ist] *nicht nur für sich genommen weit“*, sondern knüpft *„zusätzlich an außerstrafrechtliche Normkomplexe und Wertungen“* an, *„die das Verhältnis zwischen dem Vermögensinhaber und dem Vermögensverwalter im Einzelnen gestalten und so erst den Inhalt der Pflicht und die Maßstäbe für deren Verletzung festlegen“*.[576]

Auch das *Bundesverfassungsgericht* folgert also die Pflichtwidrigkeit aus der Verletzung entsprechender zivil- oder öffentlich-rechtlichen Normen und sieht diese als *„notwendige Voraussetzung der Untreuestrafbarkeit“* an, wenngleich es zugibt, dass die Bestimmung der Normen im Einzelfall *„nicht unerhebliche Unsicherheiten mit sich“* bringen kann.[577] Das Gericht kategorisiert das Pflichtwidrigkeitsmerkmal somit als ein komplexes normatives Tatbestandsmerkmal, um ein Blankett handele es sich aber ausdrücklich nicht.[578]

Weiter problematisiert das *Bundesverfassungsgericht*, dass sich dem Normanwender die Frage nach der Auslegung der relevanten Normen stelle, denn unter den anzuwendenden Normen können

> *„sich Vorschriften von erheblicher Unbestimmtheit oder generalklauselartigen Charakters befinden […], da sich dem Normtext des § 266 Absatz 1 StGB Anforderungen an die Bestimmtheit der in Bezug genommenen Normen nicht entnehmen lassen“*.[579]

---

573 *Ransiek*, ZStW 116 (2004), S. 646; so auch das *BVerfG*, NJW 2010, S. 3210, Rn. 73, das eine notwendige Flexibilität des § 266 StGB annimmt.

574 *Ransiek*, ZStW 116 (2004), S. 646, Fn. 50.

575 *BVerfG*, NJW 2010, 2309 ff.

576 *BVerfG*, NJW 2010, 2313, Rn. 96.

577 *BVerfG*, NJW 2010, 2313, Rn. 96.

578 *BVerfG*, NJW 2010, 2313, Rn. 97.

579 *BVerfG*, NJW 2010, 2313, Rn. 97.

Hierzu verweist es insbesondere auf die teilweise einschlägigen Bestimmungen der §§ 76, 93, 111, 116 AktG.[580] Es führt mit Bezug auf diese aus, dass sich die Auslegungsschwierigkeiten, die im Rahmen des Untreuetatbestandes sowieso schon bestehen, erhöhen, „*wenn dem Verpflichteten eigene Entscheidungsspielräume mit abstrakt schwer zu bestimmenden Grenzen eingeräumt werden*".[581]

Diese vermeintliche Art der „*Kriminalisierung durch das Privatrecht*", also die Abhängigkeit des Strafrechts von dem Zivilrecht, wird auch in der Literatur als nicht unproblematisch angesehen.[582] Diese, alle möglichen Lebensbereiche abdeckende, Vielschichtigkeit des § 266 StGB macht es nämlich der strafrechtlichen Rechtsprechung nahezu unmöglich, inhaltlich-materiell aussagekräftig und präzise den Pflichtenumfang abstrakt zu definieren, ohne auf die spezifischen Details der jeweiligen Regelungsbereiche einzugehen.[583] Der Pflichtenumfang ist nämlich, wie dargestellt, in der Regel von der konkreten Beziehung abhängig, die zu dem fremden Vermögen besteht.[584]

Eines ist jedoch der Pflichtverletzung, egal welchen Regelungsbereichs, gemein: Es führt nicht jede Pflichtverletzung zu einer nach § 266 StGB strafrechtlich relevanten Pflichtwidrigkeit. Diese muss vielmehr einen gewissen Schweregrad erreichen: Die Pflichtwidrigkeit muss insofern *gravierend* sein.[585] Es ist deshalb zu klären, welche materiellen Voraussetzungen an unzulässiges Verhalten zu stellen sind, damit die notwendige Höhenmarke einer „gravierenden Pflichtverletzung" erreicht wird.

II. Gesellschaftsrechtliche Pflichtverletzung im Sinne des Aktiengesetzes (als Voraussetzung der strafrechtlichen Haftung des Vorstandes)

Gleich welche Variante des Untreuetatbestandes im Rahmen der Banken- und Finanzkrise verwirklicht werden kann, es folgt aus der notwendigen Annahme einer Verletzung der Vermögensbetreuungspflicht die Voraussetzung, dass die

---

580 *BVerfG*, NJW 2010, 2313, Rn. 97.

581 *BVerfG*, NJW 2010, 2313, Rn. 97.

582 *Schünemann*, LK-StGB, § 266, Rn. 76; *Arzt*, FS-Bruns, S. 383.

583 So auch *Ransiek*, ZStW 116 (2004), S. 671.

584 *Sax*, JZ 1977, S. 667.

585 So zumindest BGHSt 46, 30; BGHSt 47, 187, 188; 47, 148, 152 f.; *Dierlamm*, StraFo 2005, S. 397, 402; *Gallandi*, wistra 2001, S. 282; *Kubiciel*, NStZ 2005, S. 353; *Matt*, NJW 2005, S. 390; *Rönnau/Hohn*, NStZ 2004, S. 118; *Tiedemann*, ZIP 2004, S. 2056.

Geschäftsleiter der Banken die ihnen im Innenverhältnis gesetzten Grenzen überschritten haben müssen.[586] Es müssten in Bezug auf die Banken- und Finanzkrise mithin die entsprechenden zivilrechtlichen oder gesellschaftsrechtlichen Normen verletzt worden sein (sogenannte *Zivilrechtsakzessorietät* des § 266 StGB).[587]

Wie dargestellt legt die Rechtsprechung das Pflichtwidrigkeitsmerkmal des Untreuetatbestandes als komplexes normatives Tatbestandsmerkmal aus und für die Bestimmung der Vermögensbestimmungspflicht Inhalt und Umfang der Treuabrede zugrunde:[588] *„Umfang und Grenzen der im Rahmen von § 266 Abs. 1 StGB strafrechtlich relevanten Pflichten richten sich nach dem zu Grunde liegenden Rechtsverhältnis.“*[589] Ohne diese explizite zivilrechtliche Pflichtverletzung ist eine strafrechtliche Haftung eines Vorstandes folglich nicht möglich. Es handelt sich um eine der Pflichtwidrigkeit nach § 266 StGB vorgelagerte Prüfung, die für die Frage Strafbarkeit präjudizielle Wirkung entfaltet.[590]

Aus den zuvor dargestellten Sachverhalten müssten sich demnach gesellschaftsrechtliche Pflichtverletzungen der Vorstände ergeben, um auch eine Untreuestrafbarkeit der Vorstände nach § 266 StGB begründen zu können.

Nach der Rechtsprechung des *Bundesgerichthofs* bestimmen sich bei einer Aktiengesellschaft *„Umfang und Grenzen der Vermögensbetreuungspflichten der Organe grundsätzlich nach Maßgabe der §§ 76, 93, 116 AktG“*.[591] Für die Vorstände der privat organisierten deutschen Banken gelten für die Prüfung der gesellschaftsrechtlichen Pflichtverletzung damit zentral und direkt die §§ 93, 76 AktG.

Für die öffentlich-rechtlich organisierten Banken, insbesondere für die Landesbanken als zentrale Institute der Sparkassen, gelten diese Vorschriften zwar nicht unmittelbar, aber wohl doch faktisch aufgrund entsprechender Anwendung.[592] *Lutter* stellt hierzu fest, dass die Pflichten, Verantwortlichkeiten und Haftung

---

586 *Krey*, in: FS-Roxin, Bd. 2, Finanzmarktkrise und deutsches Strafrecht, S. 1080.

587 *Lüderssen*, Gesellschaftsrechtliche Grenzen der strafrechtlichen Haftung des Aufsichtsrats, S. 729; *Brammsen*, ZIP 2009, S. 1506; *Ignor/Sättele*, Pflichtwidrigkeit und Vorsatz bei der Untreue (§ 266 StGB) am Beispiel der sog. Kredituntreue, S. 211; *Brüning/Samson*, ZIP 2009, S. 1090; *Rönnau*, ZStW 119 (2007), 887, 907; *Schünemann*, Organuntreue, S. 24 f.

588 *BVerfG*, NJW 2010, 3213, Rn. 96; BGHSt 47, 295, 297; BGHSt 47, 187; BGHSt 49, 147, 155; BGHSt 50, 331, 335.

589 Zuletzt *BGH*, NJW 2011 (*Siemens/AUB*) S. 91, Rn. 35.

590 *Tiedemann*, Untreue bei Interessenkonflikten, FS-Tröndle, S. 323, 326.

591 *BGH*, NJW 2011, 92, Rn. 37; BGHSt 50, 335 f., für den Aufsichtsrat; BGHSt 54, 148, Rn. 36, für den Vorstand.

592 Vgl. hierzu insgesamt: *Lutter*, Pflichten und Haftung von Sparkassenorganen, S. 4 ff.

der Sparkassenorgane und ihrer Mitglieder – also der Sparkassenvorstände – organschaftlicher Natur sind.[593] Die Pflichten der Sparkassenvorstände „*beruhen mithin unmittelbar auf Gesetz*".[594] Eine Reduzierung der Pflichten durch Vertrag oder Satzung ist somit nicht möglich, allenfalls eine Verschärfung.[595] Hierfür sprechen auch das *Hessische Sparkassengesetz*[596] (*SparG*) und die *Mustersatzung für kommunale Sparkassen in Hessen*[597] (*Mustersatzung*). Für eine entsprechende Anwendung der gesellschaftsrechtlichen Normen und eine zu berücksichtigende Verschärfung dieser Pflichten sprechen insbesondere die folgenden Bestimmungen:

- § 2 (Die Aufgaben) Absatz 6 Satz 1 und 2 SparkG: „*Die Geschäfte der Sparkasse sind unter Beachtung ihres öffentlichen Auftrags nach kaufmännischen Grundsätzen zu führen. Die Erzielung von Gewinn ist nicht Hauptzweck des Geschäftsbetriebes* [Hervorhebungen durch den Verfasser]."
- § 7 (Der Vorstand) Absatz 1 Satz 2 SparkG: „*Er vertritt die Sparkasse nach Maßgabe dieses Gesetzes und der Satzung gerichtlich und außergerichtlich und führt die Geschäfte der Sparkasse in eigener Verantwortung* [Hervorhebungen durch den Verfasser]."
- § 1 Absatz 2 Mustersatzung: „*Die Sparkasse ist eine mündelsichere, dem gemeinen Nutzen dienende rechtsfähige Anstalt des öffentlichen Rechts* [Hervorhebungen durch den Verfasser]."
- § 2 Absatz 1 Mustersatzung: „*Die Sparkasse hat die Aufgabe, als dem gemeinen Nutzen dienendes Wirtschaftsunternehmen in ihrem Geschäftsgebiet geld- und kreditwirtschaftliche Leistungen zu erbringen, insbesondere Gelegenheit zur sicheren Anlage von Geldern zu geben* [Hervorhebungen durch den Verfasser]."
- § 2 Absatz 4 Mustersatzung: „*Die Geschäfte werden nach wirtschaftlichen Grundsätzen geführt; die Erzielung von Gewinn ist nicht Hauptzweck des Geschäftsbetriebes* [Hervorhebungen durch den Verfasser]."

593 *Lutter*, Pflichten und Haftung von Sparkassenorganen, S. 164.

594 *Lutter*, Pflichten und Haftung von Sparkassenorganen, S. 164.

595 *Lutter*, Pflichten und Haftung von Sparkassenorganen, S. 164.

596 Hessisches Sparkassengesetz, in der Fassung vom 24.02.1991, zuletzt geändert durch Art. 1 G zur Änd. des Sparkassengesetz u. des Fraspa-G vom 29.09.2008 (GVBl. I S. 875).

597 Mustersatzung für kommunale Sparkassen, Erlass des Hessischen Ministeriums für Wirtschaft, Verkehr und Landesentwicklung vom 13.03.1998 – III b 2–38 h 08 –, zuletzt geändert durch Mustersatzung für kommunale Sparkassen in Hessen vom 12.12.2007 (StAnz. 2008 S. 9).

Angesichts der Stellung der öffentlich-rechtlichen Banken und ihrer Funktion überzeugt die Anwendung der gesellschaftsrechtlichen Prüfung. Eine Haftungsreduzierung durch öffentliche-rechtliche Bestimmungen kommt insofern nicht in Frage.

Im Wesentlichen kommt es für die Prüfung von Pflichtverletzungen also sowohl bei privat-rechtlich organisierten Banken als auch bei öffentlich-rechtlich organisierten Banken auf § 76 Abs. 1 AktG und § 93 Abs. 1 Satz 1 und Satz 2 AktG an:

> § 76 Leitung der Aktiengesellschaft
>
> „*(1) Der Vorstand hat unter eigener Verantwortung die Gesellschaft zu leiten.*“[598]
>
> und
>
> § 93 Sorgfaltspflicht und Verantwortlichkeit der Vorstandsmitglieder
>
> „*(1) [1]Die Vorstandsmitglieder haben bei ihrer Geschäftsführung die Sorgfalt eines ordentlichen und gewissenhaften Geschäftsleiters anzuwenden. [2]Eine Pflichtverletzung liegt nicht vor, wenn das Vorstandsmitglied bei einer unternehmerischen Entscheidung vernünftigerweise annehmen durfte, auf der Grundlage angemessener Information zum Wohle der Gesellschaft zu handeln.*“[599]

1. Voraussetzungen und Bedeutung des § 76 AktG (Leitung der Aktiengesellschaft)

§ 76 AktG weist somit dem Vorstand als notwendigem Organ der Aktiengesellschaft die Leitung der Geschäfte zu.[600] Er hat die Geschäfte der Aktiengesellschaft zudem in eigener Verantwortung zu führen. Der eigenen Verantwortung kommt insoweit eine Schlüsselrolle zu, als der Vorstand sich diese – durch § 76 Abs. 1 AktG zugewiesene – Führungsposition nicht aus der Hand nehmen lassen darf.[601] Gemeint sind damit die

> „*grundlegenden Entscheidungen, Zielkonzeption, Organisation, Führungsgrundsätze, Geschäftspolitik (Finanzierung, Personalwesen, Verwaltung, Investitionen, Beschaffung, Entwicklung, Produktion und Vertrieb)*“.[602]

---

598 Aktiengesetz vom 06.09.1965 (BGBl. I S. 1089), zuletzt geändert durch Art. 6 RestrukturierungsG vom 09.12.2010 (BGBl. I S. 1900).

599 Aktiengesetz vom 06.09.1965 (BGBl. I S. 1089), zuletzt geändert durch Art. 6 RestrukturierungsG vom 09.12.2010 (BGBl. I S. 1900).

600 *Hüffer*, Aktiengesetz, § 76, Rn. 5 und 7.

601 *Mertens/Cahn*, in: Kölner Kommentar zur AktG, § 76, Rn. 4.

602 *Mertens/Cahn*, in: Kölner Kommentar zum AktG, § 76, Rn. 4.

Solche Führungsentscheidungen hat der Vorstand eigenverantwortlich, frei von Weisungen,[603] höchstpersönlich selbst zu treffen. Der Vorstand nimmt damit die sogenannte *Unternehmerfunktion* in der Aktiengesellschaft wahr.[604]

Hierbei steht ihm eine notwendige Einschätzungsprärogative im Sinne der aus einer Marktwirtschaft notwendig resultierenden unternehmerischen Freiheit zu. Allerdings geht diese Freiheit nicht unendlich weit. Sie ist von absoluten Grenzen eingerahmt, diese stellen im Wesentlichen

- die allgemeinen Gesetze, die Satzung der Gesellschaft, rechtmäßige Entscheidungen der Hauptversammlung und des Aufsichtsrates,[605]
- die dauerhafte Rentabilität[606] und
- der Bestand des Unternehmens[607] dar.

Insoweit ist § 76 AktG in Verbindung mit § 93 AktG zu lesen, der diesen Grenzen erst Kontur verleiht. Aus § 76 AktG allein lässt sich diesbezüglich nichts lesen.

2. Voraussetzungen und Bedeutung des § 93 AktG (Sorgfaltspflicht und Verantwortlichkeit der Vorstandsmitglieder)

a. Haftungsmaßstab

Nach § 93 Abs. 1 Satz 1 AktG haben die Vorstände bei ihrer Geschäftsführung die Sorgfalt eines *ordentlichen und gewissenhaften Geschäftsleiters* anzuwenden. Wenn dies nicht der Fall ist, haften sie gegenüber der Gesellschaft.[608] Dies ergibt sich daraus, dass die Vorstände gerade nicht mit eigenen Mitteln wirtschaften, sondern mit den Mitteln der Eigentümer. Sie haben daher pflichtbewusst als selbständig tätige Leiter zu handeln, an die erhöhte Sorgfaltsanforderungen zu stellen sind.[609] Insofern sind sie lediglich Treuhänder fremder Vermögensinteressen.[610]

---

603 *Mertens/Cahn*, in: Kölner Kommentar zum AktG, § 76, Rn. 42.
604 *Mertens/Cahn*, in: Kölner Kommentar zum AktG, § 76, Rn. 9 ff.
605 *Mertens/Cahn*, in: Kölner Kommentar zum AktG, § 76, Rn. 9.
606 *Mertens/Cahn*, in: Kölner Kommentar zum AktG, § 76, Rn. 9, 21.
607 *Mertens/Cahn*, in: Kölner Kommentar zum AktG, § 76, Rn. 21.
608 *Mertens/Cahn*, in: Kölner Kommentar zum AktG, § 93, Rn. 3.
609 *Hüffer*, Aktiengesetz, § 93, Rn. 4; *Mertens/Cahn*, in: Kölner Kommentar zum AktG, § 93, Rn. 13, 95 ff.
610 *Hüffer*, Aktiengesetz, § 93, Rn. 4; *Mertens/Cahn*, in: Kölner Kommentar zum AktG, § 93, Rn. 13, 95 ff.

Aus dieser Stellung heraus erklärt sich der strenge Sorgfaltsmaßstab, den § 93 AktG für die Vorstandshaftung anlegt.[611] Denn die Umschreibung in § 93 AktG entspricht im Kern der des allgemeinen Verhaltensstandards gemäß § 276 BGB.[612] Der Sorgfaltsmaßstab, mit dem das Handeln eines Vorstandsmitglieds zu bemessen ist, ist also vergleichbar mit dem für *fahrlässiges Handeln* aufgestellten Begriff aus § 276 Abs. 2 BGB.[613] Folglich könnte also schon allein leichte Fahrlässigkeit für die zivilrechtliche Haftung eines Vorstandes ausreichen.[614] Dieser Haftungsmaßstab ist jedoch angesichts der Unternehmerfunktion des Vorstandes kaum sinnvoll. Insbesondere bestünde die Gefahr, dass jeglicher unternehmerische Misserfolg auf den Prüfstand gestellt wird.[615] Dies birgt die Gefahr einer Paralyse der unternehmerischen Tätigkeit der gesamten Gesellschaft.[616]

Unter Berücksichtigung des im deutschen Recht geltenden Prinzips, dass unternehmerisches Handeln in einer freien Marktwirtschaft ohne Risiko nicht denkbar ist,[617] wurde daher zum 01. Dezember 2005, gleichzeitig mit der Erweiterung von Klagerechten von Minderheitsaktionären,[618] § 93 Abs. 1 Satz 2 AktG eingeführt.[619] Es sollte mit dieser Normierung sichergestellt werden, dass auch bei der Ausweitung von Minderheitenrechten der Aktionäre, die als Eigentümer notwendigerweise das Risiko der Vorstandsentscheidungen zu tragen haben,[620] *„die unternehmerische Entscheidungsfreiheit nicht durch unabwägbare Haftungsrisiken eingeschränkt wird“*[621]. Folglich soll eine reine Erfolgshaftung der Vorstände gegenüber der Gesellschaft absolut ausgeschlossen werden.[622] Mit anderen Worten: Solange die Voraussetzungen dieses § 93 Abs. 1 Satz 2 AktG vorliegen, wird das Handeln des Vorstandes

611 *Mertens/Cahn*, in: Kölner Kommentar zum AktG, § 93, Rn. 13.

612 *Hüffer*, Aktiengesetz, § 93, Rn. 4; *Mertens/Cahn*, in: Kölner Kommentar zum AktG, § 93, Rn. 11.

613 *Spindler*, in: MüKo-Aktiengesetz, § 93, Rn. 26; *Mertens/Cahn*, in: Kölner Kommentar zum AktG, § 93, Rn. 11.

614 *Fleischer*, in: Spindler/Stilz, Aktiengesetz, § 93, Rn. 206.

615 *Mertens/Cahn*, in: Kölner Kommentar zum AktG, § 93, Rn. 13.

616 *Mertens/Cahn*, in: Kölner Kommentar zum AktG, § 93, Rn. 13.

617 Vgl. *Lutter*, ZIP 2007, S. 841.

618 Einführung eines Klagezulassungsverfahren nach § 148 AktG.

619 Gesetz zur Unternehmensintegrität und Modernisierung des Anfechtungsrechts (UMAG), BGBl. 2005, S. 2802.

620 *Lutter*, ZIP 2007, S. 841.

621 BT-Drucks. 15/5092, S. 1.

622 BT-Drucks. 14/7515, S. 50.

als nicht pflichtwidrig angesehen, auch wenn sich das Handeln als nachteilig für die Gesellschaft erweist, also etwa ein Geschäft nicht den erhoffen positiven Verlauf nimmt, sondern „schief geht". Als sogenannter *safe harbour*[623] dient die *business judgement rule* des § 93 Abs. 1 Satz 2 AktG dem Zweck, dem Vorstand einen „haftungsfreien unternehmerischen Entscheidungsfreiraum" zuzubilligen.[624] Mit der Schaffung dieses Freiraumes mildert Satz 2 somit die Schärfe des allgemeinen Sorgfaltsmaßstabes des § 93 Abs. 1 Satz 1 AktG ab.[625]

Die *business judgement rule* versucht mit dieser materiell-rechtlichen Haftungsbegrenzung[626] den Spagat zwischen den Interessen der Geschäftsleiter einerseits und den Kapitalgebern und Arbeitnehmern andererseits zu schaffen: Dem Vorstand soll damit der Mut zum unternehmerischen Risiko nicht genommen werden, zugleich soll aber Unbesonnenheit und Leichtsinn auf Kosten der Kapitalgeber und der Arbeitnehmer kein Vorschub geleistet werden.[627]

b. Interessenkollision als praktischer Haftungsausschluss?

In diesem Zusammenhang stellt sich allerdings die Frage, ob nicht eine offensichtliche Kollision von Interessen im Rahmen der praktischen Umsetzung der wirksamste Weg zur Haftungsvermeidung beider Seiten ist,[628] und zwar durch folgende Verzahnung von Vorstand und Aufsichtsrat:

- Dadurch, dass der Vorstand zuständig ist für gesellschaftsrechtliche Inanspruchnahme des Aufsichtsrats,
- dieser wiederum den Vorstand wegen Pflichtverletzungen in Anspruch nehmen müsste und sich dabei Konstellationen ergeben, die eine
- Pflichtverletzung des Aufsichtsrates im Rahmen der Überwachung des Vorstandes offenbaren könnte.[629]

623 *Fleischer*, ZIP 2004, S. 689.
624 *Hüffer*, Aktiengesetz, § 93, Rn 4a; *Mertens/Cahn*, in: Kölner Kommentar zum AktG, § 93, Rn. 13.
625 *Empt*, KSzW 2010, S. 107.
626 *Hüffer*, Aktiengesetz, § 93, Rn. 4c.
627 BT-Drucks. 15/5092, S. 12.
628 Vgl. hierzu *Lutter*, ZIP 2007, S. 842; *Mertens/Cahn*, in: Kölner Kommentar zum AktG, § 93, Rn. 6.
629 Vgl. hierzu *Lutter*, ZIP 2007, S. 842; *Mertens/Cahn*, in: Kölner Kommentar zum AktG, § 93, Rn. 6.

Dies soll hier nicht vertieft werden. Es drängt sich jedoch die Frage auf, warum es bisher zu keiner derartigen Anspruchsverfolgung gekommen ist.[630]

c. Genese der business judgement rule – Die „ARAG/Garmenbeck"-Entscheidung des BGH

Der *Bundesgerichtshof* hat schon in seiner sogenannten *ARAG/Garmenbeck*-Entscheidung[631] aus dem Jahre 1997 die Figur der *„unternehmerischen Ermessensentscheidung"* auf das deutsche Recht übertragen.[632] Das Vorbild dieser Figur stammt aus dem anglo-amerikanischen Rechtskreis.[633] Dieser Haftungsfreiraum war inhaltlich schon vor seiner Normierung durch die Rechtsprechung und in der Lehre anerkannt.[634]

Der *Bundesgerichtshof* hat in dieser Entscheidung zum einen festgestellt,

> *„dass dem Vorstand bei der Leitung der Geschäfte des Gesellschaftsunternehmens ein weiter Handlungsspielraum zugebilligt werden muss, ohne den eine unternehmerische Tätigkeit nicht denkbar ist. Dazu gehört neben dem bewussten Eingehen geschäftlicher Risiken grundsätzlich auch die Gefahr von Fehlbeurteilungen und Fehleinschätzungen, der jeder Unternehmensleiter, mag er auch noch so verantwortungsbewusst handeln, ausgesetzt ist"*.[635]

Zum anderen hat er aber auch die Grenzen dieses Ermessenspielraumes festgelegt, wonach die Entscheidung des Vorstandes ausschließlich am Unternehmenswohl orientiert, erst nach sorgfältiger Ermittlung der Entscheidungsgrundlage getroffen und von übergroßen Risiken frei sein muss.[636]

Die Bundesregierung hatte also, als sie in Anknüpfung an die Empfehlung der von ihr im Mai 2000 eingesetzten Regierungskommission *Corporate Governance – Unternehmensführung – Unternehmenskontrolle – Modernisierung des Aktienrechts*[637] ein Haftungsfreiraum für unternehmerische Entscheidungen

---

630 Vgl. hierzu *Mertens/Cahn*, in: Kölner Kommentar zum AktG, § 93, Rn. 6.

631 BGHZ 135, 244, 253.

632 *Lutter*, Entwicklung und Fortbildung des Rechts durch Entscheidung: Der Bundesgerichtshof und das Aktienrecht, S. 321, 333.

633 *Hölters*, in: Hölters AktG, § 93, Rn. 29.

634 Vgl. *Hopt*, Die Haftung von Vorstand und Aufsichtsrat, S. 919 ff.; *Wiedemann*, Organverantwortung, S. 12 ff.; *Paefgen*, Unternehmerische Entscheidungen und Rechtsbindung, S. 177 ff.

635 BGHZ 135, 244, 253.

636 BGHZ 135, 244, 253 f.

637 Vgl. Abschlussbericht der Regierungskommission *Corporate Governance*, BT-Drucks. 14/7515, S. 50 f.

in Form einer *business judgement rule* schuf[638], nicht mehr getan, als die bereits seit 1997 geltende Rechtsprechungspraxis festzuschreiben.[639] Die Empfehlung der Regierungskommission *Corporate Governance* ging auf einen Beschluss des 63. Deutschen Juristentages zurück,[640] der den Vorschlag *Ulmers* zur Einführung der *business judgement rule* in § 93 AktG aufgriff.[641]

d. Die Tatbestandsmerkmale der business judgement rule

Sofern im Folgenden die Frage geklärt werden soll, ob bei den oben dargestellten Geschäften, die zur Banken- und Finanzkrise führten, die betroffenen Vorstände die Sorgfalt eines gewissenhaften Geschäftsleiters (Bankiers) gemäß § 93 Abs. 1 Satz 1 AktG beachtet haben, ist zunächst zu überprüfen, ob die Voraussetzungen der *business judgement rule* nach § 93 Abs. 1 Satz 2 AktG eingehalten wurden. Insoweit dies der Fall ist, ist der Vorstand von den Haftungsgefahren der unternehmerischen Entscheidungen, die er traf, freigestellt (*safe harbour*).[642] Allerdings kann umgekehrt – bei Nichtvorliegen der Voraussetzungen der *business judgement rule* – nicht automatisch darauf geschlossen werden, dass eine Pflichtverletzung vorliegt,[643] vielmehr ist damit nur der Weg für die gerichtliche Überprüfung der vermeintlichen Pflichtverletzung geebnet.[644] Jedoch wird mit der Verletzung der *business judgement rule* in der Regel eine entsprechende Pflichtverletzung indiziert sein.[645]

Insgesamt setzt die haftungsbegrenzende *business judgement rule* fünf Tatbestandsmerkmale voraus:[646]

(1) Unternehmerische Entscheidung des Vorstandes,
(2) Handeln auf Basis angemessener Informationen,
(3) Handeln ohne Sonderinteressen und sachfremde Einflüsse,
(4) Handeln zum Wohle der Gesellschaft,
(5) Gutgläubigkeit.[647]

---

638 BT-Drucks. 15/5092, S. 10.

639 *Hüffer*, Aktiengesetz, § 93, Rn. 4a; *Hölters,* in: Hölters AktG, § 93, Rn. 29; *Fleischer*, in: Spindler/Stilz, AktG, § 93, Rn. 59.

640 Vgl. Abschlussbericht der Regierungskommission *Corporate Governance*, BT-Drucks. 14/7515, S. 50 f.

641 *Ulmer*, ZHR 163 (1999), S. 299.

642 *Hüffer*, Aktiengesetz, § 93, Rn. 4c.

643 *Fleischer*, ZIP 2004, S. 689.

644 *Spindler*, in: MüKo-AktG, § 93, Rn. 39.

645 So *Spindler*, in: MüKo-AktG, § 93, Rn. 39.

646 BT-Drucks. 15/5092, S. 11; *Hüffer*, Aktiengesetz, Rn. 4e; *Lutter*, ZIP 2007, S. 843.

647 BT-Drucks. 15/5092, S. 11.

(1) Unternehmerische Entscheidung des Vorstandes

Die erste Voraussetzung der *business judgement rule* ist das Vorliegen einer unternehmerischen Entscheidung des Vorstandes.[648] Eine unternehmerische Entscheidung ist *„geprägt durch ihre Zukunftsbezogenheit, durch Prognosen und ihre nicht justiziable Einschätzung"*.[649] Wobei mithin jeder unternehmerischen Entscheidung – also gerade einer solchen Entscheidung, die nicht auf der Beachtung gesetzlicher, satzungsmäßiger oder anstellungsvertraglicher Pflichten ohne tatbestandlichen Beurteilungsspielraum beruht[650] – zumindest eine gewisse Zukunftsbezogenheit zukommt.[651] Allerdings ist die trennscharfe Abgrenzung von unternehmerischen und gesetzesgebundenen Entscheidungen nur anhand der Zukunftsbezogenheit kaum möglich.[652] Um hier eine klare Abgrenzung zu schaffen, ist daher bei Entscheidungen, die sowohl gesetzesgebundene als auch zukunftsbezogene und prognostische Elemente enthalten, überwiegend auf den prognostischen Einschlag der Entscheidung abzustellen, der ein Handeln unter gewisser Unsicherheit zur Folge hat.[653]

In Bezug auf die zu prüfenden Sachverhalte ergibt sich die Frage, ob tatsächlich bei der Teilhabe und der Konstruktion dieser Teilhaben eine unternehmerische Entscheidung des Vorstandes angenommen werden kann.

(a) Die Satzungen – Eine exemplifikatorische Untersuchung anhand des § 2 der Satzung der *IKB AG*[654]

In Anbetracht dessen, dass es sich bei einem Teil der deutschen Banken um solche handelt, deren Kernaufgabe die Förderung und Finanzierung des Mittelstandes ist, stellt sich – nach der oben vollzogenen Darstellung der Teilhabe der deutschen

---

648 BT-Drucks. 15/5092, S. 11.

649 BT-Drucks. 15/5092, S. 11.

650 BT-Drucks. 15/5092, S. 11.

651 Vgl. *Hölters,* in: Hölters AktG, § 93, Rn. 30.

652 Vgl. hierzu *Mertens/Cahn*, in: Kölner Kommentar zum AktG, § 93, Rn. 17, der dies am Beispiel der gesetzlichen Insolvenzantragspflicht des Vorstandes (§ 15a InsO) aufzeigt. Die Fortführungsprognose zur Klärung der Frage der Überschuldung sei nämlich ebenfalls maßgeblich zukunftsbezogen, aber auch eine gesetzliche Pflicht.

653 Vgl. *Brömmelmeyer*, WM 2005, S. 2066; *Mertens/Cahn*, in: Kölner Kommentar zum AktG, § 93, Rn. 19.

654 Satzungsfragmente zitiert aus *OLG Düsseldorf*: Beschluss vom 09.12.2009 – I-6 W 45/09, 6 W 45/09, im Volltext abrufbar unter BeckRS 2010, 00532 – beck-online; nur die Leitsätze finden sich in NJW 2010, 1537.

Banken, insbesondere am Beispiel der *IKB AG* an den weltweiten Verbriefungsgeschäften – die Frage, ob nicht von vorneherein ein Engagement in amerikanische *Subprime*-Kredite und deren Derivate den Vorgaben der Satzungen dieser Institute widersprachen.

Sofern diese Engagements dem in der Satzung festgelegten Geschäftsgegenstand widersprächen und damit satzungswidrig wären, wäre bereits schon die Investition in die oben dargestellten *CDO*-Wertpapiere als pflichtwidrig anzusehen,[655] denn es läge keine unternehmerische Entscheidung des Vorstandes mehr vor, und die Einfahrt in den „sicheren Hafen" der *business judgement rule* wäre versperrt. Vielleicht widerspricht aber auch nicht das Engagement als solches, jedoch zumindest die Höhe des Gesamtengagements einzelner Banken deren Satzungen. Dies soll im Folgenden am Beispiel der Satzung der *IKB AG* herausgearbeitet werden. § 2 der Satzung der *IKB AG* lautet seit September 2006:[656]

> *„(1) Gegenstand des Unternehmens ist die Förderung der gewerblichen Wirtschaft, insbesondere durch Bereitstellung von mittel- und langfristigen Finanzierungen oder Eigenkapital bzw. Eigenkapitalsurrogaten und Leasingfinanzierungen sowie der damit verbundenen Beratungsleistungen. Den Finanzierungsbedürfnissen des Mittelstandes soll bevorzugt Rechnung getragen werden.*
>
> *(2) Die Gesellschaft kann Bankgeschäfte aller Art betreiben und Finanzdienstleistungen aller Art erbringen.*
>
> *(3) Die Gesellschaft ist zu allen Geschäften und Maßnahmen berechtigt, die geeignet erscheinen, dem Gegenstand des Unternehmens zu dienen. Sie kann ihre Geschäftstätigkeit ganz oder teilweise durch Tochter-, Beteiligungs- und Gemeinschaftsunternehmen verwirklichen und zu diesem Zweck im In- und Ausland andere Unternehmen gründen, erwerben und sich an solchen beteiligen."*

Je nachdem, wie man diese drei Absätze interpretiert und zueinander ins Verhältnis setzt, gelangt man zu verschiedenen Ergebnissen hinsichtlich der Frage, welches Tätigkeitsfeld der *IKB AG* in ihrer Satzung vorgegeben ist.

Nimmt man wie das *Oberlandesgericht Düsseldorf* in seinem Beschluss vom 9. Dezember 2009[657] eine hierarchische Ordnung der drei Absätze untereinander an – wobei man davon ausgeht, dass der erste Absatz den anderen übergeordnet

---

655 So das *OLG Düsseldorf* in Bezug auf die *IKB AG*: Beschluss vom 09.12.2009 – I-6 W 45/09, 6 W 45/09 (II., 2., b., aa.), im Volltext abrufbar unter BeckRS 2010, 00532 – beck-online; nur die Leitsätze finden sich in NJW 2010, 1537.

656 Satzungsfragmente zitiert aus *OLG Düsseldorf*: Beschluss vom 09.12.2009 – I-6 W 45/09, 6 W 45/09 (II., 2., b., aa.); vgl. hierzu ebenfalls *Florstedt*, AG 2010, S. 315 ff.

657 *OLG Düsseldorf*: Beschluss vom 09.12.2009 – I-6 W 45/09, 6 W 45/09

ist – ist davon auszugehen, dass die Tätigkeit der *IKB AG „in der Förderung und Finanzierung der gewerblichen Wirtschaft, insbesondere des Mittelstandes, liegt“* und alle ihre Geschäfte und Maßnahmen alleine diesem Zweck dienen sollen, sich diesem Zweck unterzuordnen haben.[658] Die im zweiten Absatz genannten Bankgeschäfte aller Art müssten demnach also stets der Erfüllung des übergeordneten Zweckes – Förderung des Mittelstandes – dienen, sowohl mittelbar als auch unmittelbar.[659]

Man könnte bei den Geschäften mit *Subprime*-Krediten und deren Derivaten am internationalen Finanzmarkt nun zumindest auch eine mittelbare Zweckförderung annehmen, solange diese die Finanz- und Ertragskraft der Förderbank stärken, und so die Förderung des Mittelstandes zu günstigeren, besseren Konditionen möglich machen. Die Erträge aus den sonstigen Finanz- und Bankgeschäften müssten also in die Mittelstandsförderung einfließen und kämen diesem mittelbar über vergünstigte Konditionen, diversifizierte Risiken und ein breiteres Angebotsspektrum zugute. Insofern würde man ein sich aus dieser Perspektive ergebendes polyhierarchisches Modell annehmen, für das der Absatz 3 sprechen könnte.[660] Nach Absatz 3 ist die Bank aber lediglich zum Erwerb von Beteiligungen zur Förderung des Zweckes berechtigt, sofern damit dem Gegenstand des Unternehmens gedient wird. Dieser Halbsatz nimmt somit wiederum Bezug auf Absatz 1 und grenzt das eigentlich nach Absatz 2 Mögliche wieder ein. Als Bank könnte das Unternehmen also theoretisch jeglicher Art von Geschäften nachgehen, allerdings wird dieses *Können* durch die Zweckbindung an die Mittelstandsförderung – das *Dürfen* – eingegrenzt. Das *Können* übersteigt folglich das *Dürfen,* und allein vom *Können* her ist eben nicht auf das *Dürfen* zu schließen.

Gegen eine solche Dyarchie der Geschäftszwecke spricht somit nicht nur das Gebot des § 23 Abs. 3 Nr. 2 AktG, der eine konkrete Benennung des Unternehmensgegenstandes fordert.[661] Im Rahmen eines solchen dyarchischen Modells wäre auch die Eingrenzung in Absatz 1 hinfällig, und der Vorstand könnte nach eigenem Ermessen ein zweites oder auch drittes, für die Eigentümer und potentielle Investoren nicht mehr klar aus der Satzung erkennbares Geschäftsfeld eröffnen und ausweiten. Sofern man also davon ausgeht, dass eine Satzung klar den Geschäftszweck einer Gesellschaft definieren soll, ist eine solche generalklauselartige Öffnung für

---

658 *OLG Düsseldorf*: Beschluss vom 09.12.2009 – I-6 W 45/09, 6 W 45/09 (II., 2., b., aa.), hierzu auch *Florstedt*, AG 2010, S. 317.

659 So auch *Florstedt*, AG 2010, S. 317.

660 So auch *Florstedt*, AG 2010, S. 317.

661 *Florstedt*, AG 2010, S. 317.

Bankgeschäfte jeglicher Art ohne eine Zweckbindung – also ohne eine Einrahmung des Tätigkeitsfeldes – abzulehnen.

Auch die Argumentation der mittelbaren Förderung kann insofern nicht überzeugen. Es müsste nämlich zunächst nachgewiesen werden, inwiefern sich die Bedingungen der Förderung für den Mittelstand ohne diese Geschäfte verschlechtern würden. Zudem dürften sich mit diesen Geschäften nicht nur die Gewinne der Eigentümer erhöhen, die Erzielung von Gewinn dürfte also nachweislich nicht Hauptzweck des Unternehmens sein. Insbesondere aber müsste die Höhe der Engagements sinnvoll auf die eigenen Finanzierungen und damit auf das haftende Eigenkapital begrenzt sein. Eine tatsächliche Verknüpfung mit der Finanzierung von Mittelstandsprojekten müsste sich folglich schon aus der Höhe der eingegangen Engagements ergeben. Zudem käme der Begrenzungsfunktion auf einen bestimmten Geschäftszweck praktisch keine Bedeutung mehr zu. Die Geschäftszweckbestimmung in der Satzung würde inhaltlich entleert und besäße lediglich symbolischen Charakter.

Für eine klare hierarchische Unterordnung der „*Bankgeschäfte aller Art*" unter den Zweck der Mittelstandsförderung spricht auch die bis 2006 geltende Satzung der *IKB AG*. Der in den Jahren 2001 bis 2006 geltende § 2 Abs. 1 der Satzung war mit dem ab 2006 geltenden (oben dargestellten) zwar identisch, die beiden weiteren Absätze lauteten allerdings:

> „*(2) Außerdem kann die Gesellschaft sonstige Finanzierungen im In- und Ausland übernehmen oder sich an solchen beteiligen, Grundstücke erwerben, verwalten und veräußern, sich an anderen Unternehmen beteiligen und solche Unternehmen gründen oder erwerben sowie Zweigniederlassungen im In- und Ausland errichten.*
>
> *(3) Soweit gesetzlich zulässig, darf die Gesellschaft alle Geschäfte und Maßnahmen durchführen, die geeignet sind, den Geschäftszweck zu fördern. Die Gesellschaft ist berechtigt, ihre Geschäftstätigkeit auch durch Tochter-, Beteiligungs- und Gemeinschaftsunternehmen zu verwirklichen sowie Unternehmens- und Kooperationsverträge abzuschließen.*"[662]

In der älteren Fassung ist explizit die Formulierung „*alle Geschäfte und Maßnahmen durchzuführen, die geeignet sind, den Geschäftszweck zu fördern*" enthalten. Dieser Wortlaut macht deutlich, dass die Tätigkeit der Bank in erster Linie der Förderung des Mittelstandes dienen sollte. Die Tätigkeit der Bank hatte sich demnach also ganz klar im Ganzen diesem Zweck unterzuordnen.[663] Allerdings machen

662 Satzungsfragmente zitiert aus *OLG Düsseldorf*: Beschluss vom 09.12.2009 – I-6 W 45/09, 6 W 45/09 (II., 2., b., aa.).

663 So auch *OLG Düsseldorf*: Beschluss vom 09.12.2009 – I-6 W 45/09, 6 W 45/09 (II., 2., b., aa.).

auch diese Absätze für sich genommen jeweils noch nicht zweifelsfrei klar, dass sich die Zweckbestimmung alleine aus § 2 Abs. 1 der Satzung ergibt.[664] Sie ergibt sich vielmehr erst aus einer Gesamtbetrachtung des gesamten zweiten Paragraphen.

Stellt man zudem den Vergleich mit der Satzung einer reinen Geschäftsbank an, so zeigt sich deutlich, dass der Absatz 1 des zweiten Paragraphen der Satzung der *IKB AG* gar keinen anderen Sinn und Zweck haben kann, als den Gegenstand der Tätigkeit der *IKB AG* verbindlich festzulegen und einzugrenzen, und diesem Zwecke auch die gesamte Tätigkeit der Bank unterzuordnen.

In der Satzung der *Commerzbank AG*, vom 8. Juli 2011 lautet § 2 wie folgt:

„(1) Gegenstand der Gesellschaft ist der Betrieb von Bankgeschäften und Finanzdienstleistungen aller Art und von sonstigen Dienstleistungen und Geschäften, die damit zusammenhängen, einschließlich des Erwerbs, des Haltens und der Veräußerung von Beteiligungen an anderen Unternehmen.

(2) Die Gesellschaft darf den Unternehmensgegenstand selbst, durch verbundene Unternehmen und Beteiligungsunternehmen oder durch den Abschluss von Unternehmens- und Kooperationsverträgen mit Dritten verwirklichen. Sie ist zu allen Geschäften und Maßnahmen berechtigt, die geeignet sind, den Geschäftszweck zu fördern, insbesondere zur Errichtung von Zweigniederlassungen im In- und Ausland und zum Erwerb, zur Verwaltung und zur Veräußerung von Beteiligungen an anderen Unternehmen.“[665]

Im Gegensatz zu der Satzung der *IKB AG* ist in der Satzung der *Commerzbank AG* außer der Formulierung „*Gegenstand der Gesellschaft ist der Betrieb von Bankgeschäften und Finanzdienstleistungen aller Art*“ nämlich gerade kein weiterer Absatz vorhanden, der eine Einschränkung oder Eingrenzung dieser Tätigkeit auch nur andeutet. Es existiert hier also keine weitere Formulierung, insbesondere keine dieser Formulierung vorangestellte Passage, die diese „*Bankgeschäfte aller Art*“ in eine bestimmte Richtung lenkt; sie sind also nur zur Erreichung dieses höheren Zweckes zugelassen.

Aufgrund dieses Vergleichs kann in § 2 Abs. 1 der Satzung der *IKB AG* lediglich eine Zweckbestimmung zu sehen sein, die für die anderen Absätze dieses Paragraphen Verbindlichkeit besitzt. Diese Zweckbindung wird aus dem Vergleich mit der Satzung einer reinen Geschäftsbank deutlich, welche Bankgeschäfte nur zur Ertragssteigerung und nicht zur Erreichung eines höheren Zweckes – wie etwa der Förderung des Mittelstandes – betreibt, denn eine Eingrenzung der Banktätigkeit findet sich bei der Geschäftsbank gerade nicht.

---

664 *Florstedt*, AG 2010, S. 315 ff

665 Satzung der *Commerzbank Aktiengesellschaft*, Stand 08.07.2011, abrufbar unter www.commerzbank.de, zuletzt abgerufen am 16.03.2012.

Folglich lässt sich als Ergebnis festhalten, dass zumindest bei Banken (wie vorliegend z.B. die *IKB AG*), die dem Geschäftszweck „*Förderung des Mittelstandes*" dienen sollen, mit der Teilhabe an den internationalen Verbriefungsgeschäften der Satzung und damit dem Geschäftszweck widersprechende Bankgeschäfte getätigt wurden. Die satzungswidrigen Geschäfte stellen somit in evidenter Weise Pflichtverletzungen der Vorstände dar. Im Falle dieser Banken liegt also keine unternehmerische Entscheidung des Vorstandes vor. Der „sichere Hafen" der *business judgement rule* stand nicht zur Verfügung.

(b) Fehlende Konsolidierung der Zweckgesellschaften – Fehlende Bilanzierung der Liquiditätslinien

Dadurch, dass die Zweckgesellschaften nicht in den Bankbilanzen konsolidiert wurden, die Kreditzusagen nicht passiviert und diese somit unter Ausnutzung bestehender Spielräume nicht mit Eigenkapital unterlegt wurden (vgl. Teil 1 unter B.III.) – die Banken jedoch letztendlich über die Liquiditätsfazilitäten in Anspruch genommen wurden –, könnte sich eine Strafbarkeit der Vorstände aus den Bilanz- und Buchführungsdelikten ergeben. Sofern diese Delikte vorsätzlich begangen wurden, wäre eine Pflichtverletzung der Vorstände gegeben. Eine unternehmerische Entscheidung im Sinne der *business judgement rule* wäre bei Verwirklichung dieser Bilanz- und Buchführungsdelikte nicht gegeben.

Im Wesentlichen kommen als reine Bilanzdelikte die zentralen Vorschriften,[666] die sogenannten *Kerndelikte*,[667] nach dem HGB – die §§ 331 ff. HGB – in Betracht. Hinzu treten die flankierenden Vorschriften betreffend die jeweiligen Gesellschaftsformen wie z.B. § 400 AktG.[668] § 331 HGB schützt nach der herrschenden Meinung[669] – als Kollektivrechtsgut – das Vertrauen der Allgemeinheit in die Richtigkeit, Vollständigkeit, Klarheit und Übersichtlichkeit der gegebenen Informationen in den Unternehmensbilanzen. Mit der Pönalisierung der „*unrichtigen Wiedergabe*" in Abs. 1 Nr. 1 und der „*Verschleierung*" der Verhältnisse der Gesellschaft in Abs. 1 Nr. 2 beinhaltet § 331 HGB den Grundtatbestand: die sogenannte *Bilanzfälschung*.[670] Des Weiteren gilt § 331 HGB unmittelbar für alle Kapitalgesellschaften und über den Verweis in § 340m HGB auch für Kreditinstitute. Einerseits wäre danach eine Konsolidierungspflicht der Zweckgesellschaften nach § 290 HGB, andererseits auch nach IFRS IAS

666 *Waßmer*, MüKo-Bilanzrecht, § 331, Rn. 1.
667 *Spatscheck/Wulf*, DStR 2003, S. 173.
668 *Tiedemann*, Wirtschaftsstrafrecht AT, Rn. 78.
669 Vgl. hierzu *Waßmer*, Mü-Ko Bilanzrecht, § 331, Rn. 3, m.w.N.
670 *Spatscheck/Wulf*, DStR 2003, S. 173.

27, SIC 12 zu überprüfen. Über § 315a HGB finden auch die Regelungen der IFRS Eingang in das deutsche Recht. Auch der subsidiär zu prüfende § 400 AktG verlangt im Kern in Abs. 1 Nr. 1 die „*unrichtige Wiedergabe*“ oder „*Verschleierung*“ der „*Verhältnisse der Gesellschaft*“, wobei § 400 AktG weiter gefasst ist als § 331 HGB.[671]

All diesen Strafvorschriften ist eines gemein: Sie müssen sich an den Strafrechtsprinzipien und hier insbesondere an dem Bestimmtheitsgebot gemäß Art. 103 Abs. 2 GG messen lassen. Ob HGB, IFRS oder AktG, es handelt sich bei Bilanzierungs- und Bewertungsfragen stets um Fragen, die sich nur unter Zugrundelegung von Normen mit erheblichem Ermessens- und Bewertungsspielraum beantworten lassen. Die Vielschichtigkeit und Komplexität der zu bilanzierenden Lebenssachverhalte orientiert sich zwar an den Grundsätzen ordnungsgemäßer Buchführung und hier insbesondere an den entsprechenden Bewertungsvorschriften. Im Rahmen der Beurteilung der von den Bilanzen zu erfassenden Konstellationen und vorzunehmenden Bewertungen sind den betreffenden Regelungen jedoch stets Spielräume und Gestaltungsmöglichkeiten eingeräumt[672] (vgl. auch Teil 1, konkret unter B.III.). Insofern kann nur von der sogenannten *relativen Bilanzwahrheit* gesprochen werden,[673] eine absolute Bilanzwahrheit kann es, wegen dieser notwendigen Ermessensspielräume, nicht geben.

In Anbetracht dieser *relativen Bilanzwahrheit* ist unter Berücksichtigung des Bestimmtheitsgebots gemäß Art. 103 Abs. 2 GG eine restriktive Handhabung der Bilanz- und Buchführungsdelikte erforderlich, um deren Verfassungsmäßigkeit noch zu gewährleisten. Dem folgend können also überhaupt nur evidente Verletzungen der Bilanzierungsmethoden zu einer Strafbarkeit führen. Bezüglich § 331 Nr. 1 HGB hat das *Bundesverfassungsgericht* entschieden, dass der Umstand, dass es sich bei den §§ 331 ff. HGB um Blankette handelt und unbestimmte Rechtsbegriffe verwendet werden, nicht den Bestimmtheitsgrundsatz verletzt, insofern sei nicht zu beanstanden, dass „*diese Strafvorschrift nur, erhebliche' bzw., wesentliche' Verstöße gegen Bilanzierungspflichten erfassen soll*“.[674] Diese einschränkende Auslegung des Anwendungsbereichs ist somit konsequenterweise nicht zu beanstanden.[675] Bewertungen unter Berücksichtigung dieser restriktiven

---

671 *Rönnau*, Globale Finanzkrise, S. 56.

672 *Quedenfeld*, MüKo-HGB, § 331, Rn. 35; *Kozikowski/Gutman*, Beck'scher Bilanz-Kommentar, § 331, Rn. 11; *Waßmer*, MüKo-Bilanzrecht, § 331, Rn. 40; *Spindler/Stilz*, Aktiengesetz, § 400, Rn. 24; *Schaal*, MüKo-AktG, § 400, Rn. 35.

673 *Waßmer*, MüKo-Bilanzrecht, § 331, Rn. 40.

674 *BVerfG*, NJW-RR 2006, 1628.

675 *BVerfG*, NJW-RR 2006, 1628.

Auslegung – dem sogenannten *Evidenzgebot* – sind somit nur dann „unrichtig", wenn sie nach übereinstimmender Meinung der Fachleute unrichtig sind.[676] Es muss mithin ein eindeutiger Verstoß, eine absolut unvertretbare Bilanzierung vorliegen, mit der die Spielräume der Bilanzierungsvorschriften wesentlich überschritten wurden, um überhaupt eine Strafbarkeit nach den Bilanz- und Buchführungsdelikten zu begründen.[677] Dass jedoch mit der Nichtkonsolidierung der Zweckgesellschaften oder der Nichtbilanzierung der Liquiditätslinien ein solch evidenter Verstoß vorliegt, ist aufgrund der restriktiven Auslegung des § 331 HGB unter dem Aspekt, dass schon bei Berücksichtigung und Anwendung einer wissenschaftlichen Mindermeinung keine unrichtige Wiedergabe vorliegen kann,[678] nur schwer zu begründen.[679] Das gilt insbesondere, wenn man sich vor Augen führt, dass die Fachleute, die gezielt nach „*Gestaltungsmöglichkeiten*" gesucht haben, um die Konsolidierungspflichten zu umgehen (vgl. Teil 1, B.III.),[680] diese von ihnen selbst gefundenen „*Gestaltungsmöglichkeiten*" nun als eindeutigen Verstoß ansehen müssten im Sinne einer absolut unvertretbaren Bilanzierung.

Nichts anderes gilt unter Berücksichtigung der Wertung des § 93 AktG. Danach ist der Vorstand bei zweifelhafter Rechtslage zwar berechtigt, sich nach der für die Gesellschaft günstigen Rechtsauffassung zu richten, er hat dabei aber ebenfalls das Risiko zu berücksichtigen, dass diese nachträglich für eine Gesetzesverletzung haftbar gemacht wird.[681] Er hat deshalb die Ausnutzung einer objektiv zweifelhaften Rechtslage zu unterlassen, wenn sich aus einer nicht auszuschließenden Haftung der Gesellschaft unverhältnismäßig schwere Nachteile für diese ergeben könnten.[682] Der damalige *Ministerialdirektor beim Bundesministerium der Finanzen Jörg Assmussen* schrieb bezüglich der Unterstützung der *ABS*-Märkte in Deutschland und der Umsetzung der Verbriefungen aus Sicht des *Bundesministeriums der Finanzen*:

---

676 *Quedenfeld*, MüKo-HGB, § 331, Rn. 35; *Kozikowski/Gutman*, Beck'scher Bilanz-Kommentar, § 331, Rn. 11; *Waßmer*, MüKo-Bilanzrecht, § 331, Rn. 40; *Spindler/Stilz*, Aktiengesetz, § 400, Rn. 24; *Schaal*, MüKo-AktG, § 400, Rn. 35; jew. m.w.N.

677 *Waßmer*, MüKo-Bilanzrecht, § 331, Rn. 40.

678 *Quedenfeld*, MüKo-HGB, § 331, Rn. 36.

679 So auch *OLG Düsseldorf*: Beschluss vom 09.12.2009 – I-6 W 45/09, 6 W 45/09; Rasiek, WM 2010, 870, 872; Krause, NStZ 2011, 63; a.A. *Gallandi*, wistra 2009, S. 45, der zur Bilanzfälschung allerdings lediglich feststellt: „*Die eine oder andere Variante dürfte [...] jedenfalls der einschlägige Tatbestand sein.*" Dies vermag nur schwer zu überzeugen.

680 *Schön/Cortez*, IRZ 2009, S. 14.

681 *Mertens/Cahn*, in: Kölner Kommentar zum AktG, § 93, Rn. 75; *Fleischer*, in: Spindler/Stilz, Aktiengesetz, § 93, Rn. 27.

682 *Mertens/Cahn*, in: Kölner Kommentar zum AktG, § 93, Rn. 75; *Fleischer*, in: Spindler/Stilz, Aktiengesetz, § 93, Rn. 27.

„Seitens des BMF wird im Umsetzungsprozess der Basel II-Regeln für ABS vor allem auch darauf geachtet werden, dass den Instituten keine unnötigen Prüf- und Dokumentationspflichten entstehen werden, wenn sie in gängige ABS-Produkte mit gutem Rating investieren.“[683] *„Das BMF verändert – soweit erforderlich und machbar – die Rahmenbedingungen für den deutschen Verbriefungsmarkt Stück für Stück. Wir beobachten die Märkte intensiv, stehen im engen Dialog mit den Marktakteuren, registrieren Veränderungen und justieren, wenn notwendig, um die Weichen für die bestmögliche Marktentwicklung frühzeitig zu stellen.“*[684]

In Anbetracht dieser Aussage lässt sich vermuten, dass die Deregulierung der Finanzmärkte und damit auch die Nichtkonsolidierung von Zweckgesellschaften zu jener Zeit ein Anliegen des *Bundesministeriums der Finanzen* war. Es entsprach der herrschenden Meinung und war, wie bereits aufgezeigt, gängige Praxis, die gefördert werden sollte.[685] Demnach kann man eine vorsätzliche „unrichtige Wiedergabe“ oder „Verschleierung“ der Verhältnisse der Gesellschaft durch die Nichtkonsolidierung der Zweckgesellschaften und Nichtbilanzierung der Liquiditätsfazilitäten – unter Berücksichtigung des Evidenzgebotes – nicht annehmen. Die hohe verfassungsrechtliche Hürde ließe sich angesichts der bestehenden Spielräume nicht überwinden. Eine Strafbarkeit nach den Bilanzdelikten lässt sich also aufgrund der Bewertungs- und Gestaltungsspielräume des Bilanzrechts nicht annehmen.

(c) Risikostruktur und Risikoüberwachung

(aa) *Klumpenrisiken*

Die bei den Kreditinstituten entstehenden Risiken sind ebenfalls gemäß §§ 76, 93 AktG zu berücksichtigen. So auch die mit wesentlichen Risiken verbundenen Risikokonzentrationen, die sogenannten *Klumpenrisiken*.[686]

Die Entstehung der *Klumpenrisiken,* die allein aufgrund ihrer Größe in der Regel bereits eine Risikokonzentration darstellen,[687] könnte bei den Geschäften mit den verbrieften Kreditrisiken nicht ausreichend beachtet worden sein. Indem die Hypothekenpools, in welche die Banken im Rahmen ihres Engagements in die *CDO (hoch zwei, hoch drei) Wertpapiere* investierten[688] (wenn zum Teil auch mittelbar

683 *Asmussen*, ZfgK 2006, S. 1017.

684 *Asmussen*, ZfgK 2006, S. 1018.

685 *Gallandi*, ZRP 2008, S. 129.

686 *Braun/Wolfgarten*, in: Boos/Fischer/Schulte-Mattler, Kreditwesengesetz, § 25a KWG, Rn. 127.

687 *Braun/Wolfgarten*, in: Boos/Fischer/Schulte-Mattler, Kreditwesengesetz, § 25a KWG, Rn. 127.

688 Vgl. oben Abbildung 8: Überblick über den Strukturierungsprozess.

über die Zweckgesellschaften,[689] die in erheblichem Umfang aus Hypothekenkrediten mit geringer Bonität bestanden (vgl. Teil 1, B.II.2.)), wurde von diesen Banken gegenüber einer großen Anzahl unbekannter Schuldner mit gleichem Ausfallrisiko Engagements eingegangen.[690] Mithin handelte es sich bei den Engagements der Banken, ob über ihre Zweckgesellschaften oder als Direktinvestition in Form des Kaufes von Wertpapieren, um solche Investitionen, die mit *Klumpenrisiken* behaftet waren.

Seit den 1930er Jahren versuchte das Bankenaufsichtsrecht bereits der Gefahr von *Klumpen-* oder auch sogenannten *Konzentrationsrisiken* entgegenzuwirken, zunächst insbesondere über die Normierung sogenannter *Großkreditvorschriften* im Kreditwesengesetz (KWG).[691] Hinter den *Großkreditvorschriften*, den §§ 13–13b KWG[692], und dem im Investmentrecht verankerten Grundsatz der Risikomischung in § 1 Satz 2 InVG[693] steht der Gedanke, dass die Konzentration von Kreditrisiken auf einen oder nur wenige Kreditnehmer eine besondere Gefahr für die Solvenz eines Kreditinstituts bedeutet.[694] Daher geben diese Vorschriften den Kreditinstituten gewisse Obergrenzen und Meldepflichten für Kredite an einzelne Kreditnehmer oder der Verbindung solcher vor, um Konzentrationen im Bereich der Kredite zu vermeiden.

Diese Paragraphen lassen sich hier zwar nicht direkt anwenden, da es sich bei den *CDO*s um verbriefte Kredite, also um Wertpapiere im klassischen Sinne, handelt. Doch kann die Wertung, die das Kreditwesengesetz bezüglich der Vergabe von Krediten vorgibt, hier auch nicht ignoriert werden, denn es handelt sich bei dem Ankauf dieser *CDO*-Wertpapiere eben um den Ankauf von Kreditrisiken (vgl. oben). Gänzlich unterschiedlich kann das Eingehen von Risiken per Kreditvergabe und das Eingehen von Risiken per Kreditankauf wohl kaum zu behandeln sein. Zudem liegt hier zwar auch kein Einzelengagement großen Ausmaßes im klassischen Sinne vor,

---

689 Vgl. oben Abbildungen 7: Aufbau des Verbriefungsprozesses und 10: Vom amerikanischen Schuldner bis zum deutschen Aktionär am Beispiel der *IKB AG*.

690 So auch *Lutter*, ZIP 2009, S. 199; *OLG Düsseldorf*: Beschluss vom 09.12.2009 – I-6 W 45/09, 6 W 45/09 (II., 2., b., bb.).

691 *Groß*, in: Boos/Fischer/Schulte-Mattler, Kreditwesengesetz, Vorbemerkung zu den Großkreditvorschriften §§ 13 bis 13 b, Rn. 1., 4. Aufl. 2012.

692 *Gesetz über das Kreditwesen*, BGBl. I S. 2776, zuletzt geändert durch Art. 2 Zweites Finanzmarktstabilisierungsgesetz vom 24.02.2012, BGBl. I S. 206.

693 *Investmentgesetz*, BGBl. I S. 2676, zuletzt geändert durch Art. 2 Abs. 76 G zur Änd. von Vorschriften über Verkündung und Bekanntmachungen sowie der ZPO, des EG-ZPO und der AO vom 22.12.2011, BGBl. I S. 3044.

694 *Groß*, in: Boos/Fischer/Schulte-Mattler, Kreditwesengesetz, Vorbemerkung zu den Großkreditvorschriften §§ 13 bis 13b, Rn. 1.

aber eine Konzentration auf US-amerikanische *Subprime*-Kreditnehmer, also eine Häufung ähnlicher Ausfallrisiken in erheblichem Ausmaß ist trotzdem gegeben.[695]

Allgemein trifft die Vorstände die Pflicht zur sorgfältigen Vermögensanlage, die einer übermäßigen Risikokonzentration, gerade wegen des erhöhten Risikos Grenzen zieht.[696] Insbesondere ist das Eingehen von *Klumpenrisiken* zwar nicht per se verboten, aber zumindest besonders legitimationsbedürftig und darf überhaupt nur in einem vertretbaren Risikoumfang erfolgen.

Dass auch solche Risikokonzentrationen von den Banken zu berücksichtigen sind, die nicht lediglich von einem Kreditnehmer ausgehen, lässt sich aus den Erläuterungen der *BaFin* zu ihrem Rundschreiben 11/2010 (BA) – Mindestanforderungen an das Risikomanagement – MaRisk ableiten, die über die §§ 91 Abs. 2 i.V.m § 25a KWG direkt für die Kreditinstitute gelten:[697]

> *„Neben solchen Risikopositionen gegenüber Einzeladressen, die allein aufgrund ihrer Größe eine Risikokonzentration darstellen, können Risikokonzentrationen sowohl durch den Gleichlauf von Risikopositionen innerhalb einer Risikoart (‚Intra-Risikokonzentrationen') als auch durch den Gleichlauf von Risikopositionen über verschiedene Risikoarten hinweg (durch gemeinsame Risikofaktoren oder durch Interaktionen verschiedener Risikofaktoren unterschiedlicher Risikoarten, (‚ Inter-Risikokonzentrationen') entstehen."*[698]

Eine Risikokonzentration verstärkt sich umso mehr, sofern die Banken in einem bestimmten Sektor ihre wesentlichen Investitionen vornehmen (vgl. hierzu in Teil1, C.II.3.a.(1) die Auswertung der Geschäftsberichte: z.B. hat die *IKB AG* den wesentlichen Anteil (46 %) ihres gesamten Geschäftsvolumens in Verbriefungen US-amerikanischer *Subprime*-Kredite angelegt). Mithin muss man durch das Engagement im Bereich der US-amerikanischen *Subprime*-Kredite die Anhäufung von *Klumpenrisiken* annehmen. Dass zur Abmilderung dieser Risiken eine besondere Vorsorge getroffen wurde, ist nicht ersichtlich, insbesondere unter dem Gesichtspunkt, dass der größte Teil der Anlagen – über das Vehikel der Zweckgesellschaften – außerhalb der Bankbilanz erfolgten. Trotzdem aber schlugen die Inanspruchnahmen der eigenen Zweckgesellschaften ohne

---

695 *OLG Düsseldorf*: Beschluss vom 09.12.2009 – I-6 W 45/09, 6 W 45/09 (II., 2., b., bb.).

696 Fleischer/Schmolke, ZHR 173 (2009), S. 673 ff.

697 Vgl. *Braun/Wolfgarten*, in: Boos/Fischer/Schulte-Mattler, Kreditwesengesetz, § 25a, Rn. 106 ff.

698 So in Anlage 1: Erläuterungen zu den MaRisk in der Fassung vom 15.12.2010 zu dem Rundschreiben 11/2010 (BA) – Mindestanforderungen an das Risikomanagement – MaRisk, der Bundesanstalt für Finanzdienstleistungsaufsicht vom 15.12.2010, Bonn/Frankfurt am Main, abgerufen unter: www.bafin.de.

Puffer auf die betroffenen Banken durch. Letztendlich trugen diese nämlich das mit diesen Geschäften verbundene Risiko selbst (vgl. oben Teil 1, B.III.).

Hinzu kommt, dass Risikovorsorgen für die direkten Investitionen in die entsprechenden *CDO*-Wertpapiere – die letztlich der Geldanlage dienten – mehr als unwahrscheinlich sind, da eine Absicherung von Geldanlagen – als solche wurden die *CDO*s betrachtet – in der Regel kaum stattfindet und auch nicht ersichtlich ist. Demnach lässt sich feststellen, dass die *Klumpenrisiken* bei den Finanzgeschäften mit den US-amerikanischen *Subprime*-Krediten in der Regel nicht in ausreichendem Maße beachtet wurden. Von einer ausreichenden Risikodiversifizierung kann folglich nicht ausgegangen werden, ein noch vertretbarer Risikoumfang ist zu verneinen. Eine besondere Legitimation, die dieses punktuelle und erhebliche Engagement rechtfertigen würde, ist (zumindest im konkret vorliegenden Beispiel der *IKB AG*) nicht zu erkennen.

Diese unzureichende Risikovorsorge ist somit ebenfalls Anknüpfungspunkt für eine Pflichtverletzung der Vorstände. Die Anhäufung von *Klumpenrisiken* stellt aufgrund ihres Ausmaßes und aufgrund mangelnder Begründung eine Pflichtverletzung der Vorstände dar. Die Anforderungen an das Risikomanagement wurden nicht eingehalten. Im Falle der *IKB AG* und auch bei den Banken, die aufgrund ihres übermäßigen Engagements gerettet werden mussten, liegt folglich keine *unternehmerische Entscheidung* des Vorstandes vor. Der „sichere Hafen“ der *business judgement rule* ist insofern nicht gegeben.

(bb) Unzureichende Risikosteuerung

Mit der mangelnden Risikobeachtung der Klumpen könnte auch eine unzureichende Risikosteuerung indiziert sein. Deshalb hat der Gesetzgeber nach dem Aktiengesetz – als Konkretisierung zu § 76 AktG[699] – gemäß § 91 Abs. 2 AktG die Verpflichtung für die Geschäftsleiter geschaffen, solche erheblichen Risiken frühzeitig zu erkennen.[700] Eine vergleichbare Vorgabe findet sich im Deutschen Corporate Governance Kodex[701] unter der Ziffer 4.1.4.: Hiernach hat der Vorstand für ein *angemessenes Risikomanagement* und *Risikocontrolling* im Unternehmen zu sorgen.

Gemäß § 91 Abs. 2 AktG hat der Vorstand geeignete Maßnahmen zu treffen, insbesondere ein Überwachungssystem einzurichten, damit den Fortbestand

699 Vgl. BT-Drucks 13/9712, Gesetzentwurf der Bundesregierung, Entwurf eines Gesetzes zur Kontrolle und Transparenz im Unternehmensbereich (KontraG), S. 15.

700 Vgl. BT-Drucks. 13/9712, Gesetzentwurf der Bundesregierung, Entwurf eines Gesetzes zur Kontrolle und Transparenz im Unternehmensbereich (KontraG), S. 15.

701 *Deutscher Corporate Governance Kodex* in der Fassung vom 26.05.2010 (eBAnz Nr. 68 S. 1).

der Gesellschaft gefährdende Entwicklungen früh erkannt werden.[702] Durch diesen Absatz zwei des § 91 AktG soll die Verpflichtung des Vorstandes, für ein angemessenes Risikomanagement und für eine angemessene interne Revision zu sorgen, verdeutlicht werden.[703] Hierbei soll es sich um nicht mehr als eine gesetzliche Hervorhebung der allgemeinen Leitungsaufgabe des Vorstands gemäß § 76 AktG – der Organisation – handeln.[704] Die konkrete Ausübung dieser Pflicht ist jedoch vom einzelnen Unternehmen abhängig.[705] Nach dem Gesetzentwurf gehören zu den den Fortbestand der Gesellschaft gefährdenden Entwicklungen insbesondere risikobehaftete Geschäfte, Unrichtigkeiten der Rechnungslegung und Verstöße gegen gesetzliche Vorschriften, die sich auf die Vermögens-, Finanz- und Ertragslage der Gesellschaft wesentlich auswirken.[706] Nicht quantifizierbare Risiken sind im Zweifel sogar durch entsprechende Risikoversicherungen abzudecken,[707] soweit ein Abschluss einer solchen Versicherung aus Kosten-Nutzen-Erwägungen heraus als vernünftig erscheint.[708] Somit sind nicht alle Risiken versicherbar, aber zumindest der Versuch der Absicherung müsste unternommen worden sein.

Die von § 91 Abs. 2 AktG eingerichteten Maßnahmen zur internen Überwachung sollen so eingerichtet sein, „*dass solche Entwicklungen frühzeitig, also zu einem Zeitpunkt erkannt werden, in dem noch geeignete Maßnahmen zur Sicherung des Fortbestands der Gesellschaft ergriffen werden können*".[709] Weiterhin sieht der Gesetzgeber es für notwendig an, dass „*gegen die vielfältigen Unternehmensrisiken z.B. bei Geschäften mit Derivaten, die existenzbedrohend sein können, [...] eine Absicherung nur über entsprechende Maßnahmen der gesetzlichen Vertreter*

---

702 *Aktiengesetz*, vom 06.09.1965 (BGBl. I S. 1089), zuletzt geändert durch Art. 2 Abs. 49 G zur Änd. von Vorschriften über Verkündung und Bekanntmachungen sowie der ZPO, des EGZPO und der AO vom 22.12.2011 (BGBl. I S. 3044).

703 BT-Drucks. 13/9712, Gesetzentwurf der Bundesregierung, Entwurf eines Gesetzes zur Kontrolle und Transparenz im Unternehmensbereich (KontraG), S. 15.

704 BT-Drucks. 13/9712, Gesetzentwurf der Bundesregierung, Entwurf eines Gesetzes zur Kontrolle und Transparenz im Unternehmensbereich (KontraG), S. 15.

705 BT-Drucks. 13/9712, Gesetzentwurf der Bundesregierung, Entwurf eines Gesetzes zur Kontrolle und Transparenz im Unternehmensbereich (KontraG), S. 15.

706 BT-Drucks. 13/9712, Gesetzentwurf der Bundesregierung, Entwurf eines Gesetzes zur Kontrolle und Transparenz im Unternehmensbereich (KontraG), S. 15.

707 *Braun/Wolfgarten*, in: Boos/Fischer/Schulte-Mattler, Kreditwesengesetz, § 25a, Rn. 157; vgl. hierzu insgesamt *Koch*, ZGR 2006, S. 184 ff.

708 *Koch*, ZGR 2006, S. 199.

709 BT-Drucks. 13/9712, Gesetzentwurf der Bundesregierung, Entwurf eines Gesetzes zur Kontrolle und Transparenz im Unternehmensbereich (KontraG), S. 15.

und die Überwachung dieser Maßnahmen erfolgen kann".[710] Des Weiteren geht der Gesetzgeber von einer Ausstrahlungswirkung dieser Neuregelung auf den Pflichtenrahmen der Geschäftsführer anderer Gesellschaftsformen aus[711]– wie auch immer eine solche „Ausstrahlungswirkung" aussehen soll.

Im Kern verlangt § 91 Abs. 2 AktG ein dem jeweiligen Unternehmen entsprechendes System zur Erkennung und Bewertung von Risiken, um dem Interesse an der Sicherung des Bestandes der Gesellschaften gerecht zu werden.[712] Bei der Einrichtung eines solchen Überwachungssystems steht den Geschäftsleitern der in § 93 Abs. 1 Satz 2 AktG postulierte unternehmerische Ermessensspielraum zur Verfügung, denn die Nennung einer Einrichtung eines Systems der Risikoüberwachung im Sinne von § 91 Abs. 2 AktG ist nur beispielhafter Natur.[713] § 91 Abs. 2 AktG verlangt geeignete Maßnahmen, „insbesondere" die Einrichtung eines Überwachungssystems.[714] Den Vorstand trifft demnach die Pflicht zur laufenden Überwachung und Kontrolle im Unternehmen.[715] Wie er dieser Pflicht aber nachkommt, bestimmt sich nach dem Einzelfall.[716] Für Kreditinstitute gilt eine Sonderregelung (§ 91 Abs. 2 AktG – § 25a KWG).[717] Für Kreditinstitute besteht gemäß §§ 91 Abs. 2 AktG i.V.m. § 25a KWG die zwingende Notwendigkeit, ein wirksames Risikomanagement nach § 25a KWG einzurichten.[718] Soweit die Bankvorstände kein wirksames, funktionsfähiges Risikomanagementsystem im Unternehmen eingerichtet haben, kann kaum angenommen werden, sie hätten vernünftigerweise auf Grundlage „angemessener Informationen" gehandelt.[719] In seiner aktuellen Fassung fordert § 25a KWG – der den Titel *Besondere organisatorische Pflichten von Instituten* trägt – von den Kreditinstituten (auszugsweise):

- Absatz 1:
  „[1]*Ein Institut muss über eine ordnungsgemäße Geschäftsorganisation verfügen, die die Einhaltung der vom Institut zu beachtenden gesetzlichen Bestimmungen und der*

710 BT-Drucks. 13/9712, Gesetzentwurf der Bundesregierung, Entwurf eines Gesetzes zur Kontrolle und Transparenz im Unternehmensbereich (KontraG), S. 15.

711 BT-Drucks. 13/9712, Gesetzentwurf der Bundesregierung, Entwurf eines Gesetzes zur Kontrolle und Transparenz im Unternehmensbereich (KontraG), S. 15.

712 *Spindler*, MüKo-AktG, § 91, Rn. 16.

713 *Spindler*, MüKo-AktG, § 91, Rn. 16, 17.

714 *Spindler*, MüKo-AktG, § 91, Rn. 16, 17.

715 *Spindler*, MüKo-AktG, § 91, Rn. 19.

716 *Spindler*, MüKo-AktG, § 91, Rn. 19.

717 *Hüffer*, Aktiengesetz, § 91, Rn. 8; *Preußner*, NZG 2008, S. 575.

718 *Preußner*, NZG 2008, S. 575.

719 So *Preußner*, NZG 2008, S. 575, unter Berufung auf *OLG Frankfurt am Main*, AG 2008, 453.

betriebswirtschaftlichen Notwendigkeiten gewährleistet. [...] ³Eine ordnungsgemäße Geschäftsorganisation muss insbesondere ein angemessenes und wirksames Risikomanagement umfassen, auf dessen Basis ein Institut die Risikotragfähigkeit laufend sicherzustellen hat; [...] ⁴Die Ausgestaltung des Risikomanagements hängt von Art, Umfang, Komplexität und Risikogehalt der Geschäftstätigkeit ab. ⁵Seine Angemessenheit und Wirksamkeit ist vom Institut regelmäßig zu überprüfen. ⁶Eine ordnungsgemäße Geschäftsorganisation umfasst darüber hinaus
1. angemessene Regelungen, anhand derer sich die finanzielle Lage des Instituts jederzeit mit hinreichender Genauigkeit bestimmen lässt; [...]"

- Absatz 2:
  „[1]*Ein Institut muss abhängig von Art, Umfang, Komplexität und Risikogehalt einer Auslagerung von Aktivitäten und Prozessen auf ein anderes Unternehmen, die für die Durchführung von Bankgeschäften, Finanzdienstleistungen oder sonstigen institutstypischen Dienstleistungen wesentlich sind, angemessene Vorkehrungen treffen, um übermäßige zusätzliche Risiken zu vermeiden.* [2]*Eine Auslagerung darf weder die Ordnungsmäßigkeit dieser Geschäfte und Dienstleistungen noch die Geschäftsorganisation im Sinne des Absatzes 1 beeinträchtigen.* [3]*Insbesondere muss ein angemessenes und wirksames Risikomanagement durch das Institut gewährleistet bleiben, welches die ausgelagerten Aktivitäten und Prozesse einbezieht. [...]*"

Der Gesetzgeber implementiert damit über das KWG zwingende qualitative Mindeststandards für das Risikomanagement der Kreditinstitute.[720] Insbesondere ergibt sich, dass die Kreditinstitute regelmäßig sogenannte Gesamtrisikoprofile zu erstellen haben, in der alle Ebenen des gesamten Instituts zu erfassen sind.[721] Insofern sind Worst-Case-Szenarien für die Risikoarten zu erstellen und in die Betrachtung mit einzubeziehen.[722] Allerdings dürfen hier nicht lediglich wahrscheinliche Szenarien Beachtung finden, sondern gerade auch ungewöhnliche oder seltene – noch nicht eingetretene Szenarien – sind zu erfassen.[723] Zudem wird in den Erläuterungen zu den MaRisk[724] in der neuen Fassung von 2010 klargestellt, dass

720 *Braun/Wolfgarten*, in: Boos/Fischer/Schulte-Mattler, Kreditwesengesetz, § 25a, Rn. 107.

721 *Braun/Wolfgarten*, in: Boos/Fischer/Schulte-Mattler, Kreditwesengesetz, § 25a, Rn. 129.

722 *Braun/Wolfgarten*, in: Boos/Fischer/Schulte-Mattler, Kreditwesengesetz, § 25a, Rn. 156.

723 *Braun/Wolfgarten*, in: Boos/Fischer/Schulte-Mattler, Kreditwesengesetz, § 25a, Rn. 156.

724 So in Anlage 1: Erläuterungen zu den MaRisk in der Fassung vom 15.12.2010 zu dem Rundschreiben 11/2010 (BA) – Mindestanforderungen an das Risikomanagement – MaRisk, der Bundesanstalt für Finanzdienstleistungsaufsicht vom 15.12.2010, Bonn/Frankfurt am Main, abgerufen unter: www.bafin.de.

- bei diesen Risikoinventuren auch Risiken aus außerbilanziellen Geschäftskonstruktionen (nicht konsolidierten Zweckgesellschaften (Teil I)) zu berücksichtigen sind;[725]
- weiterhin wird klargestellt, dass die Grundvoraussetzung für die Aufnahme neuer Geschäftsaktivitäten ist, dass das Institut die neuen Aktivitäten versteht;[726] und dass Konzepte und Aufnahme neuer Geschäftsaktivitäten einer dichten Kontrolle durch die zuständigen Geschäftsleiter zu unterliegen haben.[727]

Vorausgesetzt, dass sich bei Kapitalgesellschaften die Pflicht zu einem effektiven Risikomanagement aus der Vermögensbetreuungspflicht der Vorstände ergibt,[728] muss man davon ausgehen, dass sich diese Bestimmungen schon aus den Anforderungen des § 93 Abs. 2 AktG – *der Sorgfalt eines ordentlichen und gewissenhaften Geschäftsleiters* – ergeben, aber wohl nochmals konkreter Klarstellung bedurften.

Dass die Erfassung der Risiken aus den Geschäften mit den verschiedenen Kreditderivaten diesen Anforderungen genügten, lässt sich nicht annehmen:

- Entweder wurden die Risiken aus den Geschäften mit den Kreditrisiken, insbesondere die *Kreditrisiken*, nicht in einer *der Sorgfalt eines ordentlichen und gewissenhaften Geschäftsleiters* genügenden Weise erfasst. Damit wäre eine Pflichtverletzung der Vorstände gegeben. Ansonsten hätten frühzeitig diese Risiken abgebaut werden müssen. Oder die Risiken wurden gewissenhaft erfasst und die Anhäufung dieser Risiken wurde bewusst in Kauf genommen. Wie aber bereits dargestellt, stellt dies aufgrund des Ausmaßes der eingegangenen Risiken eine eigene Pflichtverletzung der Vorstände dar, da die Anforderungen an ein vernünftiges Risikomanagement nicht eingehalten wurden. Folglich ist eine unzureichende Risikosteuerung evident, und damit ist eine Pflichtverletzung gegeben. Der „sichere Hafen" der *business judgement rule* steht auch hier nicht zur Verfügung.
- Sofern sich eine mangelnde Beaufsichtigung der noch neuen „*CDO*-Abteilungen" (junge, ertragreiche Banker) ergäbe, würde auch hierin eine Pflichtverletzung zu

725 Vgl. auch *Braun/Wolfgarten*, in: Boos/Fischer/Schulte-Mattler, Kreditwesengesetz, § 25a, Rn. 129.

726 Vgl. *Braun/Wolfgarten*, in: Boos/Fischer/Schulte-Mattler, Kreditwesengesetz, § 25a, Rn. 422.

727 Vgl. *Braun/Wolfgarten*, in: Boos/Fischer/Schulte-Mattler, Kreditwesengesetz, § 25a, Rn. 430.

728 So auch *Koch*, ZGR 2006, S. 192.

sehen sein, denn der Ankauf von verbrieften Krediten kann nicht anders zu bewerten sein als die Vergabe von Krediten. Ein ausreichendes, mit einem engmaschigen Kontrollnetz für den neuen Geschäftsbereich ausgestattetes Risikomanagement wäre auch hier zu fordern gewesen, insbesondere unter dem Gesichtspunkt, dass es sich um einen gänzlich neuen Geschäftsbereich handelte. Wobei sich die Frage stellt, wer diesen Bereich eigentlich kontrollieren sollte, wenn niemand in der Lage war, ihn richtig zu durchdringen.

(d) Conclusio

- Mit der Teilhabe an internationalen Verbriefungsgeschäften haben die Banken, die nach ihren Satzungen dem Geschäftszweck der Förderung des Mittelstandes dienen, dem Geschäftszweck widersprechende Bankgeschäfte getätigt. Eine „*unternehmerische Entscheidung*" mit dem Eingang der fraglichen Engagements konnte nicht vorliegen; der „sichere Hafen" der *business judgement rule* steht nicht zur Verfügung. Somit stellen diese satzungswidrigen Geschäfte Pflichtverletzungen der Vorstände dar.
- Eine vorsätzliche „unrichtige Wiedergabe" oder „Verschleierung" der Verhältnisse der Gesellschaft durch die Nichtkonsolidierung der Zweckgesellschaften und Nichtbilanzierung der Liquiditätsfazilitäten ist unter Berücksichtigung der hohen verfassungsrechtlichen Hürde des Evidenzgebotes nicht anzunehmen.
- *Eine mit der Sorgfalt eines ordentlichen und gewissenhaften Geschäftsleiters im Sinne des* § 93 Abs. 2 AktG zu vereinbarende Erfassung der Risiken aus den Geschäften mit den verschiedenen Kreditderivaten lässt sich, zumindest bei erheblichem Engagement in diesem Bereich, kaum annehmen. Mithin wurden also entweder die Risiken aus den Geschäften mit den Kreditrisiken, insbesondere die *Kreditrisiken*, nicht in einer *der Sorgfalt eines ordentlichen und gewissenhaften Geschäftsleiters* genügenden Weise erfasst. Damit ist eine Pflichtverletzung der Vorstände gegeben. Es hätten frühzeitig Risiken abgebaut werden müssen oder die Risiken wurden nicht gewissenhaft erfasst bzw. die Anhäufung dieser Risiken wurde zumindest bewusst in Kauf genommen.

Diese Risikoanhäufung stellt im Fall der *IKB AG,* die 46 % des Gesamtvolumens in Verbriefungen investierte, schon aufgrund des Ausmaßes der eingegangenen Risiken eine gravierende Pflichtverletzung der Vorstände dar. Auch die mangelnde Beaufsichtigung der noch neuen „*CDO*-Abteilungen" ist als gravierende Pflichtverletzung der Vorstände im Sinne des § 93 AktG anzusehen.

(2) Handeln auf Basis angemessener Informationen

Da Ausgangspunkt des Haftungsfreiraumes der *business judgement rule* der Prozess der Entscheidungsfindung ist,[729] handelt es sich bei dem Tatbestandsmerkmal *auf Basis angemessener Informationen* um ein gewichtiges Merkmal. Die vorliegenden Informationen bilden die Grundlage eines jeden Entscheidungsprozesses. Daher wird von diesem Tatbestandsmerkmal die Forderung gestellt, dass die Geschäftsleiter annehmen konnten, ihre Handlungen erfolgten auf der Grundlage angemessener Informationen.[730] Hierin ist eine Orientierung des Gesetzgebers am Verhaltensmodell des *homo oeconomicus* zu erkennen:[731]

> „*Welche Intensität der Informationsbeschaffung im Sinne der Norm als angemessen anzusehen ist, ist anhand des Zeitvorlaufs, des Gewichts und der Art der zu treffenden Entscheidung und unter Berücksichtigung anerkannter betriebswirtschaftlicher Verhaltensmaßstäbe von dem Vorstand ohne groben Pflichtverstoß zu entscheiden.*“[732]

Dabei soll den Geschäftsleitern durch das Gesetz aber nicht generell vorgeschrieben werden, welche Informationen und wie viele sie einzuholen haben.[733] Sie müssen lediglich als angemessen anzusehen sein,[734] d.h. es wird eine sorgfältige, jeweils vom Einzelfall abhängige Informationsbeschaffung gefordert. Zudem sollten auch nicht standardmäßig externe Beratungsleistungen oder gar alle möglichen Informationen eingeholt werden müssen.[735] Der Vorstand hat also nicht den maximal möglichen Aufwand der Informationsbeschaffung unabhängig von der Entscheidungsbedeutung zu betreiben.[736] Er hat jedoch Rücksicht auf den zeitlichen und finanziellen Aufwand zu nehmen.[737] Dem Vorstand kommt bei der Informationsbeschaffung und Abwägung somit ebenfalls ein eigener, wenn auch nicht unerheblicher Ermessensspielraum zu.[738] Die Informationsauswahl muss „*aus Sicht eines ordentlichen Geschäftsleiters vertretbar erscheinen*“.[739] Bei eher routinemäßigen Entscheidungen mit relativ geringem Risiko sind die Informationspflichten

729 *Mertens/Cahn*, in: Kölner Kommentar zum AktG, § 93, Rn. 16.
730 BT-Drucks. 15/5092, S. 11.
731 Vgl. *Koch*, ZGR 2006, S. 197.
732 BT-Drucks. 15/5092, S. 12.
733 BT-Drucks. 15/5092, S. 12.
734 BT-Drucks. 15/5092, S. 12.
735 BT-Drucks. 15/5092, S. 12.
736 So auch *Mertens/Cahn*, in: Kölner Kommentar zum AktG, § 93, Rn. 33.
737 So auch *Mertens/Cahn*, in: Kölner Kommentar zum AktG, § 93, Rn. 33.
738 BT-Drucks. 15/5092, S. 12.
739 *Mertens/Cahn*, in: Kölner Kommentar zum AktG, § 93, Rn. 34.

des Vorstandes geringer einzustufen als bei bedeutenden, strategischen und risikobehafteten Entscheidungen, bei denen er sich umfassend informieren muss.[740]

Gegenüber dieser, an der Gesetzesbegründung angelegten, Auslegung der Voraussetzungen formuliert der zweite Senat des *Bundesgerichtshofes in Zivilsachen*[741] in neuerer Rechtsprechung wesentlich weitergehend, dass

> „*eine Haftungsprivilegierung eines Geschäftsführers [...] im Rahmen des ihm zustehenden unternehmerischen Ermessens voraussetzt, dass das unternehmerische Handeln auf einer sorgfältigen Ermittlung der Entscheidungsgrundlagen beruht; das erfordert, dass er in der konkreten Entscheidungssituation alle verfügbaren Informationsquellen tatsächlicher und rechtlicher Art ausschöpft und auf dieser Grundlage die Vor- und Nachteile der bestehenden Handlungsoptionen sorgfältig abschätzt und den erkennbaren Risiken Rechnung trägt* [Hervorhebungen durch Verfasser]“.[742]

Der *Bundesgerichtshof* fordert entgegen der Gesetzesbegründung, dass „*Geschäftsleiter in ihrer konkreten Entscheidungssituation alle verfügbaren Informationsquellen tatsächlicher und rechtlicher Art ausschöpfen*“, um auf dieser Grundlage zu entscheiden. Somit legt er den Maßstab der notwendigen Informationsbeschaffung erheblich höher an, als es der Gesetzgeber in seiner Begründung für erforderlich hielt. Allerdings wird auch von der niedriger angesetzten Pflichtenanforderung des Gesetzgebers gefordert, dass eine Informationsauswahl vertretbar und angemessen sein muss.

Vertretbar ist eine Informationsauswahl nach beiden Maßstäben dann nicht, wenn ein Bankvorstand ohne eine ausreichende Ermittlung der Kreditwürdigkeit des Schuldners über Kredite entscheidet.[743] Die Gewährleistung der sorgfältigen Prüfung der Kreditwürdigkeit der Kunden ist zentrale unternehmerische Vorstandspflicht.[744] Dieser Maßstab muss auch gelten, wenn der Bankvorstand den Ankauf von Wertpapieren zulässt, ohne dass die Bank in der Lage ist, die mit diesen Wertpapieren verbundenen Risiken selbst, aus eigenem Wissen einzuschätzen.[745] Ein Unterschied zwischen der nicht ausreichenden Ermittlung der Kreditwürdigkeit eines Schuldners und der anschließenden Vergabe von Krediten sowie dem Ankauf von Kreditrisiken zum Zwecke der Anlage, ohne diese Risiken ausreichend selbst zu kennen bzw. ermitteln zu können, besteht im Kern

---

740 Vgl. auch *Bosch/Lange*, JZ 2009, S. 225, 231; *Mertens/Cahn*, in: Kölner Kommentar zum AktG, § 93, Rn. 34.

741 *BGH*, Beschluss vom 14.7.2008 – II ZR 202/07 = *BGH*, NJW 2008, 3361 ff.

742 *BGH*, NJW 2008, 3361.

743 *Mertens/Cahn*, in: Kölner Kommentar zum AktG, § 93, Rn. 86.

744 *Mertens/Cahn*, in: Kölner Kommentar zum AktG, § 93, Rn. 86.

745 So auch *Mertens/Cahn*, in: Kölner Kommentar zum AktG, § 93, Rn. 34.

nicht. Es geht jeweils um den Mangel an Informationen über die hinter dem Engagement stehenden Risiken.

In einer solchen Entscheidungssituation müssen alle verfügbaren Informationsquellen tatsächlicher und rechtlicher Art ausgeschöpft werden, wenn sich aus dem Erwerb der Wertpapiere unabschätzbare und aufgrund des Umfangs der Engagements evtl. sogar existenzbedrohende Risiken ergeben könnten. Soweit sich aber eine Unberechenbarkeit der evtl. sogar existenzbedrohenden Risiken abzeichnet, ist die Frage umso brisanter, ob in solche Risiken überhaupt investiert werden darf. Dann widerspräche schon der Erwerb von Wertpapieren mit einer nahezu undurchschaubaren Risikostruktur den Regeln einer sorgfältigen Unternehmensleitung.[746]

(a) Komplexität der Regelungen – Mangelnde Informiertheit

Schon die Komplexität der internationalen Verbriefungsgeschäfte macht die Beurteilung der Geschäfte schwierig. Betrachtet man das oben zur Verdeutlichung der Struktur der Teilhabe deutscher Banken an den internationalen Verbriefungsgeschäften dargestellte Schaubild (Abbildung 10: Vom amerikanischen Schuldner bis zum deutschen Aktionär am Beispiel der *IKB AG)*, so zeigt sich die hohe Komplexität schon allein in der Grundstruktur dieser Geschäfte. Führt man sich vor Augen, dass zu dieser Grundstruktur noch mindestens ebenso komplexe rechtliche diffizile Bedingungen in englischer Sprache hinzu kamen,[747] fragt man sich, wie es den handelnden Bankern überhaupt möglich war, diese Geschäfte sinnvoll zu überblicken.

Die meisten Banken waren offensichtlich nicht in der Lage, die Risiken von *CDOs* selbst zu berechnen bzw. zu überschauen, denn eine Monopolisierung des Wissens durch einige wenige Anbieter dieser Produkte war evident (vgl. hierzu bereits Teil 1, D.). Hinzu kommt, dass man – nach *Lutter* – wohl davon ausgehen kann, dass keiner der handelnden Banker die 300- bis 400-seitigen Verträge in englischer Sprache je gelesen und ausreichend studiert hat.[748] Die höchst komplexen Verträge enthielten unter anderem solche Klauseln, nach denen die emittierenden amerikanischen Gesellschaften bei im Bestand der deutschen Banken befindlichen Kreditpools Darlehen aus diesem Bestand herausnehmen und dafür andere – auch schlechtere – hineingeben durften und konnten.[749] Von dieser

746 So *Mertens/Cahn*, in: Kölner Kommentar zum AktG, § 93, Rn. 91.
747 *Lutter*, ZIP 2009, S. 198.
748 *Lutter*, ZIP 2009, S. 198.
749 *Lutter*, ZIP 2009, S. 198.

Möglichkeit sei vor allem, als es den amerikanischen *Subprime*-Krediten immer schlechter ging, reichlich Gebrauch gemacht worden: „*gute raus und schlechte rein*".[750] Aus diesem Umstand folgert *Lutter*, dass die handelnden Banker mit diesen Verträgen überfordert waren und gar nicht verstanden, welche Risiken sie sich in ihre Wertpapierportfolios einkauften.

Daraus folgt, dass die Banker, hätten sie diese Vertragsgestaltungen und damit bereits die evidenten Risiken des Darlehenstausches erfasst, diese nicht eingegangen wären. Zwar ist davon auszugehen, dass die Banken die Risiken der getätigten Engagements nicht richtig überblickt haben, ob dies jedoch an einem mangelnden Verständnis oder sogar dem Ignorieren der Verträge gelegen hat, ist akademisch nicht zu klären; dies setzt forensische Aufklärung voraus.

Obwohl der Einwand *Lutters* nicht von der Hand zu weisen ist, spricht jedoch einiges dafür, dass es den Vorständen wegen der übermäßigen Komplexität und Intransparenz des Verbriefungssegments nicht gelungen ist, sich den Durchblick zu verschaffen und sie sich daher auf die externen Bewertungen der Ratingagenturen verlassen haben.[751] Festzuhalten ist somit, dass die Vorstände Entscheidungen ohne fundierte Informationen trafen. Sie schätzten die Risiken der eingegangenen Engagements infolge dieses Informationsdefizites jedenfalls nicht ausreichen ein. Das Eingehen dieser Engagements stellt aufgrund der mangelnden Informiertheit, begründet auf der schwer zu durchschauenden Risikostruktur, eine Pflichtverletzung der Vorstände dar. Der „sichere Hafen" der *business judgement rule* ist folglich nicht gegeben.

(b) Verlass auf Ratings

Der Literatur ist zu entnehmen, dass viele Investoren sich bei ihren Entscheidungen nur noch auf die Ratings der drei großen Ratingagenturen verließen, ohne selbst die komplexen Finanzprodukte zu durchdringen.[752] Insofern könnten Bankvorstände sich theoretisch darauf berufen, dass die Pflicht zur eigenen Information entfalle, das diese Informationsbeschaffung bereits durch die Ratingagentur stattgefunden habe und sich in deren Ratingergebnis aus drücke.[753] Dieses ausschließliche Vertrauen in die Ratings der Agenturen könnte indes pflichtwidrig sein, denn die Vorstände haben die Gesellschaften unter eigener Verantwortung zu leiten (§ 76 Abs. 1 AktG) bzw. ihre Entscheidungen auf Basis einer angemessenen Informationsgrundlage zu

750 *Lutter*, ZIP 2009, S. 198.
751 Vgl. *OLG Düsseldorf*: Beschluss vom 09.12.2009 – I-6 W 45/09, 6 W 45/09 (II., 2., b., bb.).
752 *Möllers*, JZ 2009, S. 862.
753 *Lutter*, ZIP 2009, S. 199.

treffen (§ 93 Abs. 2 AktG). Zudem stellen auch die MaRisk[754] in der neuen Fassung von 2010 klar: „*Die Grundvoraussetzung für die Aufnahme neuer Geschäftsaktivitäten ist, dass das Institut die neuen Aktivitäten versteht.*“[755]

Die Vorstände hätten also die Ratings der mächtigen Ratingagenturen[756] zum einen nicht einfach unkritisch hinnehmen dürfen, denn es gab evident zu Tage tretende Anhaltspunkte für angebrachte Zweifel an diesen Bewertungen. Besonders hervorzuheben sind die Folgenden:

- Die Ratingagenturen haben *CDO-Papiere* erstklassig mit AAA bewertet, obwohl sie sich aus *Subprime*-Hypotheken und damit aus der risikoreichsten Klasse von amerikanischen Hypotheken überhaupt zusammensetzten.[757] Hier hätte auffallen müssen, dass diese von den nicht haftenden Zweckgesellschaften herausgegebenen Papiere über die risikoreichste Klasse von amerikanischen Hypothekenforderungen wohl kaum derselben Qualität wie AAA geratete Schuldverschreibungen sein konnten, hinter denen namhafte Unternehmen wie *Daimler*, *General Electric* oder Länder wie die *Bundesrepublik Deutschland* standen.[758]
- Den Ratingagenturen mangelte es offensichtlich an Unabhängigkeit.[759] Zum einen werden die Agenturen in der Regel von den Emittenten – also den emittierenden Banken selbst – für ihre Ratingtätigkeit bezahlt.[760] Dadurch ergibt sich schon ein ganz offensichtlicher Interessenkonflikt. Zum anderen waren die

---

754 Rundschreiben 11/2010 (BA) vom 15.12.2010, An alle Kreditinstitute und Finanzdienstleistungsinstitute in der Bundesrepublik Deutschland – Mindestanforderungen an das Risikomanagement – MaRisk.

755 *Braun/Wolfgarten*, in: Boos/Fischer/Schulte-Mattler, Kreditwesengesetz, § 25a, Rn. 422; Rundschreiben 11/2010 (BA) vom 15.12.2010, An alle Kreditinstitute und Finanzdienstleistungsinstitute in der Bundesrepublik Deutschland – Mindestanforderungen an das Risikomanagement – MaRisk, AT 8, Satz 1

756 Vgl. *Bloss/Ernst/Häcker/Eil*, S. 87, 100; Schlaglichter der Wirtschaftspolitik – Monatsbericht des *BMWi* Dezember 2010: „Machtvolle Berater“, S. 10.

757 Vgl. auch *Bloss/Ernst/Häcker/Eil*, S. 87.

758 *Lutter*, ZIP 2009, S. 199.

759 *De Larosiere*, S. 10; *Schön/Cortez*, IRZ 2009, S. 16 f.; *Blaurock*, ZGR 2007, S. 604; *Bloss/ Ernst/Häcker/Eil*, S. 99 f.; Schlaglichter der Wirtschaftspolitik – Monatsbericht des *BMWi* Dezember 2010: „Machtvolle Berater“, S. 10 f.

760 *De Larosiere*, S. 10; *Schön/Cortez*, IRZ 2009, S. 16 f.; *Blaurock*, ZGR 2007, S. 604; *Bloss/ Ernst/Häcker/Eil*, S. 99 f.; Schlaglichter der Wirtschaftspolitik – Monatsbericht des *BMWi* Dezember 2010: „Machtvolle Berater“, S. 10 f.

Ratingagenturen bei dem sogenannten *indicative Rating* an der Entwicklung der Papiere selbst beteiligt.[761]

- Es handelt sich zudem um neu erschaffene, „moderne" Produkte mit neuer Risikostruktur.[762] Aufgrund bisheriger Erfahrungswerte konnten die Risiken der einzelnen Kredite zwar erfasst werden.[763] Aber mangels äquivalenter Werte wurde weder von den Ratingagenturen noch von den Banken der Ausfall des gesamten Kreditmarktes – also das systemische Risiko – ausreichend erfasst und eingeschätzt.[764] Dieses systemische Risiko wurde bis zum Jahr 2007 nicht erkannt.[765] Insbesondere hätte bei einem genaueren Blick auf den Markt der US-amerikanischen Immobilienhypotheken, mit denen gehandelt wurde, auffallen müssen, dass ein solcher dauerhafter Anstieg der Immobilienpreise wie im Zeitraum von 1997 bis 2008 um 85 % (vgl. Abbildung 4), der schließlich die Basis für die neuen Papiere bildete, nicht unbegrenzt progressiv weiter gehen konnte. Mithin hätte von vornherein ersichtlich sein müssen, dass eine alleinige Bewertung bei den neu strukturieren Kreditrisikoprodukten nicht ausreichen kann und ein AAA-Rating damit höchst zweifelhaft war.

Zum anderen hätten sich die Banken und damit die Vorstände – auf Grund ihrer Informationsbeschaffungs- und eigenständigen Leitungspflicht – selbst intensiv mit diesen Geschäften auseinandersetzen müssen. Wären sie dabei nun zu dem Schluss gekommen, diese Geschäfte nicht ausreichend durchdringen zu können, hätten sie diese nicht eingehen dürfen, denn schon der Erwerb von Wertpapieren mit einer für die Bank nahezu undurchschaubaren Risikostruktur widerspricht den Regeln einer sorgfältigen Unternehmensleitung.[766]

Das Eingehen dieser Engagements primär wegen des positiven Ratings stellt eine weitere Pflichtverletzung der Vorstände dar. Einerseits ist eine Entscheidung des Vorstandes auf Basis angemessener Informationen nicht getroffen worden, andererseits hat der Vorstand eine wesentliche Leitungsentscheidung, die er kraft eigener Verantwortung wahrzunehmen hat,[767] aus der Hand gegeben. Der „sichere Hafen" der *business judgement rule* kann folglich nicht gegeben sein.

---

761 *Sinn*, S. 145; *Möllers*, JZ 2009, S. 862, 864; *Schön/Cortez*, IRZ 2009, S. 16.

762 Vgl. *Münchau*, S. 142.

763 Vgl. *Münchau*, S. 142.

764 Vgl. *Münchau*, S. 142.

765 Vgl. *Münchau*, S. 142.

766 So *Mertens/Cahn*, in: Kölner Kommentar zum AktG, § 93, Rn. 91.

767 *Mertens/Cahn*, in: Kölner Kommentar zum AktG, § 76, Rn. 4.

(c) Conclusio

Das Ankaufen der *CDO*-Papiere stellt wegen der nahezu undurchschaubaren Risikostruktur eine Pflichtverletzung der Vorstände dar. Darüber hinaus ist auch das Verlassen auf positive Ratings der Agenturen als verfehlt anzusehen.[768] Vorstände haben damit auch ihre Pflichten verletzt, denn ein Handeln auf Basis angemessener Informationen erfolgte nicht und Vorstände haben eine wesentliche Leitungsentscheidung, die kraft eigener Verantwortung wahrgenommen werden muss,[769] aus der Hand gegeben. Der „sichere Hafen" der *business judgement rule* ist folglich nicht gegeben.

(3) Handeln ohne Sonderinteressen und sachfremde Einflüsse

Als weiteres Tatbestandsmerkmal der *business judgement rule* wird ein Handeln ohne Sonderinteressen und sachfremde Einflüsse gefordert. Das bedeutet, dass das Handeln des Vorstandes unbeeinflusst von Interessenkonflikten, Fremdeinflüssen und ohne unmittelbaren Eigennutz sein muss.[770] Dieses Tatbestandsmerkmal wird von § 93 AktG zwar nicht explizit gefordert, jedoch ergibt es sich implizit aus dem Merkmal *„Handeln zum Wohle der Gesellschaft"*, das an sich schon einen unbefangenen und unabhängigen Geschäftsleiter voraussetzt.[771] Bei der Erfüllung seiner Aufgaben sollen eigene Interessen der Geschäftsleiter außen vorbleiben bzw. mit denen der Gesellschaft gleichlaufen.[772] Soweit also Kongruenz zwischen dem Wohle der Gesellschaft und dem Interesse des Geschäftsleiters besteht – sein Handeln für die Gesellschaft also zugleich zu seinem eigenen Vorteil gereicht –, wird sein Handeln zum Wohle der Gesellschaft auch zu einem Handeln zu seinem eigenen Wohle.

Ein solches eigenes Interesse wird nicht nur als legitim angesehen[773], vielmehr wird gerade auch versucht, einen solchen Gleichlauf der Interessen mittels leistungsorientierter Sonderzahlungen (sogenannter *Boni*)[774] herzustellen.[775] Das Interesse des Geschäftsleiters lässt sich insoweit also mittelbar aus dem Wohl der Gesellschaft ableiten und dies wiederum fördert das Wohl der Gesellschaft. Allerdings ist

---

768 So auch *Lutter*, ZIP 2009, S. 199.
769 *Mertens/Cahn*, in: Kölner Kommentar zum AktG, § 76, Rn. 4.
770 BT-Drucks. 15/5092, S. 11; so auch schon BGHZ 135, 253.
771 BT-Drucks. 15/5092, S. 11.
772 *Mertens/Cahn*, in: Kölner Kommentar zum AktG, § 93, Rn. 26.
773 BT-Drucks. 15/5092, S. 11.
774 *Fleischer*, ZIP 2004, S. 691.
775 *Mertens/Cahn*, in: Kölner Kommentar zum AktG, § 93, Rn. 26.

auch bei diesem Gleichlauf darauf zu achten, dass das Interesse an den *Boni* nicht überhand nimmt, und damit eine Grenze überschritten wird, bei deren Überschreiten nicht mehr von einer Förderung des Wohles der Gesellschaft gesprochen werden kann. Denn werden Geschäfte nur noch primär mit Blick auf die Steigerung der eigenen Bonusleistungen und damit wirtschaftlich unvernünftige Geschäfte getätigt, die die Existenz der Gesellschaft gefährden, liegen Geschäfte zum Unwohl der Gesellschaft vor. In solchem Fall ist es offensichtlich, dass sich der Geschäftsleiter primär von dem sachfremden Einfluss der eigenen Einkommenssteigerung leiten lässt und nicht primär von dem Wohl der Einkommenssteigerung der Gesellschaft. Ein übersteigertes egoistisches Handeln, das die Interessen der Gesellschaft hintanstellt, kann nicht mehr als mit der *business judgement rule* vereinbar angesehen werden. Ein Ermessensspielraum für solche Geschäfte steht nicht zur Verfügung. Allerdings kann ein solcher Vorrang des eigenen Interesses von Geschäftsleitern lediglich in extremen, evident zu Tage tretenden Fällen angenommen werden.

Inwiefern ein Handeln aufgrund von Sonderinteressen und sachfremden Einflüssen erfolgte, ist aus der im Teil 1 beschriebenen Struktur nicht klärbar. Unter Berücksichtigung der dargestellten Problematik sind die Bonussysteme der Unternehmen allerdings kritisch zu hinterfragen. Ohne tatsächliche Anhaltspunkte ist insoweit ein Handeln frei von Interessenkonflikten im Sinne der *business judgement rule* anzunehmen.

(4) Handeln zum Wohle der Gesellschaft

Weiter muss jedes einzelne Vorstandsmitglied bei seiner Entscheidung davon ausgehen („annehmen dürfen"), zum Wohle der Gesellschaft zu handeln.[776] Wobei es hier

- erstens auf das ex-ante angestrebte Wohl der Gesellschaft und nicht auf das ex-post erkannte Unwohl der Gesellschaft ankommt und
- zweitens aufgrund der Formulierung „annehmen dürfen" eine objektive Plausibilität gegeben sein musste.[777]

Mit dem Wohl der Gesellschaft ist also ein Handeln gemeint, das der langfristigen Ertragsstärkung und Wettbewerbsfähigkeit des Unternehmens und seiner Produkte oder Dienstleistungen dient.[778] Die Geschäftsleiter dürfen insofern nicht einem sogenannten Gebot der *wirtschaftlichen Vernunft* zuwider handeln.[779]

776 BT-Drucks. 15/5092, S. 11.
777 BT-Drucks. 15/5092, S. 11; *Mertens/Cahn*, in: Kölner Kommentar zum AktG, § 93, Rn. 23.
778 BT-Drucks. 15/5092, S. 11.
779 Vgl. so *Koch*, ZGR 2006, S. 197.

Voraussetzung einer langfristigen Ertragsstärkung und Wettbewerbsfähigkeit ist der dauerhafte Erhalt – die Existenz – des Unternehmens. Daraus folgt ganz klar, dass ein Vorstand nicht annehmen darf, zum Wohl der Gesellschaft zu handeln, wenn er durch das Eingehen existenzgefährdender Risiken, deren Eintritt nicht fern jeglicher Wahrscheinlichkeit liegt, die Existenz der Gesellschaft an sich aufs Spiel setzt.[780] Als vermeintliche Ausnahme gilt lediglich der ansonsten drohende sofortige Existenzverlust.[781] Wobei dieser Fall keine wirkliche Ausnahme darstellt, da mit der Eingehung des existenzgefährdenden Risikos eine, wenn auch geringe, Chance für den langfristigen Erhalt der Gesellschaft wahrgenommen wird. Würde der Vorstand dieses Risiko bei drohendem sofortigem Existenzverlust nicht eingehen, wäre die unternehmerische Tätigkeit der Gesellschaft sofort beendet.

Risiken, die im Falle ihrer Realisierung den Bestand des Unternehmens gefährden, darf ein Vorstand als ordentlicher und gewissenhafter Geschäftsleiter folglich für gewöhnlich nicht eingehen, denn diese Risiken dienen nicht dem Wohl der Gesellschaft. Dies muss insofern auch gelten, wenn das Eingehen eines außergewöhnlichen Risikos zwar mit großer Wahrscheinlichkeit einen günstigen Ausgang erwarten lässt, ein wider dieses Erwarten negatives Risiko jedoch einschneidende Folgen für das Ergebnis der Gesellschaft haben oder gar die Existenz der Gesellschaft bedrohen könnte.[782] Soweit sich also existenzbedrohende Risiken abzeichnen, widerspricht es demnach den Regeln einer sorgfältigen Unternehmensleitung, in diese zu investieren. Ein Handeln zum Wohle der Gesellschaft kann in einem solchen Falle nicht angenommen werden.

(a) Das bewusste Eingehen existenzgefährdender Risiken

Nimmt man entgegen der unter Teil 2, C.II.2.d.(2) getroffenen Feststellung an, dass es den Vorständen nicht an ausreichend fundierten Informationen fehlte, sie also die Risiken der eingegangenen Engagements sicher und präzise hätten einschätzen

---

780 *Mertens/Cahn*, in: Kölner Kommentar zum AktG, § 93, Rn. 24; *Lutter*, ZIP 2009, S. 199; *Lutter*, FS-Canaris, S. 246; *Paeffgen*, AG 2004, S. 255; *Brüning/Samson*, ZIP 2009, S. 1092; *OLG Düsseldorf*, ZIP 2010, S. 32; *Florstedt*, AG 2010, S. 323.; *Spindler*, in: MüKo-AktG, § 93, Rn. 25; *Fleischer*, in: Spindler/Stilz, AktG, § 93, Rn. 75; *Hölters*, in: Hölters AktG, § 93, Rn. 32; *Semler*, FS-Ulmer, 2003, S. 635; *Jungmann*, FS-K. Schmidt, 2009, S. 839, Fn. 53; *Kock/Dinkel*, NZG 2004, S. 443; *Hopt*, Großkommentar-AktG, § 93, Rn. 82; *Kort*, Großkommentar-AktG, § 76, Rn. 51; so auch die Rspr. bereits vor Einführung der *business judgement rule*: BGHZ 135, 253; 69, 213 ff.; *OLG Jena*, NZG 2001, 87; anderer Ansicht sind: *Oltmanns*, S. 247 f.; *Schlimm*, S. 328; *Westermann/Paefgen*, JZ 2008, S. 989; *Bosch/Lange*, JZ 2009, S. 231; *Böttcher*, NZG 2009, S. 1049, 1050.

781 *Hölters*, in: Hölters AktG, § 93, Rn. 32.

782 So auch *Mertens/Cahn*, in: Kölner Kommentar zum AktG, § 93, Rn. 87.

können, und wäre somit das Eingehen dieser Engagements nicht auf einer mangelhaften Informationsgrundlage erfolgt, sondern die undurchschaubare Risikostruktur durchschaut worden, so könnte dieser Umstand, dass die Vorstände diese Risiken trotz oder gerade wegen dieser Kenntnis eingingen, ausreichen, um eine Pflichtverletzung zu begründen. Denn durch die eingegangenen Risiken bestand eine Bedrohung des Bestandes und der dauerhaften Rentabilität der von ihnen gelenkten Unternehmen.

Nach der Rechtsprechung darf ein Vorstand als ordentlicher und gewissenhafter Geschäftsleiter Risiken, die im Falle ihrer Realisierung den Bestand des Unternehmens gefährden, nicht eingehen.[783] Es besteht jedoch kein aktienrechtliches Gebot der Risikominimierung.[784] Risiko- und Spekulationsgeschäfte sind Aktiengesellschaften nicht verboten.[785] Zudem ist unternehmerisches Handeln in einer freien Marktwirtschaft rein ohne Risiko nicht möglich.[786] Allerdings kann das Eingehen von Risiken, das zwar mit großer Wahrscheinlichkeit einen günstigen Ausgang erwarten lässt, ein durch dessen theoretisch möglichen negativen Ausgang für die „ökonomische Basis“[787] der Gesellschaft nicht als sorgfältig und vernünftig angesehen werden.[788]

Die Vorstände von Kreditinstituten müssen aber dem Umstand Rechnung tragen, dass ihren Geldhäusern, die mit geringem Eigenkapital ausgestattet sind, in besonders hohem Maße Vermögenswerte anvertraut sind und dass der Zusammenbruch einer Bank eine außergewöhnliche volkswirtschaftliche Gefahr darstellt. Die Risikominimierung ist daher unter Beachtung der im Kreditwesengesetz zum Ausdruck kommenden Wertungen des Gesetzgebers eine zentrale unternehmerische Vorstandspflicht.[789]

---

783 BGHZ 135, 244, 253; 69, 207, 213 ff.; *OLG Jena,* NZG 2001, 86, 87.

784 *Empt*, KSzW 2010, 109.

785 *Spindler*, in: MüKo-AktG, § 93, Rn. 50.

786 So auch *Lutter*, ZIP 2009, S. 841.

787 *Krey*, in: FS-Roxin, S. 1074.

788 *Mertens/Cahn*, in: Kölner Kommentar zum AktG, § 93, Rn. 24; *Krey*, FS-Roxin, S. 1074; *Lutter*, ZIP 2009, S. 199; *Lutter*, FS-Canaris, S. 246; *Paefgen*, AG 2004, S. 255; *Brüning/Samson*, ZIP 2009, S. 1092; *OLG Düsseldorf*, ZIP 2010, 32; *Florstedt,* AG 2010, S. 323.; *Spindler*, in: MüKo-AktG, § 93, Rn. 25; *Fleischer*, in: Spindler/Stilz, AktG, § 93, Rn. 75; *Hölters,* in: Hölters AktG, § 93, Rn. 32; *Semler*, FS-Ulmer, 2003, S. 635; *Jungmann*, FS-K. Schmidt, S. 839, Fn. 53; *Kock/Dinkel*, NZG 2004, S. 443; *Hopt*, Großkommentar-AktG, § 93, Rn. 82; *Kort*, Großkommentar-AktG, § 76, Rn. 51; so auch die Rspr. bereits vor Einführung der *business judgement rule*: BGHZ 135, 253; 69, 213 ff.; *OLG Jena,* NZG 2001, S. 87; anderer Ansicht sind: *Oltmanns*, S. 247 f.; *Schlimm*, S. 328; *Westermann/Paefgen*, JZ 2008, S. 989; *Bosch/Lange*, JZ 2009, S. 231; *Böttcher*, NZG 2009, S. 1049, 1050.

789 *Mertens/Cahn*, in: Kölner Kommentar zum AktG, § 93, Rn. 86.

Das Eingehen existenzgefährdender Risiken begründet stets eine Pflichtverletzung der Vorstände. Ein Handeln des Vorstandes zum Wohle der Gesellschaft ist mithin abzulehnen, sofern er bewusst existenzgefährdende Risiken eingeht. Das Eingehen dieser Risiken widerspricht dem *Gebot der wirtschaftlichen Vernunft*.[790] Der „sichere Hafen" der *business judgement rule* kann wiederum nicht zur Verfügung stehen.

(b) *Fristentransformation* (goldene Bankregel)

Der Umstand, dass die Zweckgesellschaften im Wesentlichen den Effekt der *Fristentransformation* zur Gewinnerzielung ausnutzten,[791] könnte ebenfalls ausreichen, um eine Pflichtverletzung der Geschäftsleiter zu begründen. *Fristentransformation* bezeichnet die Finanzierung langfristiger Engagements durch kurzfristige Geschäfte.[792] Weil die Zweckgesellschaften nicht bilanziert oder besichert waren, konnten die Geschäfte in der Regel mit sehr hohen Volumina vorgenommen werden, um die Gewinnmarge zu steigern.[793] Allerdings ist das erhebliche Risiko dieser Anlage offensichtlich: Sobald die Zinssätze der kurzfristigen Refinanzierung über das Niveau der langfristigen Engagements steigen, werden Verluste realisiert. Daher hat sich im Bankgeschäft schon frühzeitig, *„seit eh und jeh"*,[794] die sogenannte *goldene Bankregel* herausgebildet, die besagt, dass langfristige Engagements nicht lediglich kurzfristig finanziert werden dürfen.[795] Denn ohne ausreichende Kontrolle, Planung und Überblick über die meist verschiedenen Laufzeiten können Liquiditätsengpasse entstehen[796] und, wie geschehen, erhebliche Verluste realisiert werden.

Diese *goldene Bankregel* bildete sich aus den Erfahrungen aus der Bankenkrise von 1931.[797] In § 11 KWG 1961 wurde letztendlich die bis heute dort verankerte Sicherung der dauerhaften Liquidität der Institute verankert.[798] Ausgehend von dieser Norm veröffentlichte das *Bundesaufsichtsamt für das Kreditwesen* verschiedene Grundsätze für das Bankgeschäft, darunter – unter Zugrundelegung der *goldenen Bankregel* – den Grundsatz II. Dieser besagt, dass langfristige Aktiva

790 Vgl. so auch *Koch*, ZGR 2006, S. 197.

791 *Sachverständigenrat* Gutachten 2007/2008, S. 93 f., mit Bsp. zur *IKB AG* S. 130; *Sinn*, S. 66, 169.

792 Vgl. *Sinn*, S. 169.

793 Vgl. *Sinn*, S. 169.

794 So *Lutter*, ZIP 2009, S. 199.

795 So *Lutter*, ZIP 2009, S. 199.

796 *Zeranski*, in: Boos/Fischer/Schulte-Mattler, Kreditwesengesetz, Vorbemerkung, Rn. 9.

797 *Zeranski*, in: Boos/Fischer/Schulte-Mattler, Kreditwesengesetz, Vorbemerkung, Rn. 9.

798 *Zeranski*, in: Boos/Fischer/Schulte-Mattler, Kreditwesengesetz, Vorbemerkung, Rn. 9.

auch langfristig finanziert werden sollen, wobei der Grundsatz II in begrenztem Umfang *Fristentransformationen* zuließ.[799] Mit der Modernisierung des Aufsichtsrechts wurde dieser Grundsatz II im Wesentlichen unverändert als Standardsatz in die neue Liquiditätsverordnung übernommen.[800] Die Liquiditätsverordnung trat am 1. Januar 2007 in Kraft, wobei der bislang gültige Grundsatz II bis Ende 2007 angewendet werden durfte.[801] Der neue § 2 der Liquiditätsverordnung verlangt ebenfalls unter Zugrundelegung der *goldenen Bankregel,* dass die Institute zur Erfüllung ihrer kurzfristigen Zahlungsverpflichtungen stets im ausreichenden Umfang Zahlungsmittel zur Verfügung haben.[802] Zwar ist auch nach der neuen Liquiditätsverordnung ein gewisser Umfang an *Fristentransformation* möglich, allerdings gibt § 2 der Liquiditätsverordnung ein ausgeklügeltes Kategorisierungs- und Berechnungsmodell vor, anhand dessen sich sogenannte Kennzahlen errechnen lassen, um Auskunft über die aktuelle Liquiditätslage zu erhalten.[803] Dieses Standardverfahren sorgt dafür, dass stets ausreichend liquide Mittel vorhanden sind, indem es einen Kennzahlgrenzwert von mindestens 1 vorgibt, der an jedem Geschäftstag der Institute nicht unterschritten werden darf.[804]

Vorliegend ist der Grundsatz II oder die Liquiditätsverordnung zwar nicht direkt auf die einzelnen Zweckgesellschaften anwendbar; es handelte sich hierbei nicht um Institute im Sinn der Verordnungen. Allerdings darf ein Vorstand bei seiner Entscheidung, hohe Volumina von Geschäften zu tätigen, die den Effekt der *Fristentransformation* ohne Kontrolle und Sicherung nutzten, kaum annehmen dürfen, zum Wohle der Gesellschaft zu handeln, wenn er diese Geschäfte über Liquiditätslinien seines Instituts absichert. Bei einem Missglücken greifen diese direkt auf das Eigenkapital der Institute durch, als hätten diese die Geschäfte direkt getätigt (ohne Umweg über die Zweckgesellschaften). In Anlehnung an die Formulierung „annehmen dürfen", muss schon die geforderte objektive Plausibilität[805] dieses Vorhabens in Zweifel gezogen werden. Die mit dem Wohl der Gesellschaft geforderte langfristige Ertragsstärkung und Wettbewerbsfähigkeit des Unternehmens[806] konnte mit diesen Geschäften von vorneherein also nur solange

799 *Zeranski*, in: Boos/Fischer/Schulte-Mattler, Kreditwesengesetz, Vorbemerkung, Rn. 9.
800 *Zeranski*, in: Boos/Fischer/Schulte-Mattler, Kreditwesengesetz, Vorbemerkung, Rn. 11.
801 *Zeranski*, in: Boos/Fischer/Schulte-Mattler, Kreditwesengesetz, Vorbemerkung, Rn. 34.
802 *Zeranski*, in: Boos/Fischer/Schulte-Mattler, Kreditwesengesetz, § 2 LiqV, Rn. 1.
803 *Zeranski*, in: Boos/Fischer/Schulte-Mattler, Kreditwesengesetz, § 2 LiqV, Rn. 5.
804 *Zeranski*, in: Boos/Fischer/Schulte-Mattler, Kreditwesengesetz, § 2 LiqV, Rn. 5.
805 BT-Drucks. 15/5092, S. 11; *Mertens/Cahn*, in: Kölner Kommentar zum AktG, § 93, Rn. 23.
806 BT-Drucks. 15/5092, S. 11.

erzielt werden, wie die Zinsentwicklungen der kurzfristigen und der langfristigen Engagements sich nicht gegenläufig entwickelten oder vorher die *Fristentransformation* aufgegeben wurde.

Mit den insgesamt gehandelten Volumina agierten die Geschäftsleiter, soweit sie Fristentransformationsgeschäfte in dem Umfang tätigten, wie sie z.B. die *IKB* AG über ihre Zweckgesellschaften betrieben hat, dem Gebot der *wirtschaftlichen Vernunft* und der *goldenen Bankregel* zuwider. Ein Vorstand als ordentlicher und gewissenhafter Geschäftsleiter kann somit nicht annehmen, zum Wohle der Gesellschaft zu handeln, sofern er Geschäfte tätigt, die den Regeln einer sorgfältigen Bankenleitung, insbesondere der *goldenen Bankregel,* widersprechen. Der „sichere Hafen" der *business judgement rule* steht folglich in einem solchen Falle nicht zur Verfügung

(c) Conclusio

Ein Handeln des Vorstandes zum Wohle der Gesellschaft ist abzulehnen, sofern er bewusst existenzgefährdende Risiken eingeht und insoweit er unkontrolliert Geschäfte zum Zwecke der Nutzung der *Fristentransformation* zulässt, für deren Fehlschlag sein Institut und damit das Vermögen, das er zu betreuen hat, haftet.

Dieses Handeln widerspricht dem Gebot der *wirtschaftlichen Vernunft.* Ein Vorstand als ordentlicher und gewissenhafter Geschäftsleiter kann mit solchen Geschäften, wie im ersten Teil der Arbeit beschrieben, nicht annehmen, zum Wohle der Gesellschaft zu handeln. Es handelt sich um nicht von der *business judgement rule* abgedeckte Handlungen, mit denen die Vorstände ihre Pflichten aus § 93 AktG verletzten, sofern sie solche Geschäfte eingingen oder zuließen.

(5) Das Dilemma der Vorstände: Zwischen der mangelnden Informiertheit und dem bewussten Eingehen existenzgefährdender Risiken

Aus dem Ergebnis der bis hier vollzogenen Analysen ergibt sich noch ein weiterer Gesichtspunkt. Denn von der Problematik der existenzgefährdenden Risiken lässt sich noch ein zweites Ergebnis ableiten, welches ein gewisses Dilemma der Geschäftsleiter darstellt.

Wenn man das Ergebnis der Prüfung des Tatbestandsmerkmals der *existenzgefährdenden Risiken* mit dem Ergebnis der Prüfung zur *Komplexität der Regelungen* und der *mangelnden Informiertheit* in Verbindung setzt, ergibt sich bezüglich der *mangelnden Informiertheit* und dem *bewussten Eingehen existenzgefährdender Risiken* ein Dilemma. Dieses besteht darin, dass sich diese beiden Punkte zwar gegenseitig auszuschließen scheinen, unter den Gesichtspunkten der oben getroffenen Feststellungen aber – egal aus welchem Blickwinkel man es betrachtet – auf jeden Fall einer der beiden Fälle, wenn nicht gar beide gegeben sind:

- Entweder haben die Geschäftsleiter dem Prozess der Entscheidungsfindung nicht in angemessener Weise Informationen zugrunde gelegt – einer angemessenen Grundlage von Informationen konnten die Geschäftsleiter wegen der undurchschaubaren Risikostruktur nämlich nicht entsprechen. Dann haben sie eine mangelnde Informiertheit über die hinter dem Engagement stehenden Risiken in Kauf genommen und so gegen die Regeln einer sorgfältigen Unternehmensleitung verstoßen.
- Oder sie haben, nimmt man entgegen dieser Feststellung an, dass es den Vorständen nicht an fundierten Informationen fehlte, bewusst existenzgefährdende Risiken für ihre Gesellschaften in Kauf genommen. Vorausgesetzt, dass die Geschäftsleiter alle Risiken kannten und trotz dieser Kenntnisse den Bestand und die dauerhafte Rentabilität der von ihnen gelenkten Unternehmen aufs Spiel setzten, um den Ertrag der Gesellschaften kurzfristig zu steigern (vielleicht sogar nur um die eigenen *Boni* zu erhöhen), kann dies nicht als vereinbar mit den Regeln einer sorgfältigen und gewissenhaften Unternehmensleitung zum Wohle der Gesellschaft angesehen werden. Das Eingehen existenzgefährdender Risiken begründet eine Pflichtverletzung der Vorstände.

Eine Pflichtverletzung von Geschäftsleitern auf Grundlage der oben dargestellten Struktur der Verbriefungsprozesse und der Mitwirkung deutscher Banken ist mithin anzunehmen.

(6) Gutgläubigkeit

Zuletzt erfordert die *business judgement rule* – als ungeschriebenes Tatbestandsmerkmal – die Gutgläubigkeit des handelnden Vorstandsmitglieds.[807] Die Voraussetzung der Gutgläubigkeit ist eigentlich ein Aspekt des „*annehmen dürfens*“ zum Wohle der Gesellschaft zu handeln.[808] Der Vorstand hat demnach in gutem Glauben zu handeln.[809] Dies erfordert, dass der Vorstand selbst an die Richtigkeit seiner Entscheidung glaubt.[810] Ist dies nicht der Fall hat er auch keinen Schutz verdient.[811]

807 BT-Drucks. 15/5092, S. 11.
808 BT-Drucks. 15/5092, S. 11.
809 *Hölters*, AktG, § 93, Rn. 40.
810 *Fleischer*, in: Spindler/Stilz, AktG, § 93, Rn. 76; *Fleischer*, ZIP 2004, S. 691.
811 *Fleischer*, in: Spindler/Stilz, AktG, § 93, Rn. 76; *Fleischer*, ZIP 2004, S. 691.

Dieses Tatbestandsmerkmal hat einen kleinen Anwendungsbereich,[812] wird allerdings als wichtige Sperre für andere Einflüsse als die bereits bei Interessenkonflikten gegebenen Eigeninteressen angesehen.[813] Es sollen damit weitere schädigende Einflüsse auf die Entscheidungen des Vorstandes ausgefiltert werden. Als ein Merkmal *internationalen Standards*[814] dient es somit der richterlichen Entscheidungskontrolle[815], ihm kommt eine sogenannte „Notbremsenfunktion“[816] zu. Denn sofern eine bewusste Maßnahme im Interesse der Gesellschaft liegt, fehlt es in der Regel auch an einer vorwerfbaren Pflichtverletzung. Nur aufgrund eines fehlenden „guten Glaubens“ dürfte es kaum zu einer Haftung eines Geschäftsleiters kommen.[817] Sofern die Handlung aber nicht im Interesse der Gesellschaft liegt, unterliegt das Vorstandsmitglied dem erhöhten Sorgfaltsmaßstab dieses Merkmals.[818] In einer solchen Konstellation werden in der Regel ebenfalls die restlichen Tatbestandsvoraussetzungen der *business judgement rule* schon nicht erfüllt.[819]

Die Umgehung des deutschen Bankenaufsichtsrechts durch gänzliche Auslagerung der getätigten Geschäfte und Engagements auf im Ausland angesiedelte Zweckgesellschaften lässt den Schluss zu, dass die Vorstände nicht im guten Glauben handelten. Die getätigten Geschäfte wollten sie nämlich gerade nicht in ihren eigenen Bilanzen haben. Zudem wurden bewusst Möglichkeiten gesucht, das deutsche Bankenaufsichtsrecht samt seiner Eigenkapitalregeln zu umgehen. Die Zweckgesellschaften wurden so konstruiert, dass sie nicht in den Bilanzen auftauchten. Sie wurden bewusst versteckt und intransparent gehalten. Aufgrund dessen muss darauf geschlossen werden, dass eine Gutgläubigkeit nicht vorgelegen hat.

Die bewusste Umgehung ist als gewichtiges Indiz für eine fehlende Gutgläubigkeit zu werten. Die getätigten Engagements und Geschäfte hätten in der Art und Weise, wie sie vor dem deutschen Bankenaufsichtsrecht verborgen getätigt wurden, innerhalb dessen so nicht getätigt werden dürfen. Durch die bewusste Umgehung des deutschen Bankenaufsichtsrechts, um unter Verzicht auf gewisse Sicherheitsstandards mehr Risiken eingehen zu können, ist von einer *Gutgläubigkeit*, einem „*annehmen dürfen*“ zum Wohle der Gesellschaft zu handeln, nicht mehr auszugehen.

---

812 *Fleischer*, in: Spindler/Stilz, AktG, § 93, Rn. 76; *Spindler*, in MüKo-AktG, § 93, Rn. 56.
813 *Mertens/Cahn*, in: Kölner Kommentar zum AktG, § 93, Rn. 31.
814 *Fleischer*, in: Spindler/Stilz, AktG, § 93, Rn. 76; *Fleischer*, ZIP 2004, S. 691.
815 *Hölters*, AktG, § 93, Rn. 40.
816 *Fleischer*, ZIP 2004, S. 691.
817 So auch *Spindler*, in: MüKo-AktG, § 93, Rn. 56.
818 *Spindler*, in: MüKo-AktG, § 93, Rn. 56.
819 *Fleischer*, in: Spindler/Stilz, AktG, § 93, Rn. 76.

e. Wurden die Anforderungen der *business judgement rule* erfüllt?

Nach § 93 Abs. 1 Satz 1 AktG haben Vorstände wegen ihres Wirtschaftens mit fremdem Vermögen bei ihrer Geschäftsführung die Sorgfalt eines ordentlichen und gewissenhaften Geschäftsleiters anzuwenden.[820] Sie haben also als Treuhänder fremder Vermögensinteressen als pflichtbewusste, selbständig tätige Leiter zu handeln.[821] Dabei steht ihnen der *safe harbour*,[822] der haftungsfreie unternehmerische Entscheidungsfreiraum der *business judgement rule* des § 93 Abs. 1 Satz 2 AktG, zur Verfügung.[823] Sind die Voraussetzungen dieser materiell-rechtlichen Haftungsbegrenzung[824] nicht eingehalten, gilt der scharfe allgemeine Sorgfaltsmaßstab des § 93 Abs. 1 Satz 1 AktG.[825]

Wie vorangegangen ausgeführt, wurden zumindest *vier* Voraussetzungen der *business judgement rule* (Unternehmerische Entscheidung des Vorstandes, Handeln auf Basis angemessener Information, Handeln zum Wohle der Gesellschaft, Gutgläubigkeit) offenkundig nicht eingehalten. Es liegt nahe, dass Bankvorstände durch die Teilnahme an Verbriefungsgeschäften die Voraussetzungen nicht eingehalten haben,

- sofern sie teilweise Engagements eingingen und Geschäfte tätigten, die den *Satzungen* der von ihnen geleiteten Institute widersprachen,
- sofern sie übermäßig die Bildung von *Klumpenrisiken* zugelassen haben und eine unzureichende Risikosteuerung der ausgelagerten Risiken vorlag,
- sofern die *Komplexität der internationalen Verbriefungsgeschäfte* die Beurteilung der eingegangenen Risiken erschwerte, diese Geschäfte aber trotzdem eingegangen wurden, folglich eine unzureichende Informiertheit vorlag,
- sofern sie sich auf die Ratings der drei großen Ratingagenturen verlassen haben, ohne selbst die komplexen Finanzprodukte zu durchdringen und ohne die Fähigkeit einer eigenen Risikobestimmung, obwohl evidente Zweifel an den Ratings hätten bestehen müssen,
- sofern sie *existenzgefährdende Risiken* eingingen,
- sofern sie den Effekt der *Fristentransformation* über ihre Zweckgesellschaften ausnutzten und sich so ungebremst auch den daraus entstehenden enormen Risiken aussetzten, obwohl nach der *goldenen Bankregel* innerhalb der Banken in

---

820 *Mertens/Cahn*, in: Kölner Kommentar zum AktG, § 93, Rn. 3.

821 *Hüffer*, Aktiengesetz, § 93, Rn. 4; *Mertens/Cahn*, in: Kölner Kommentar zum AktG, § 93, Rn. 13, 95 ff.

822 *Fleischer*, ZIP 2004, S. 689.

823 *Hüffer*, Aktiengesetz, § 93. Rn 4a; *Mertens/Cahn*, in: Kölner Kommentar zum AktG, § 93, Rn. 13.

824 *Hüffer*, Aktiengesetz, § 93, Rn. 4c.

825 *Empt*, KSzW 2010, S. 107.

einem ausgeklügelten System ein extremer Aufwand betrieben wird, diese Risiken zu vermeiden, weil sie solch verheerende Auswirkungen haben können,

- sofern sie das deutsche Bankenaufsichtsrecht auf Kosten der Sicherheit und Stabilität ihrer Institute bewusst umgangen haben.

Die Vorstände der Banken, die derart handelten oder solche Engagements zuließen, können *nicht* von den eingegangen Haftungsgefahren der getroffenen Entscheidungen freigestellt werden. Der *safe harbour* liegt nicht vor.

Mit der oben durchgeführten Untersuchung wurden nun gravierende Verletzungen der *business judgement rule* aufgezeigt, die entsprechende Pflichtverletzungen im Sinne des § 93 AktG darstellen. Insgesamt ist festzustellen, dass die Sorgfalt eines gewissenhaften Bankiers nicht beachtet wurde.

Eine Pflichtverletzung nach § 93 AktG setzt auch schuldhaftes Handeln der Vorstände voraus, wobei sich das Verschulden nicht auf die Möglichkeit einer Schädigung der Bank selbst zu beziehen braucht, sofern nicht gerade diese Möglichkeit – wie z.B. das Eingehen existenzgefährdender Risiken – ein bestimmtes Verhalten zur Pflichtverletzung macht.[826] Für den Schuldvorwurf reicht allerdings grundsätzlich jede Abweichung von der Sorgfalt aus, die von einem ordentlichen und gewissenhaften Geschäftsleiter in der konkreten Situation des Vorstandsmitglieds zu erwarten ist.[827] Als normativ, weitgehend als objektiv gefasster Verschuldensmaßstab, ist die Sorgfalt des Vorstandes an den individuellen Anforderungen der Aufgaben ausgerichtet, die er wahrnimmt.[828] Zudem können sich Vorstände in den von ihnen geleiteten Ressorts auch grundsätzlich nicht auf mangelnde Kenntnisse berufen.[829] Sie haben für die Fähigkeiten und Kenntnisse einzustehen, die erforderlich sind, um dem Sorgfaltsmaßstab bezüglich ihrer Aufgaben zu genügen.[830] Plötzlich auftretende Aufgaben, die zu Überforderungen führen, verpflichten den Vorstand zur Einholung von sachkundigem Rat, könnten aber zu einer Entschuldigung führen, wenn hierzu die notwendige Zeit nicht gegeben ist.[831] Dabei müsste sich der Vorstand jedoch gerade auch dafür ein Verschulden zurechnen lassen, dass es zu einer solchen unvorhergesehenen Situation überhaupt kommen konnte.[832]

---

826 *Mertens/Cahn*, in: Kölner Kommentar zum AktG, § 93, Rn. 137.
827 *Mertens/Cahn*, in: Kölner Kommentar zum AktG, § 93, Rn. 136.
828 *Mertens/Cahn*, in: Kölner Kommentar zum AktG, § 93, Rn. 136.
829 *Mertens/Cahn*, in: Kölner Kommentar zum AktG, § 93, Rn. 137.
830 *Mertens/Cahn*, in: Kölner Kommentar zum AktG, § 93, Rn. 137.
831 *Mertens/Cahn*, in: Kölner Kommentar zum AktG, § 93, Rn. 137.
832 BT-Drucks. 15/5092, S. 12; vgl. auch *Mertens/Cahn*, in: Kölner Kommentar zum AktG, § 93, Rn. 137.

Gemäß § 93 Abs. 1 Satz 2 AktG trifft die Vorstandsmitglieder die Darlegungs- und Beweislast dafür, dass die Voraussetzungen, die einen haftungsfreien Ermessensspielraum gewährleisten, eingehalten wurden. Diese Beweislastumkehr gilt auch in Bezug auf die Voraussetzungen der *business judgement rule* nach § 93 Abs. 1 Satz 2 AktG.[833] Im Falle eines Prozesses müssten nicht unbedingt Tatsachen vorgetragen werden, die auf Pflichtverletzungen hindeuten, denn schon die Art des Schadens kann darauf hinweisen, dass ein pflichtwidriges Handeln oder Unterlassen der Vorstände vorliegt.[834] So soll z.B. schon der Umstand ausreichen, dass eine Bank in unverhältnismäßigem Umfang „toxische" Papiere in ihrem Besitz hat oder die Bank Schäden zu tragen hat, die darauf zurückgehen, dass Zweckgesellschaften gegründet wurden, die offensichtlich den Zweck hatten, finanzielle Operationen der Finanzaufsicht zu entziehen.[835] Ein pflichtwidriges Verhalten und Verschulden der Vorstandsmitglieder und auch des Aufsichtsrates wären dann anzunehmen.[836] Insofern ist in jedem Sachpunkt eine evident gravierende Verletzung gesellschaftsrechtlicher Pflichten zu erkennen. Die Punkte stellen nicht nur eine gravierende gesellschaftsrechtliche Pflichtverletzung, sondern eine verheerende Anhäufung gravierender Pflichtverletzungen dar.

Aus alledem ergibt sich, dass die Sorgfalt eines ordentlichen und gewissenhaften Geschäftsleiters gemäß §§ 76, 93 AktG nicht eingehalten wurde. Folglich sind auch die notwendigen zivil- bzw. gesellschaftsrechtlichen Normverletzung gegeben, da die für die Vorstände der deutschen Banken zentral geltenden Bestimmungen der §§ 93, 76 AktG verletzt werden.

III. Das Pflichtwidrigkeitsmerkmal des § 266 StGB im Sinne der Auslegung des Untreuetatbestandes durch die Rechtsprechung

Mit den zivilrechtlichen Darstellungen (Teil 2, C.II.) ist eine Strafbarkeit der Vorstände wegen Untreue nach § 266 StGB noch nicht dargetan. Im Folgenden ist nun zu untersuchen, wie die festgestellten *gravierenden gesellschaftsrechtlichen*

833 *Mertens/Cahn*, in: Kölner Kommentar zum AktG, § 93, Rn. 141.

834 *Mertens/Cahn*, in: Kölner Kommentar zum AktG, § 93, Rn. 142.

835 *Lutter*, ZIP 2009, S. 199, 200; *Mertens/Cahn*, in: Kölner Kommentar zum AktG, § 93, Rn. 142.

836 *Lutter*, ZIP 2009, S. 199, 200; *Mertens/Cahn*, in: Kölner Kommentar zum AktG, § 93, Rn. 142.

Pflichtverletzungen strafrechtlich zu bewerten sind. Dabei ist insbesondere zu klären, ob die festgestellten gesellschaftsrechtlichen Pflichtverletzungen ausreichen, eine gravierende Pflichtverletzung im Sinne der *Auslegung des Untreuetatbestandes durch die strafrechtliche Rechtsprechung* anzunehmen.

1. Rechtsprechung des Bundesverfassungsgerichtes – Das Urteil vom 23. Juni 2010

In seiner Entscheidung vom 23. Juni 2010 fasst das *Bundesverfassungsgericht* seine bisherige Rechtsprechung zu dem Bestimmtheitsgebot aus Art. 103 Abs. 2 GG zusammen und entwickelt diese in Grundsätzen fort.[837] Aufgrund seiner Gewichtigkeit für die vorliegend zu begutachtenden Fragestellungen soll dieses Urteil kurz in Bezug genommen und das Wesentliche dargestellt sowie ausgewertet werden. Im Ergebnis hält das *Bundesverfassungsgericht* unter restriktiver Auslegung, insbesondere das Pflichtwidrigkeitsmerkmal des Untreuetatbestandes (§ 266 StGB), (noch) mit Art. 103 Abs. 2 GG für vereinbar.[838] Welche allgemeinen Anforderungen aber insbesondere an das Gebot der Bestimmtheit und den Umgang der Gerichte im Zusammenhang mit der Konturierung des Untreuetatbestandes (§ 266 StGB) nach Auffassung des *Bundesverfassungsgerichtes* zu stellen sind, wird im Folgenden aufgezeigt.

a. Die allgemeinen verfassungsrechtlichen Voraussetzungen an die Bestimmtheit des Untreuetatbestandes

Laut *Bundesverfassungsgericht* dient das Bestimmtheitsgebot des Art. 103 Absatz 2 GG einem doppelten Zweck:[839] einerseits dem strengen Gesetzesvorbehalt[840] und andererseits dem rechtsstaatlichen Schutz der Normadressaten[841]. Es hat also die Vorhersehbarkeit zu gewährleisten, welches Verhalten mit Strafe bedroht ist und welches nicht (mehr). Insofern bestätigt das *Bundesverfassungsgericht* die „*freiheitsgewährleistende Funktion*" des Art. 103 Abs. 2 GG.[842] Dieser zunächst streng erscheinende Maßstab des Bestimmtheitsgebots als Ausfluss des Gesetzlichkeitsprinzips schränkt das *Bundesverfassungsgericht* allerdings insoweit ein,

837 Vgl. hierzu *Schulz*, FS-Roxin, S. 307.
838 *BVerfG*, NJW 2010, 3209 ff.
839 *BVerfG*, NJW 2010, 3210, Rn. 69.
840 *BVerfG*, NJW 2010, 3210, Rn. 70.
841 *BVerfG*, NJW 2010, 3210, Rn. 71.
842 *BVerfG*, NJW 2010, 3210, Rn. 71.

indem es ausführt, dass der Gesetzgeber auch im Strafrecht in der Lage bleiben müsse, *„der Vielgestaltigkeit des Lebens Herr zu werden"*.[843] Oder mit anderen Worten: der Gesetzgeber habe den tatbestandlichen Erfolg so zu umschreiben, dass dieser *„zudem zukunftsoffen für neue wirtschaftliche Zusammenhänge"* bleibe.[844] Denn, müsste der Gesetzgeber

> *„stets jeden Straftatbestand bis ins Letzte ausführen [...], bestünde die Gefahr, dass die Gesetze zu starr und kasuistisch würden und dem Wandel der Verhältnisse oder der Besonderheit des Einzelfalls nicht mehr gerecht werden könnten"*.[845]

Daher seien Zweifelsfälle darüber, ob ein Verhalten noch unter den gesetzlichen Tatbestand falle oder nicht, wegen dieser gebotenen Allgemeinheit und der damit zwangsläufig verbundenen Abstraktheit von Strafnormen unvermeidlich.[846] Diese *„Verwendung wertausfüllungsbedürftiger Begriffe bis hin zu Generalklauseln im Strafrecht"* seien nicht von vornherein ausgeschlossen.[847] Das bedeute, dass der Gesetzgeber nicht gezwungen sei, mit *„für jedermann erschließbaren deskriptiven Tatbestandsmerkmalen"* sämtliche Straftatbestände zu umschreiben.[848] Der Gesetzgeber sei daher auch in der Lage, Tatbestände so auszugestalten, dass zu ihrer Auslegung auf außerstrafrechtliche Vorschriften zurückgegriffen werden müsse. Dies führe, soweit es sich nicht um Normen zur Ausfüllung eines strafrechtlichen Blanketts handele, allerdings nicht dazu, dass auch die betreffenden außerstrafrechtlichen Vorschriften am Bestimmtheitsgebot des Art. 103 Absatz 2 GG zu messen seien.[849] Daher sei im Wege einer sogenannten wertenden Gesamtbetrachtung zu beurteilen, ob der Gesetzgeber seinen Verpflichtungen nach Art. 103 Abs. 2 GG nachgekommen sei.[850] Welchen Grad an gesetzlicher Bestimmtheit ein einzelner Straftatbestand haben müsse, ließe sich angesichts der Möglichkeit der Nutzung von Generalklauseln und wertausfüllungsbedürftiger Begriffe nicht konkret sagen.[851] Dabei erlegt das *Bundesverfassungsgericht* dem Gesetzgeber auf, die Strafbarkeitsvoraussetzungen umso genauer festzulegen und umso präziser zu bestimmen, je schwerer die von ihm

---

843 *BVerfG*, NJW 2010, 3210, Rn. 73.
844 *BVerfG*, NJW 2009, 2371, Rn. 26.
845 *BVerfG*, NJW 2010, 3210, Rn. 73.
846 *BVerfG*, NJW 2010, 3210, Rn. 74.
847 *BVerfG*, NJW 2010, 3210, Rn. 74.
848 *BVerfG*, NJW 2010, 3210, Rn. 74.
849 *BVerfG*, NJW 2010, 3210, Rn. 74.
850 *BVerfG*, NJW 2010, 3211, Rn. 75.
851 *BVerfG*, NJW 2010, 3211, Rn. 75.

angedrohte Strafe sei.[852] In die Gesamtbetrachtung sei auch der Kreis der Normadressaten mit einzubeziehen.[853]

Nach alledem nimmt das *Bundesverfassungsgericht* also eine den allgemeinen Lebenssachverhalten geschuldete Flexibilität der entsprechenden Normen an, die es mit dem Bestimmtheitsgebot in Einklang bringen will, um die Tatbestandsmerkmale nicht erstarren zu lassen. Andererseits will es dem Untreuetatbestand auch nicht unbegrenzte Flexibilität zubilligen und damit das Bestimmtheitsgebot aushebeln.[854] Vielmehr will es eine Konturierung mittels des Verhältnismäßigkeitsprinzips erreichen.[855] Denn soweit es in Grenzfällen genüge, wenn lediglich das Bestrafungsrisiko erkennbar sei, trage dies der Unvermeidbarkeit von Randschärfen Rechnung.[856] Weiter konkretisiert das *Bundesverfassungsgericht*, dass *„durch eine gefestigte höchstrichterliche Rechtsprechung verfassungsrechtliche Bedenken* [Hervorhebung durch Verfasser]" an der Weite des Untreuetatbestandes ausgeräumt werden könnten.[857] Solange also eine restriktive, präzisierende Auslegung möglich sei, mache allein die Tatsache, dass ein Gesetz bei extensiver, den möglichen Wortlaut ausschöpfender Auslegung auch Fälle erfassen würde, die der parlamentarische Gesetzgeber nicht bestraft wissen wollte, dieses Gesetz nicht verfassungswidrig.[858] Demzufolge ist das *Bundesverfassungsgericht* der Auffassung, dass durch eine präzisierende Rechtsprechung der Strafgerichte dem Bestimmtheitsgrundsatz Genüge getan werden könne; wenngleich es klargestellt haben möchte, dass (weiterhin) der Gesetzgeber und nicht der Richter zur Entscheidung über die Strafbarkeit berufen sei. Insofern gelte weiterhin das Analogieverbot, und damit sei der mögliche Wortlaut die äußerste Grenze zulässiger richterlicher Interpretation.[859]

Des Weiteren präzisiert das *Bundesverfassungsgericht* das sogenannte *Verschleifungsverbot* bzw. *Verbot der Entgrenzung von Tatbestandsmerkmalen.*[860] Es sei Aufgabe der einzelnen Gerichte, durch ihre Entscheidungen den Willen des Gesetzgebers zu präzisieren.[861] Unter diesem Gesichtspunkt sei also deren

---

852 *BVerfG*, NJW 2010, 3211, Rn. 75.
853 *BVerfG*, NJW 2010, 3211, Rn. 75.
854 Vgl. so auch *Schulz*, FS-Roxin, S. 309.
855 Vgl. so auch *Schulz*, FS-Roxin, S. 309.
856 *BVerfG*, NJW 2010, 3211, Rn. 76.
857 *BVerfG*, NJW 2010, 3211, Rn. 76.
858 *BVerfG*, NJW 2010, 3211, Rn. 76.
859 *BVerfG*, NJW 2010, 3211, Rn. 78.
860 *BVerfG*, NJW 2010, 3211, Rn. 79.
861 *BVerfG*, NJW 2010, 3211, Rn. 80.

Aufgabe einer restriktiven Auslegung – Konturierung – eines zu weit gefassten Gesetzeswortlauts sicherzustellen.[862] Das *Bundesverfassungsgericht* macht damit die Gerichte zum verlängerten Arm des Gesetzgebers, instrumentalisiert sie über die Grenzen der Gewaltenteilung hinweg und zieht sie zur Herausarbeitung des gesetzgeberischen Willens heran, den dieser selbst so nicht in einer Norm festgehalten hat. Neu ist zudem, dass das *Bundesverfassungsgericht* den einzelnen Gerichten sogar ein sogenanntes *Präzisierungsgebot*, das es aus dem Analogieverbot folgert, als Aufgabe zuweist. Mithin sei die Rechtsprechung gehalten, die verbleibenden „*Unklarheiten über den Anwendungsbereich einer Norm durch Präzisierung und Konkretisierung im Wege der Auslegung [...] auszuräumen.*“[863] „[...] *Bei solchen Tatbeständen, die der Gesetzgeber im Rahmen des Zulässigen durch Verwendung von Generalklauseln verhältnismäßig weit und unscharf gefasst*“ habe, treffe die Rechtsprechung „*eine besondere Verpflichtung, an der Erkennbarkeit der Voraussetzungen der Strafbarkeit mitzuwirken* [...].“[864] Denn, „*erst auf Grundlage einer gefestigten Rechtsprechung*“ ließe sich „*eine zuverlässige Grundlage für die Auslegung und Anwendung der Norm gewinnen*“.[865]

Das *Bundesverfassungsgericht* verlagert also die durch das Bestimmtheitsgebot aufgestellte Anforderung der Vorhersehbarkeit einer Strafbarkeit vom Gesetzgeber auf andere Adressaten – die Gerichte. Die Gerichte haben diesem Erfordernis Rechnung zu tragen, indem sie ihre die Normen präzisierende Rechtsprechung so ausgestalten müssen, dass sie für den Normadressaten vorhersehbar wird und vor allem auch bleibt. Für Rechtssprechungsänderungen werden die Anforderungen über den allgemeinen Vertrauensschutz hinaus erhöht. Dieser Verlagerung folgend erklärt das *Bundesverfassungsgericht* sich für die verfassungsrechtliche Überprüfung, ob die Strafgerichte diesen neuen aufgebürdeten Aufgaben aus Art. 103 Absatz 2 GG auch gerecht geworden sind, für zuständig.[866] Soweit die Gerichte nämlich ihre Auslegung und Anwendung der Strafnorm auf eine gefestigte Rechtsprechung stützten, prüfe das *Bundesverfassungsgericht* diese Rechtsprechung in vollem Umfang nach.[867] Die Überprüfung der strafgerichtlichen Rechtsprechung sei nicht mehr lediglich auf eine Vertretbarkeitskontrolle beschränkt, sondern die verfassungsgerichtliche Kontrolldichte sei als

---

862 *BVerfG*, NJW 2010, 2311, Rn. 80.
863 *BVerfG*, NJW 2010, 2311, Rn. 81.
864 *BVerfG*, NJW 2010, 2311, Rn. 81.
865 *BVerfG*, NJW 2010, 2311, Rn. 81.
866 *BVerfG*, NJW 2010, 2312, Rn. 82
867 *BVerfG*, NJW 2010, 2312, Rn. 83.

erhöht anzusehen, und daher sei neben der Überprüfung der Überschreitung der Grenzen eines Strafgesetzes auch die Konturierung und Präzisierung ihres Inhalts durch die Strafgerichte zu überprüfen.[868]

Diese Ausführungen lassen sogar die Vermutung zu, das *Bundesverfassungsgericht* erhebe sich zu einer Superrevisionsinstanz, denn es sieht sich zu der Prüfung berufen,

- *„ob die Gerichte bei Anwendung und Auslegung der Strafnorm bei den bislang entwickelten, die Norm konkretisierenden Obersätzen geblieben sind,*
- *gegebenenfalls ob sie diese im Rahmen der Strafnorm folgerichtig weiterentwickelt und*
- *ob sie sie der Würdigung des konkreten Falls zu Grunde gelegt haben*".[869]

Womöglich, um diesem Einwand zu entgehen, beschränkt es jedoch seine Kontrolle nur auf die einer Vertretbarkeit.[870] Das *Bundesverfassungsgericht* will ein gefestigtes Normverständnis einer inhaltlichen Kontrolle lediglich insoweit unterziehen, als *„es nicht evident ungeeignet zur Konturierung der Norm*" sei.[871]

Unter Zugrundelegung dieser Voraussetzungen und der Beachtung der genannten Grenzen hält das *Bundesverfassungsgericht* den Untreuetatbestand (§ 266 StGB) für *„in seiner geltenden Fassung mit dem Bestimmtheitsgebot des Art. 103 Absatz 2 GG noch zu vereinbaren*".[872]

b. Die allgemeinen verfassungsrechtlichen Voraussetzungen an die Bestimmtheit des Pflichtwidrigkeitsmerkmals

Im Weiteren befasst sich das *Bundesverfassungsgericht* in oben genanntem Urteil mit den allgemeinen Voraussetzungen des Tatbestandsmerkmals der Pflichtwidrigkeit[873] (hierzu auch bereits schon Teil 2 unter C.III.1.). Es führt aus, dass die bestehende gefestigte Rechtsprechung in Bezug auf den Kreis möglicher Täter – und die diesbezüglich notwendige Pflichtenstellung – geeignet seien, den Anwendungsbereich des Untreuetatbestandes ausreichend zu begrenzen.[874] Auch sei durch die Bildung sogenannter *„fallgruppenspezifischer Obersätze*" durch die Rechtsprechung der Strafgerichte, hier insbesondere der Revisionsgerichte, eine

868 *BVerfG*, NJW 2010, 2312, Rn. 82.
869 *BVerfG*, NJW 2010, 2312, Rn. 83.
870 *BVerfG*, NJW 2010, 2312, Rn. 84.
871 *BVerfG*, NJW 2010, 2312, Rn. 84.
872 *BVerfG*, NJW 2010, 2312, Rn. 85.
873 *BVerfG*, NJW 2010, 2313, Rn. 96 f.
874 *BVerfG*, NJW 2010, 2315, Rn. 110.

hinreichende Konkretisierung gegeben, die eine „*Vorhersehbarkeit der Strafbarkeit im Regelfall* [Hervorhebung durch Verfasser]" gewährleiste.[875] Insbesondere hätten diese den Untreuetatbestand im Interesse der Berechenbarkeit und Vorausschaubarkeit anzuwenden.[876] Verfassungsrechtliches Auslegungsziel der Anwendung des Untreuetatbestandes sei es demnach, die Pflichtverletzung als komplexes normatives Tatbestandsmerkmal auf

- „*klare und deutliche Fälle*" zu begrenzen,
- „*Wertungswidersprüche zur Ausgestaltung spezifischer Sanktionsregelungen zu vermeiden*" und
- „*den Charakter des Untreuetatbestandes als Vermögensdelikt zu bewahren*".[877]

Das *Bundesverfassungsgericht* will damit eine Begrenzung des Merkmals der Pflichtverletzung auf evidente und schwerwiegende Verstöße vornehmen. Dabei sieht es zu der Fortentwicklung in erster Linie die Strafgerichte und hier vornehmlich die Revisionsgerichte berufen.[878] Für diese fallgruppenspezifische Obersatzbildung sieht es in der jüngeren Rechtsprechung des *Bundesgerichtshofes* verschiedene Beispiele.[879] Hiervon sei die den Tatbestand der Untreue begrenzende Rechtsprechung hervorzuheben, „*die eine Pflichtverletzung i.S. des § 266 StGB nur dann bejaht, wenn sie gravierend ist*".*880* Diese Restriktion sei angesichts des sehr weiten Wortlauts des Untreuetatbestandes notwendig.[881] Im Weiteren konkretisiere dieses einschränkende Merkmal, dass sich eine gravierende Pflichtverletzung überhaupt erst dann bejahen ließe, sofern die Pflichtverletzung evident sei.[882] Hierauf geht es an späterer Stelle ein und führt aus, dass das Gebot der Eingrenzung jedenfalls dann gewahrt werde, soweit eine Beschränkung „*auf evidente und schwerwiegende Verstöße* [...] <u>*jenseits der bestehenden Entscheidungsspielräume*</u> [Hervorhebung durch Verfasser]" vorgenommen werde.[883]

---

875 *BVerfG*, NJW 2010, 2315, Rn. 111.
876 *BVerfG*, NJW 2010, 3215, Rn. 111.
877 *BVerfG*, NJW 2010, 2315, Rn. 111.
878 *BVerfG*, NJW 2010, 3215, Rn. 111.
879 *BVerfG*, NJW 2010, 3215, Rn. 112 (die aufgeführten Beispiele sind: BGHSt 47, 187 = NJW 2002, 1585 zum Sponsoring; BGHSt 46, 30 = NJW 2000, 2364 und BGHSt 47, 148 = NJW 2002, 1211 zur Kreditvergabe; BGHSt 50, 331 = NJW 2006, 522 zur Prämiengewährung durch Aktiengesellschaften).
880 *BVerfG*, NJW 2010, 3215, Rn. 112.
881 *BVerfG*, NJW 2010, 3215, Rn. 112.
882 *BVerfG*, NJW 2010, 3215, Rn. 112.
883 *BVerfG*, NJW 2010, 3217, Rn. 128.

c. Conclusio

Das *Bundesverfassungsgericht* betont in dem dargestellten Urteil auf der einen Seite die freiheitsgewährleistende Funktion des Bestimmtheitsgebotes. Auf der anderen Seite will es gleichzeitig den Untreuetatbestand flexibel und zukunftsoffen für neue wirtschaftliche Zusammenhänge halten. Das *Gericht* geht mithin davon aus, dass durch eine präzisierende Rechtsprechung der Strafgerichte dem Bestimmtheitsgrundsatz Genüge getan sei. Es trägt den Gerichten auf, den Willen des Gesetzgebers – durch eine restriktive Auslegung eines sehr weit gefassten Wortlauts einer Norm – zu präzisieren und die Norm damit zu „optimieren"[884]. Dabei weist es darauf hin, dass hierbei insbesondere auf die Vorhersehbarkeit für die Normadressaten zu achten sei. Der Auftrag an die Strafgerichte verändert sich also insofern, dass die Gerichte die Normen durch präzisierende Rechtsprechung so auszugestalten haben, dass sie für die Normadressaten vorhersehbar sind. Bezüglich des Merkmals der Pflichtwidrigkeit sei dies durch die Bildung fallgruppenspezifischer Obersätze bereits hinreichend geschehen.[885]

Für die vorliegend zu untersuchende Konstellation der Banken- und Finanzkrise sowie der Teilhabe der deutschen Banken an den internationalen Verbriefungsgeschäften ergibt sich hieraus, dass im Fortgang der Untersuchung, im nächsten Schritt, zunächst untersucht wird, welche höchstrichterliche Rechtsprechung der Strafgerichte für diese „neuen" Konstellationen, die sich im Rahmen der Banken- und Finanzkrise ergeben, nutzbar gemacht werden könnten. Insofern werden im Folgenden die Entscheidungen der Strafgerichte auf hierfür möglicherweise anwendbar zu machende Rechtsprechung hin untersucht und an den vom *Bundesverfassungsgericht* aufgestellten Voraussetzungen gemessen.

Sollte sich hierbei zeigen, dass diesbezüglich keine sogenannten *„fallgruppenspezifischen Obersätze"* existieren, stellt sich die Frage, wie mit diesen neu aufgetretenen Konstellationen seitens der Rechtsprechung umzugehen wäre. Es schlössen sich die Fragen an,

- ob bereits eine vom Normadressaten berechenbare und damit vorhersehbare Rechtsprechungsänderung angenommen werden könnte, soweit es sich um eine Konstellation sogenannter *evidenter und schwerwiegender Verstöße* handelt,
- inwiefern die hohe Spezialisierung der möglichen Täter im Bankenbereich in diesen Konstellationen zu berücksichtigen sein würde und

884 So *Schulz*, FS-Roxin, S. 327.
885 *BVerfG*, NJW 2010, 2315, Rn. 111.

- ob wegen des bestehenden Vertrauensschutzes eine Bestrafung vielleicht ohnehin nicht möglich wäre, da aufgrund des Präzisierungsgebotes eine mögliche weitere Präzisierung in diese Richtung erst für zukünftige Fälle kommuniziert werden müsste. Es bliebe zudem zu fragen, wie eine solche Kommunikation aussehen sollte, zumal entsprechende Verfahren zumeist durch Einstellungen Erledigung finden.[886]

2. Die Rechtsprechung zum Tatbestandsmerkmal der Pflichtwidrigkeit

Im Folgenden wird aufgezeigt, inwieweit die höchstrichterliche Rechtsprechung bereits für die „neuen" Konstellationen der Banken- und Finanzkrise, in Bezug auf das Tatbestandsmerkmal der Pflichtwidrigkeit, nutzbar gemacht werden kann.

a. Der Bundesgerichtshof für Strafsachen und die (gravierende) Pflichtverletzung im Sinne des § 266 StGB

In seiner ständigen Rechtsprechung beschränkt der *Bundesgerichtshof* die Anwendung des Untreuetatbestandes auf *gravierende Verstöße,887* wobei diese Rechtsprechung zwischen den einzelnen Senaten, insbesondere dem ersten und dem dritten auf den ersten Blick nicht einheitlich ist.[888] Das *Bundesverfassungsgericht* jedenfalls sieht die vorgenommene Eingrenzung auf gravierende Pflichtverletzungen jedoch als geeignete Konturierung des Untreuetatbestandes an.[889]

(1) BGHSt 47, 148 ff. (Kreditgewährung)

Im 47. Bande der Entscheidungen des *Bundesgerichtshofes in Strafsachen* formuliert der erste Senat des *Bundesgerichtshofes* das erste Mal, dass für eine Pflichtverletzung im Sinne des § 266 StGB eine „gravierende Verletzung" vorliegen müsse. Der erste Senat führt aus, dass es für eine „*Pflichtverletzung im Sinne des § 266 StGB*" maßgebend, sei, „*ob die Entscheidungsträger bei der Kreditvergabe ihre banküblische* <u>*Informations- und Prüfungspflicht bezüglich der wirtschaftlichen Verhältnisse des*</u>

---

886 Für diese Punkte insgesamt, *Schulz*, FS-Roxin, S. 315 ff.

887 BGHSt 47, 148, 150 (Kreditgewährung); 47, 187 (Sponsoring), 49, 147, 155 ff. (*Bremer Vulkan*); Anders BGHSt 50, 331, 336 (*Mannesmann/Vodafon*); *BGH*, NStZ 2006, 222, 223 (*Kinowelt*).

888 *BVerfG*, NJW 2010, 3215, Rn. 112.

889 *BVerfG*, NJW 2010, 3217, Rn. 128.

Kreditnehmers gravierend verletzt haben [Hervorhebung durch den Verfasser]".[890] Danach muss nicht die Pflichtverletzung des § 266 StGB an sich gravierend sein, sondern die dieser zugrunde liegende *zivilrechtliche* Pflichtverletzung muss gravierend sein. Diese Sicht verdeutlicht sich durch die spätere Ausführung des Senates, indem er feststellt, dass nur „*gravierende Verstöße gegen die banküblicheInformations- und Prüfungspflicht [...] eine Pflichtwidrigkeit im Sinne des [...] § 266 StGB*" begründen.[891]

(2) BGHSt 47, 187 ff. (Sponsoring)

Im 47. Bande der *Entscheidungen des Bundesgerichtshofes in Strafsachen* präzisiert der erste Senat des *Bundesgerichtshofes* die zuvor benannte Rechtsprechungslinie, indem er ausführt, dass „*für die Annahme einer Pflichtwidrigkeit im Sinne des Untreuetatbestands des § 266 StGB nicht jede gesellschaftsrechtliche Pflichtverletzung* [Hervorhebung durch den Verfasser]" genüge.[892] *Diese müsse „vielmehr gravierend sein"* [Hervorhebung durch den Verfasser].[893]

Konkret führt der Senat in seinem Urteil aus, dass zwar nach § 76 AktG der Vorstand die Gesellschaft unter eigener Verantwortung zu leiten und gemäß § 93 AktG die Sorgfalt eines ordentlichen und gewissenhaften Geschäftsleiters anzuwenden habe,[894] wobei das Aktiengesetz aber keine weiter ins Einzelne gehende Regelungen enthalte.[895] Insofern greife die Konkretisierung der zuvor benannten aktienrechtlichen Normen aus der *ARAG/Garmenbeck*-Rechtsprechung des *Bundesgerichtshofes in Zivilsachen*[896] (vgl. hierzu bereits Teil 2 unter C.II.1.c.). Zur Bestimmung des Schweregrades der Pflichtverletzung stellt der *Bundesgerichtshof* mithin auf den Ermessensspielraum ab, der Vorständen bei unternehmerischen Handlungen notwendigerweise zusteht. Dabei sieht er trotz des „*breiten Spielraumes unternehmerischen Ermessens*"[897] diesen Freiraum nicht als unbegrenzt an, sondern erkennt „*äußere Grenzen*" des Ermessen.[898]

Folglich konkretisiert er, dass „*für die Annahme einer Pflichtwidrigkeit im Sinne des Untreuetatbestands des § 266 StGB nicht jede gesellschaftsrechtliche Pflichtverletzung*

890 BGHSt 47, 148, 150.
891 BGHSt 47, 148, 152.
892 BGHSt 47, 187 f.
893 BGHSt 47, 187 f.
894 BGHSt 47, 192.
895 BGHSt 47, 192.
896 BGHSt 47, 192.
897 BGHSt 47, 195.
898 BGHSt 47, 195.

[Hervorhebung durch Verfasser]" genügen könne.[899] Die gesellschaftsrechtliche Pflichtverletzung müsse „*vielmehr gravierend sein*".[900] Zugleich gibt er der Rechtsprechung Kriterien an die Hand, die eine Gesamtschau, entlang der gesellschaftsrechtlichen Kriterien, möglich machen sollen, um zu untersuchen, ob eine gravierende Pflichtverletzung vorliege.[901] Im Einzelnen hält der erste Senat hierbei für bedeutsam:

- *„Fehlende Nähe zum Unternehmensgegenstand,*
- *Unangemessenheit im Hinblick auf die Ertrags- und Vermögenslage,*
- *fehlende innerbetriebliche Transparenz sowie*
- *das Vorliegen sachwidriger Motive, namentlich Verfolgung rein persönlicher Präferenzen."*[902]

(3) BGHSt 49, 147 ff. (*Bremer Vulkan*)

Auf gleicher Linie bewegt sich die Entscheidung des fünften Senates im 49. Band. Hier führt den Senat ein Verstoß gegen das Verbot der Existenzgefährdung einer Aktiengesellschaft zur Annahme einer Pflichtverletzung im Sinne des § 266 StGB.[903] Insofern ist auch hier anzunehmen, dass – auch wenn der Senat es nicht explizit formulierte – er von einer Restriktion des Untreuetatbestandes durch die Begrenzung des Pflichtwidrigkeitsmerkmals auf „gravierende Verstöße" ausgegangen ist. Denn, Fälle der Existenzgefährdung sind als gravierende Verstöße anzusehen, da diese sich außerhalb des unternehmerischen Ermessens bewegen und damit eine Grenze überschritten wird.

(4) BGH, NStZ 2006, 222 ff. (*Kinowelt*)

In der sogenannten *Kinowelt*-Entscheidung sieht der erste Senat des *Bundesgerichtshofes* die Grenze des pflichtgemäßen Handels ebenfalls dort überschritten, wo die „*äußersten Grenzen unternehmerischer Entscheidungsfreiheit überschritten*" werden.[904] Bezogen auf die Pflichtwidrigkeit des Handelns von Vorständen stellt der Senat unter Zugrundelegung der §§ 76, 93 AktG darauf ab, dass den handelnden Vorständen bei ihren in Ausfüllung ihrer *„Pflichten getroffenen Entscheidungen ein weiter Ermessensspielraum zuzubilligen* [Hervorhebung durch Verfasser]" ist.[905] In dem Überschreiten der äußersten Grenze

899 BGHSt 47, 197.
900 BGHSt 47, 197.
901 BGHSt 47, 197.
902 BGHSt 47, 197.
903 BGHSt 49, 155 ff.
904 *BGH*, NJW 2006, 454.
905 *BGH*, NJW 2006, 454.

dieser *„unternehmerischen Entscheidungsfreiheit“* sieht er eine so gravierende Verletzung *„gesellschaftsrechtlicher Pflichten“*, dass sie zugleich eine Pflichtwidrigkeit im Sinne des Untreuetatbestandes zu begründen vermag.[906] Mithin kommt es also auf dieses *Überschreiten* des *„unternehmerischen Ermessensspielraumes“* an.

Festzuhalten ist, dass nicht jede gesellschaftsrechtliche Pflichtverletzung für die Annahme einer Pflichtverletzung im Sinne des § 266 StGB ausreicht. Solange sich das Handeln innerhalb des – gesellschaftsrechtlich zu bestimmenden – unternehmerischen Ermessensspielraumes bewegt, kann eine Pflichtverletzung im Sinne des § 266 StGB nicht ohne weiteres angenommen werden. Wird hingegen die äußerste Grenze der unternehmerischen Entscheidungsfreiheit verletzt, greift § 266 StGB.

(5) BGHSt 50, 331 ff. (*Mannesmann*)

Mit den Erfordernissen einer *gravierenden Pflichtverletzung* setzt sich der dritte Senat des *Bundesgerichtshofes* in der sogenannten *Mannesmann*-Entscheidung auseinander. Das Rubrum zu dieser Entscheidung lautet wie folgt:

> *„Die zur Erfüllung des Tatbestands der Untreue erforderliche Verletzung der Vermögensbetreuungspflicht muss auch bei unternehmerischen Entscheidungen eines Gesellschaftsorgans nicht zusätzlich >gravierend< sein (Klarstellung zu BGHSt 47, 148 und 187)* [Hervorhebung durch Verfasser].“[907]

Der Senat führt aus, dass eine nähere Analyse der zwei Urteile des ersten Strafsenates des *Bundesgerichtshofes* – BGHSt 47, 148, 149 f., 152 und BGHSt 47, 187, 197 f. – erwiesen habe, dass auch der erste Senat *„bei risikobehafteten unternehmerischen Entscheidungen keineswegs eine gravierende Verletzung der Vermögensbetreuungspflicht verlangt“* [Hervorhebung durch Verfasser].[908] Diese Klarstellung begründet der Senat damit, dass der Vorstand alle Maßnahmen zu unterlassen habe, die Vermögensschäden zur Folge hätten.[909] Dies gehöre zu den zwingenden Treuepflichten eines ordentlich und gewissenhaft handelnden Vorstandes.[910] Hierum handele es sich bei den aktienrechtlichen Pflichten aus dem § 93 Abs. 1 Satz 1 AktG, die sich als Pflicht zur Wahrnehmung fremder Vermögensinteressen im Sinne des Untreuetatbestandes darstelle.[911]

---

906 *BGH*, NJW 2006, 454 f.
907 BGHSt 50, 332.
908 BGHSt 50, 343 f.
909 BGHSt 50, 336.
910 BGHSt 50, 336.
911 BGHSt 50, 336.

Bei der im Fall der *Mannesmann*-Entscheidung zu beurteilenden Vergütungsentscheidung handelte es sich um solche Aufgaben, *„für die in der Regel ein weiter Beurteilungs- und Ermessensspielraum eröffnet"* sei.[912] Daher sei eine *„Pflichtverletzung"* im Sinne des § 266 StGB auch *„nicht gegeben,*

1. *solange die Grenzen, in denen sich ein von Verantwortungsbewusstsein getragenes,*
2. *ausschließlich am Unternehmenswohl orientiertes,*
3. *auf sorgfältiger Ermittlung der Entscheidungsgrundlagen beruhendes*
4. *unternehmerisches Handeln bewegen muss, nicht überschritten"* sei.[913]

Auch der dritte Senat will damit nicht *jede* gesellschaftsrechtliche Pflichtverletzung genügen lassen, um eine Pflichtverletzung im Sinne des § 266 StGB anzunehmen. Zur Abgrenzung stellt er auch auf den unternehmerischen Entscheidungsspielraum ab. Dessen Verletzung sieht er als eine Verletzung der Vermögensbetreuungspflicht im Sinne des § 266 StGB an. Dass mit der Verletzung des unternehmerischen Ermessensspielraumes zugleich auch eine *gravierende* gesellschaftsrechtliche Pflichtverletzung einhergeht, stellt der Senat hingegen nicht explizit fest.

Bezogen auf den vorliegenden Fall kommt der Senat zu dem Ergebnis, dass die notwendigen Voraussetzungen einer risikobehafteten Entscheidung nicht vorlägen.[914] Folglich verletzen *„die Entscheidungsträger die ihnen obliegende Vermögensbetreuungspflicht im Sinne des § 266 Abs. 1 StGB"*.[915] Dem Merkmal einer „gravierenden" Pflichtverletzung komme indes vorliegend keine Bedeutung zu.[916] In dem dem dritten Senat vorliegenden Fall haben sich die Entscheidungsträger – wie auch in den vorher dargestellten Entscheidungen – außerhalb eines *unternehmerischen Entscheidungs- oder Ermessensspielraumes* bewegt. Sofern der dritte Senat damit vorliegend folgert, dass es nicht auf eine *zusätzliche* gravierende Pflichtverletzung im Sinne des § 266 StGB ankommt, ist das schlüssig.

Geht man im Einklang mit den zuvor untersuchten Entscheidungen davon aus, dass eine *gesellschaftsrechtlich gravierende Pflichtverletzung* in der Regel mit dem Überschreiten der äußersten Grenze unternehmerischer Entscheidungsfreiheit vorliegt – die zu einer Pflichtverletzung im Sinne des § 266 StGB führt – kann man diese auch im *Mannesmann*-Fall annehmen. Sofern sich die Entscheidungsträger

912 BGHSt 50, 336.
913 BGHSt 50, 336.
914 BGHSt 50, 344.
915 BGHSt 50, 346 unter Verweis auf *BGH*, Urt. vom 22.11.2005 – 1 StR 571/04.
916 BGHSt 50, 346 unter Verweis auf *BGH*, Urt. vom 22.11.2005 – 1 StR 571/04.

bei Entscheidungen außerhalb einer unternehmerischen Entscheidungsfreiheit bewegen, also außerhalb eines Freiraumes, mithin jenseits der Grenzen des unternehmerischen Ermessensspielraumes, dürfte dieses Verhalten stets eine *gravierende gesellschaftsrechtliche Pflichtverletzung* dar stellen. Diese Auslegung steht im Einklang mit der oben bereits dargestellten, zeitlich aber späteren Rechtsprechung des *Bundesverfassungsgerichtes,*[917] wonach ein Verstoß *„jenseits der bestehenden Entscheidungsspielräume"* bestehen muss, um eine Pflichtverletzung im Sinne des § 266 StGB zu begründen.

(6) BGH, NJW 2011, 88 ff. (*Siemens/AUB*)

Die nun bis hier gezeichnete Linie der Rechtsprechung bestätigt der erste Strafsenat des *Bundesgerichtshofes* in der sogenannten *Siemens/AUB*-Entscheidung und konturiert das Tatbestandsmerkmal der *Pflichtwidrigkeit* um einen weiteren Gesichtspunkt: den vermögensschützenden Charakter des Pflichtverstoßes.

Der Senat nimmt in seiner *Siemens/AUB*-Entscheidung Bezug auf das Urteil des *Bundesverfassungsgerichtes* aus dem Jahr 2010[918] und will *„die Anwendung des Untreuetatbestands auf Fälle klarer und deutlicher (evidenter) Fälle pflichtwidrigen Handelns"* beschränken.[919] Darüber hinaus will er zur weiteren Konturierung den Charakter des Untreuetatbestandes als Vermögensdelikt bewahrt wissen,[920] denn § 266 Abs. 1 StGB schütze das zu betreuende Vermögen.[921] Insbesondere sei daher nicht in jedem Verstoß gegen die Rechtsordnung auch eine strafrechtlich relevante Pflichtverletzung im Sinne von § 266 Abs. 1 StGB zu erblicken.[922] Ein untreuespezifischer Zusammenhang sei zwischen Pflichtverletzung und dem von § 266 StGB geschütztem Rechtsgut „Vermögen" nur dann gegeben,[923] wenn eine verletzte Rechtsnorm selbst *„vermögensschützenden Charakter für das zu betreuende Vermögen"* habe.[924] Zudem sieht auch der erste Senat – wie bereits zuvor der dritte Senat – eine Legalitätspflicht für Organe einer Aktiengesellschaft.[925] Einen aktienrechtlich

---

917 *BVerfG,* NJW 2010, 3217, Rn. 128.
918 *BVerfG,* NJW 2010, 3209 ff.
919 *BGH,* NJW 2011, 91, Rn. 35.
920 *BGH,* NJW 2011, 91, Rn. 35.
921 *BGH,* NJW 2011, 91, Rn. 36.
922 *BGH,* NJW 2011, 91, Rn. 36.
923 *BGH,* NJW 2011, 91, Rn. 36.
924 *BGH,* NJW 2011, 91, Rn. 36.
925 *BGH,* NJW 2011, 91, Rn. 37.

geschützten Handlungsspielraum für *„profitable Pflichtverletzungen"* lässt auch er nicht zu.[926] Die Bindung an die gesetzlichen Vorschriften hat demnach absoluten Vorrang.[927]

Allerdings will der Senat dem *ultima-ratio-Prinzip* gerecht werden und auch in solchen Fällen nicht jeden gesellschaftsrechtlichen Pflichtenverstoß zur Annahme einer Pflichtverletzung im Sinne des § 266 StGB genügen lassen.[928] Die §§ 93, 116 AktG seien ebenfalls Vorschriften von erheblicher Unbestimmtheit und generalklauselartigem Charakter.[929] Folglich führe ein Verstoß gegen die §§ 93, 116 AktG nicht automatisch zu einer Pflichtverletzung im Sinne des § 266 Abs. 1 StGB.[930] Denn allein das Abstellen auf die Verletzung einer solchen Vorschrift werde bei der Auslegung des Pflichtwidrigkeitsmerkmals des § 266 Abs. 1 StGB zur Bewahrung des Charakters des Untreuetatbestandes als *Vermögensdelikt* nicht gerecht.[931] Dem Senat folgend wäre ansonsten jeder Gesetzesverstoß gegen gesellschaftsrechtliche Pflichten als pflichtwidrige Handlungen im Sinne von § 266 StGB anzusehen. Damit würde dem Untreuetatbestand jegliche Kontur genommen. Insofern können Verstöße gegen die §§ 93, 116 AktG, nur dann Pflichtverletzungen im Sinne des § 266 StGB sein, wenn sie vermögensschützenden Charakter haben.[932]

(7) Conclusio

Aus den Entscheidungen des *Bundesgerichtshofes* zu § 266 StGB lässt sich der Schluss ziehen, dass Pflichtwidrigkeiten im Sinne des § 266 StGB nach der Rechtsprechung des *Bundesgerichtshofes* nicht stets zusätzlich gravierend sein müssen. Eine *gesellschaftsrechtliche Pflichtverletzung*, die für die Annahme einer Pflichtwidrigkeit im Sinne des § 266 StGB genügt, ist in der Regel anzunehmen, wenn

- die äußersten Grenzen *unternehmerischer Entscheidungsfreiheit* überschritten werden bzw. Entscheidungen außerhalb eines solchen Freiraumes getroffen werden und
- die verletze Norm vermögensschützenden Charakter aufweist.

---

926 *BGH*, NJW 2011, 91, Rn. 37
927 *BGH*, NJW 2011, 91, Rn. 37.
928 *BGH*, NJW 2011, 91, Rn. 38.
929 *BGH*, NJW 2011, 91, Rn. 38.
930 *BGH*, NJW 2011, 91, Rn. 38.
931 *BGH*, NJW 2011, 92, Rn. 38.
932 *BGH*, NJW 2011, 92, Rn. 39.

b. Die Rechtsprechung zur Kreditvergabe, im Speziellen die zur Bestimmung des Handlungs- und Ermessensspielraumes

In der vorliegend zu beurteilenden Konstellation der Banken- und Finanzkrise geht es um den Umgang deutscher Banken mit Krediten und deren Handel. Das erfordert die Untersuchung der strafrechtlichen Rechtsprechung zur Vergabe von Krediten und deren Präzisierung.

(1) BGHSt 46, 30 ff./47, 148 ff. (Untreue durch Kreditvergabe)

In der Entscheidung des ersten Senates, abgedruckt im 46. Band, später fortgeführt durch BHGSt 47, 148 ff., beschäftigt dieser sich mit Fragen betreffend die Verwirklichung des Untreuetatbestandes durch die Vergabe von Krediten.

Der erste Senat sieht es so, dass es sich bei einer Kreditbewilligung um ein Risikogeschäft handelt.[933] Daher hält er es für notwendig, dass „*bei Kreditvergaben auf Grundlage umfassender Informationen die sich daraus ergebenden Risiken gegen die Chancen, die sich daraus ergeben*“, abzuwägen seien.[934] Auf diesen Prozess der Abwägung stellt er zentral ab. Er stellt diesen Prozess ins Zentrum seiner Entscheidung, denn sofern dieser Prozess der „*Abwägung sorgfältig vorgenommen worden sei, könne eine Pflichtverletzung nicht mehr deshalb angenommen werden, weil das Engagement später notleidend werde*“.[935] Entscheidend kommt es nach dem ersten Senat also auf den „Weg“ der Entscheidungsfindung an. Dieser Prozess muss ordnungsgemäß abgelaufen sein. Auf den tatsächlichen späteren Ausgang des Kreditengagements komme es nicht mehr an.

Diese Sicht bestätigt sich auch in der Folgeentscheidung (BGHSt 47, 148). In dieser stellt der Senat auf die Informations- und Prüfungspflichten ab. Im Weiteren konkretisiert der Senat, anhand welcher tatsächlichen Anhaltspunkte davon auszugehen sei, dass eine notwendige Risikoprüfung durch die Bank nicht ausreichend vorgenommen worden ist.[936] Dies könne sich daraus ergeben, dass

- *„die Informationspflichten vernachlässigt wurden“*,[937]
- *„die Entscheidungsträger nicht die erforderliche Befugnis besaßen“*,[938]

933 BGHSt 46, 34.
934 BGHSt 46, 34.
935 BGHSt 46, 34.
936 BGHSt 46, 34.
937 BGHSt 46, 30, 34 f.
938 BGHSt 46, 30, 34 f.

- *„im Zusammenhang mit der Kreditgewährung unrichtige oder unvollständige Angaben gegenüber Mitverantwortlichen oder zur Aufsicht befugten oder berechtigten Personen gemacht wurden“,*[939]
- *„die vorgegebenen Zwecke nicht eingehalten wurden“,*[940]
- *„die Höchstkreditgrenzen überschritten wurden“,*[941]
- *„die Entscheidungsträger eigennützig handelten“.*[942]

Der Senat will also ausdrücklich nicht auf den Ausgang eines Kreditengangements abstellen, auch will er keine konkrete Risikogrenze in Prozent festmachen. Vielmehr beurteilt er den Weg der Entscheidungsfindung und untersucht, ob dieser frei von Fremdeinflüssen und nach bestem Wissen und Gewissen der Verantwortlichen beschritten wurde. Hierzu stellt er Kriterien auf, an denen der Weg der Entscheidungsfindung zu bemessen ist.

(2) BGH, NJW 2006, 453 ff. (*Kinowelt*)

In der *Kinowelt*-Entscheidung erkennt der erste Senat den unternehmerischen Ermessensspielraum ebenfalls explizit an, indem er ausführt: *„Ein weiter, gerichtlich nur begrenzt überprüfbarer Handlungsspielraum steht den entscheidungstragenden Organen der Gesellschaft […] zu […].“*[943]

Er unterlässt es aber nicht, gleichzeitig auf ein ordnungsgemäßes Entscheidungsverfahren und dessen Voraussetzungen zu verweisen:

> *„Dem Entscheidungsträger obliegt es in diesen Fällen allerdings, sich in angemessener Weise, gegebenenfalls unter Beiziehung sachverständiger Hilfe, durch Analyse der Chancen und Risiken eine möglichst breite Entscheidungsgrundlage zu verschaffen.“*[944]

Der Senat hebt in seiner Entscheidung zudem den „Prognosecharakter“ dieser zentralen unternehmerischen Entscheidung hervor, indem er den Freiraum insbesondere dann als gegeben ansieht, wenn Geschäfte mit neuen bisher unbekannten Risiken eingegangen werden sollen.[945]

---

939 BGHSt 46, 30, 34 f.
940 BGHSt 46, 30, 34 f.
941 BGHSt 46, 30, 34 f.
942 BGHSt 46, 30, 34 f.
943 *BGH,* NJW 2006, 453, 455.
944 *BGH,* NJW 2006, 453, 455.
945 *BGH,* NJW 2006, 453, 455.

(3) BGH, Urteil vom 13. August 2009 – 3 StR 576/08 (BKR 2010, 163–168)

Der dritte Senat des *Bundesgerichtshofes* konkretisiert die Handlungs- und Beurteilungsspielräume dahingehend, dass diese *„nur auf der Grundlage sorgfältig erhobener, geprüfter und analysierter Informationen“* Bestand haben können.[946] Der gebotene Umfang der Informationsbeschaffung hänge insbesondere auch davon ab, welches Risiko den Entscheidungsträgern hinsichtlich eventuell fehlender Informationen gestattet sei.[947] Auch in dieser Entscheidung wird wieder der Prognosecharakter der unternehmerischen Entscheidung deutlich. Denn, auch der dritte Senat ist der Ansicht, dies gelte gerade dann, wenn ein neues Geschäftsfeld erschlossen oder eine neue Geschäftsidee verwirklicht wird. Vor allem in diesem Kontext müssten sich die *„Entscheidungsträger für die erforderliche Risikoanalyse eine breite Entscheidungsgrundlage verschaffen* [Hervorhebung durch den Verfasser]*“.948*

(4) BVerfG, NJW 2010, 3209 ff.

Nach dem bereits oben zum Teil dargestellten *Bundesverfassungsgerichtsurteil* vom 23. Juni 2010 ist bei der Beurteilung, ob eine pflichtwidrige Kreditvergabeentscheidung vorliegt, nicht zu übersehen, dass *„es anerkannten bankkaufmännischen Grundsätzen entspricht, dass Kredite nur nach umfassender und sorgfältiger Bonitätsprüfung zu gewähren sind* [Hervorhebungen durch Verfasser]“.[949] Denn bei einer Kreditvergabe komme es insbesondere darauf an, auf der Grundlage umfassender Information die eingegangenen Risiken gegen die sich aus dem Geschäft ergebenden Chancen abzuwägen.[950] Sofern diese Abwägung sorgfältig erfolge, könne eine Pflichtverletzung gerade wegen des sorgfältigen Verfahrens nicht angenommen werden, auch wenn oder gerade wenn das Engagement später notleidend werde.[951]

Das *Bundesverfassungsgericht* geht daher davon aus, dass der *Bundesgerichtshof* seine Rechtsprechung dahingehend präzisiere, dass zur Beurteilung einer Kreditbewilligung und deren eventueller Pflichtwidrigkeit Voraussetzung sei, *„dass sich das Tatgericht eingehend mit allen dafür maßgeblichen Umständen, insbesondere den*

---

946 *BGH*, BKR 2010, S. 166.
947 *BGH*, BKR 2010, S. 166.
948 *BGH*, BKR 2010, S. 166.
949 *BVerfG*, NJW 2010, 3217, Rn. 131.
950 *BVerfG*, NJW 2010, 3217, Rn. 131
951 *BVerfG*, NJW 2010, 3217, Rn. 131.

- *Vermögensverhältnissen des Kreditnehmers,*
- *der beabsichtigten Verwendung des Kredits und*
- *den Aussichten des geplanten Geschäfts*"

auseinandergesetzt habe.[952] Insbesondere gelte die

> *„Annahme des Bundesgerichtshofes, dass es zu den Pflichten eines Bankleiters gehöre, die Einhaltung der gegen die Bank im Außenverhältnis bindenden Vorschrift einschließlich der dazu ergangenen Ausführungsbestimmungen sicherzustellen".*[953]

Das *Bundesverfassungsgericht* lässt aufgrund dieses Maßstabs das Tatbestandsmerkmal der Pflichtwidrigkeit den verfassungsrechtlichen Anforderungen an eine restriktive Auslegung genügen.[954] Das *Gericht* folgert, dass durch die vom *Bundesgerichtshof* entwickelten Maßstäbe der „*Untreuetatbestand im Hinblick auf Kreditbewilligungen ausreichend konkretisiert*" und die Vorhersehbarkeit der Strafdrohung damit hinreichend gewährleist sei.[955]

Bezüglich der Frage der Vorhersehbarkeit der Strafandrohung hebt es allerdings hervor, dass zu berücksichtigen sei, dass bei der Untreuestrafbarkeit im Zusammenhang mit Kreditbewilligungen ein Personenkreis betroffen sei, bei dem nach seiner Ausbildung und seiner Erfahrung *„die für die fallbezogene Anwendung der rechtlichen Standards nötigen Fachkenntnisse vorausgesetzt werden können".*[956] Insofern fragt sich, ob das *Bundesverfassungsgericht* für einen fachspezifisch hoch ausgebildeten Personenkreis als Normadressaten geringere Anforderungen an die Vorhersehbarkeit stellen möchte oder was sonst damit zum Ausdruck gebracht werden sollte.

Des Weiteren stellte das Bundesverfassungsgericht klar, dass die oben benannten Kriterien für die Beurteilung der Pflichtwidrigkeit offensichtlich nicht „*zwingend abschließend seien, sondern es sich vielmehr um Indizien*" handele.[957] Dies folge daraus, dass der Gesetzgeber, der mit dem Untreuetatbestand Raum für die Berücksichtigung von Besonderheiten des Einzelfalls geschaffen habe, auf eine detaillierte Tatbestandstruktur verzichtet habe.[958]

---

952 *BVerfG,* NJW 2010, 3217, Rn. 131.
953 *BVerfG,* NJW 2010, 3217, Rn. 133.
954 *BVerfG,* NJW 2010, 3217, Rn. 133.
955 *BVerfG,* NJW 2010, 3217, Rn. 134.
956 *BVerfG,* NJW 2010, 3217, Rn. 134.
957 *BVerfG,* NJW 2010, 3217, Rn. 134.
958 *BVerfG,* NJW 2010, 3217, Rn. 134.

(5) Conclusio

Im Kern bleibt somit festzustellen, dass die strafgerichtliche Rechtsprechung bei der Beurteilung der Pflichtwidrigkeit auf den Weg der Entscheidungsfindung abstellt. Sie beleuchtet, ob dieser Weg die an ihn gestellten Anforderungen erfüllt. Der Weg der Entscheidungsfindung steht somit im Zentrum der forensischen Begutachtung. Die vom *Bundesgerichtshof* gesetzten Maßstäbe hält das *Bundesverfassungsgericht* wiederum, insbesondere unter Berücksichtigung des mit den Kreditbewilligungen beauftragten Kreises von Normadressaten, für eine ausreichende verfassungsmäßige Präzisierung des Untreuetatbestandes, die mit dem Bestimmtheitsgebot des Art. 103 Abs. 2 GG zu vereinbaren ist.

c. Die Rechtsprechung zu existenzgefährdendem Wirtschaften

Besonderer Untersuchung bedarf die Rechtsprechung zu existenzgefährdendem Wirtschaften.

(1) BGHSt 35, 333 ff.

Nach einer Entscheidung des dritten Senates des *Bundesgerichtshofes* wird einer Gesellschaft mit beschränkter Haftung (GmbH) unter Zustimmung aller Mitgesellschafter nicht „*ohne weiteres ein rechtswidriger Nachteil im Sinne des § 266 StGB zugefügt*“, wenn dieser bereits erzielte Gewinne entnommen werden.[959] Demnach ist unter Zustimmung aller Gesellschafter eine Gewinnentnahme an sich zwar erlaubt,[960] gewisse Folgen dürfen jedoch auch mit Einverständnis der Gesellschafter nicht herbeigeführt werden, z.B. wenn durch diese „*an sich mögliche Entnahme <u>die Existenz der GmbH gefährdet</u>* [Hervorhebung durch Verfasser]“ werde.[961] Sobald trotz Zustimmung aller Gesellschafter durch die Entnahme die Existenz des Unternehmens auf dem Spiel steht, ist damit ein rechtswidriger Nachteil im Sinne des § 266 StGB zugefügt worden. Von der Rechtsprechung ist diese Ansicht wiederholt anerkannt worden, insbesondere wenn

- Produktionsgrundlagen entzogen worden sind (BGH Urteil vom 29.01.1964 – 2 StR 485, 46; BGHSt 3, 32),
- die notwendige Liquidität entzogen wurde (BGH Urteil vom 18.12.1956 – 2 StR 434/56, bei Herlan GA 1958, 46; BGH Urteil vom 29.01.1964 – 2 StR 485/63) oder

959 BGHSt 35, 333.
960 BGHSt 35, 336.
961 BGHSt 35, 337.

• *besondere Interessen* der GmbH einem Entzug von Mitteln entgegengestanden haben (BGH Urteil vom 18.12.1956 – 2 StR 434/56).[962]

Die „*Annahme einer Existenz- oder Liquiditätsgefährdung, insbesondere einer, Aushöhlung' der GmbH durch vorweggenommene Gewinnausschüttungen*", sei dann naheliegend,[963] wenn es sich um eine in Relation zur Gesellschaft große Entnahme handelt und die Gesellschaft dadurch in absehbarem zeitlichen Zusammenhang in Insolvenz zu geraten droht.[964] Der Entscheidungs- und Ermessenspielraum eines Inhabers der Gesellschaft selbst ist demnach bei haftungsbeschränkten Gesellschaften als eingeschränkt anzusehen. Die Inhaber dürfen ihre Gesellschaft nicht „kalt" liquidieren. Die Beschränkung der Haftung zwingt als Kehrseite zu der Einhaltung formaler Regelungen im Zusammenhang mit der Abwicklung der Gesellschaft.

(2) BGH, NJW 1997, 66 ff.

In einer weiteren Entscheidung stellt der dritte Senat, unter Verweis auf das zuvor dargestellte Urteil, auf eine Gesamtbetrachtung ab, nach der die Existenzgefährdung zu beurteilen sei. Als Beispiel führt er wiederum die „*Herbeiführung einer unmittelbaren Existenzgefährdung*" durch den „*Entzug der Produktionsgrundlage*" oder die „*Gefährdung der Liquidität*" an.[965]

(3) BGH, NJW 2000, 155 ff.

Der erste Senat des Bundesgerichtshofes konkretisiert seine Rechtsprechung, indem er im Falle einer Existenzgefährdung eine Verletzung der Vermögensbetreuungspflicht trotz Zustimmung der Gesellschafter für möglich hält.[966] Der Senat begründet dies damit, dass der Untreuetatbestand seiner Zielrichtung nach allein den Schutz des Vermögens bezwecke, das der Pflichtige zu betreuen habe.[967] Ein Geschäftsführer verletze zwar seine Pflicht nicht, wenn sein Vorgehen im Einverständnis der Vermögensinhaber erfolge,[968] allerdings sei aufgrund der eigenen Rechtspersönlichkeit der GmbH die Zustimmung der Gesellschafter als

---

962 BGHSt 35, 337.
963 BGHSt 35, 338.
964 BGHSt 35, 338.
965 *BGH*, NJW 1997, 69.
966 *BGH*, NJW 2000, 154.
967 *BGH*, NJW 2000, 155.
968 *BGH*, NJW 2000, 155.

wirkungslos anzusehen, wenn diese eine Existenzgefährdung für die GmbH bedeute.[969] Mithin kann für den Geschäftsführer einer Gesellschaft nichts anderes gelten, wenn selbst die Gesellschafter einem existenzgefährdenden Wirtschaften nicht zustimmen dürfen. Ein solcher Geschäftsführer würde sich also außerhalb des Freiraumes des unternehmerischen Ermessensspielraumes bewegen.

(4) BGHSt 49, 147 ff.[970]

Der fünfte Senat geht ebenfalls davon aus, dass eine Strafbarkeit wegen Untreue wegen eines existenzgefährdenden Eingriffs in Betracht kommt.[971] Insbesondere führt der Senat hierzu aus, dass Vermögenswerte nicht in einem Umfang entzogen werden dürften, der die Existenzfähigkeit eines Unternehmens gefährde.[972] Es gebe einen Bereich, der auch der Dispositionsmöglichkeit der Gesellschafter entzogen sei, weil hier Interessen anderer, z.B. der Gläubiger, oder öffentliche Interessen berührt würden: Eine Gesellschaft, die eine eigene wirtschaftliche Tätigkeit aufgenommen habe, die unter eigener Rechtspersönlichkeit auftrete, ließe gleichzeitig essentielle Schutzerfordernisse entstehen.[973] Dies gelte insbesondere dann, wenn durch einen Vermögensentzug eine konkrete und unmittelbare Existenzgefährdung eintrete.[974] Unter Berücksichtigung dieser Gesichtspunkte treffe den Geschäftsführer und auch die Gesellschafter eine entsprechende Pflicht, eine *„Gesellschaft nicht existenzbedrohend zu beeinträchtigen* [Hervorhebung durch Verfasser]*“*.[975]

(5) BGH, NJW 2009, 2225 ff.

Auf die Pflicht des Verbotes der Existenzgefährdung durch eine Beeinträchtigung des Stammkapitals stellt auch der dritte Senat, unter Berufung auf die soeben dargestellte Entscheidung, ab.[976]

(6) BGH, AG 2009, 787 ff.

Der zweite Senat des *Bundesgerichtshofes* sieht *„Verfügungen, die in Übereinstimmung mit dem Vermögensinhaber erfolgen“* oder von diesen vorgenommen wurden,

---

969 *BGH,* NJW 2000, 155.
970 Siehe hierzu bereits auch schon oben.
971 BGHSt 49, 147.
972 BGHSt 49, 157.
973 BGHSt 49, 158.
974 BGHSt 49, 158.
975 BGHSt 49, 158.
976 *BGH,* NJW 2009, 2227.

grundsätzlich als nicht pflichtwidrig im Sinn des Untreuetatbestandes an. Allerdings nimmt er in Bezug auf die in zivil- und strafgerichtlicher Rechtsprechung anerkannte Fallkonstellationen des existenzgefährdenden Wirtschaftens die Pflichtwidrigkeit eines Geschäftsführers an, wenn dieser im Sinne des Untreuetatbestandes, auch mit Zustimmung sämtlicher Gesellschafter die Existenz der Gesellschaft gefährdet.[977] Hierzu stellt er fest, dass es demnach einen Bereich gebe, der selbst einer *„Dispositionsfähigkeit der Gesellschafter entzogen"* sei.[978] Es handele sich dabei um solche Verfügungen, die geeignet seien, das Stammkapital einer Gesellschaft zu beeinträchtigen.[979]

(7) Conclusio

Zusammenfassend lässt sich festhalten, dass der erste, zweite, dritte und fünfte Senat des *Bundesgerichtshofes* einheitlich bei einem Verstoß gegen das Verbot der Existenzgefährdung eine Pflichtverletzung im Sinne des § 266 StGB annehmen, und zwar unabhängig davon, ob dieser durch die Gesellschafter oder die Geschäftsführer der Gesellschaft vorgenommen wird. Demnach ist in solchen Fällen bei den Gesellschaftern und Geschäftsführern der unternehmerische Entscheidungsspielraum auf null reduziert. Mithin bewegen sich beide außerhalb dieses Handlungsspielraumes, sodass eine Pflichtverletzung im Sinne des Untreuetatbestandes anzunehmen ist.

3. Zusammenfassung

Nach strafgerichtlicher Rechtsprechung ist eine *gravierende gesellschaftsrechtliche Pflichtverletzung* stets eine Pflichtwidrigkeit im Sinne des § 266 StGB. Eine *gravierende gesellschaftsrechtliche Pflichtverletzung* ist anzunehmen, wenn die Grenze *unternehmerischer Entscheidungsfreiheit* überschritten wurde und die unmittelbar verletzte Norm vermögensschützenden Charakter hat. Dabei stellt die Rechtsprechung zur Klärung der Frage, ob die Grenze unternehmerischer Entscheidungsfreiheit überschritten wurde, auf den Weg der Entscheidungsfindung ab. Eine Pflichtverletzung im Sinne des § 266 StGB liegt erst dann vor, wenn die Grenzen dieses notwendigen Entscheidungs- und Handlungsspielraumes überschritten wurden. Zudem liegt auch bei Einhaltung dieses Weges ein Verstoß gegen das Verbot der Existenzgefährdung im Sinne einer Pflichtverletzung des § 266 StGB vor. Verfügungen gegen die Existenz einer Gesellschaft liegen ebenfalls stets außerhalb des notwendigen unternehmerischen Entscheidungs- und Handlungsspielraumes.

---

977 *BGH*, AG 2009, 788.
978 *BGH*, AG 2009, 788.
979 *BGH*, AG 2009, 788.

4. Das Verhältnis der Pflichtwidrigkeit aus § 93 AktG und aus § 266 StGB zueinander

Da sich der Umfang und die Grenzen der Pflichten aus § 266 StGB nach dem zugrundeliegenden Rechtsverhältnis – vorliegend nach §§ 76, 93 AktG – richten und es zu der Bestimmung einer Pflichtverletzung auf die konkreten Umstände des Einzelfalles ankommt,[980] geht es bei § 266 StGB wie auch sonst häufig im Wirtschaftsstrafrecht um die „*kaufmännische Verkehrssitte*" oder „*die Sorgfalt eines ordentlichen und gewissenhaften Geschäftsleiters*".[981] Diese Begriffe enthalten erhebliche empirische Bestandteile[982] und wertende Aspekte,[983] die durch soziale Normen und durch die Rechtsprechung[984] mitgestaltet werden.[985] Sehr deutlich zeigt sich diese besonders enge Verknüpfung zwischen Wirtschaftsstrafrecht und Betriebswirtschaftslehre[986] am Beispiel der hier untersuchten Banken- und Finanzkrise.

Im Folgenden soll das Verhältnis des § 93 AktG und des § 266 StGB in Bezug auf das Tatbestandsmerkmal der Pflichtwidrigkeit näher geprüft werden.

a. Zivilrechtliche Komponente

Nach der Rechtsprechung des *Bundesgerichtshofes* für Zivilsachen in der *ARAG/Garmenbeck*-Rechtsprechung muss dem Vorstand bei der Leitung der Geschäfte ein weiter Handlungsspielraum zugebilligt werden, ohne den eine unternehmerische Tätigkeit nicht denkbar wäre (vgl. Teil 2 unter C.II.2.c.). Mit der Normierung dieser Rechtsprechung in § 93 AktG hat der Gesetzgeber diesen notwendigen weiten Handlungsspielraum ausdrücklich in das Recht der Aktiengesellschaften übernommen. Mit § 93 AktG wurde eine formelle Fassung dieses Ermessens- und Handlungsspielraumes geschaffen. Dieser Spielraum kann sowohl bei vorsätzlicher als auch fahrlässiger Verletzung zu einer zivilrechtlichen Haftung führen, sofern dessen Grenzen überschritten werden (vgl. Teil 2 unter C.II.2.a.). Eine Verletzung dieser *business judgement rule* führt somit primär zu zivilrechtlichen Konsequenzen für den handelnden Vorstand.

---

980 *BGH*, vom 23.04.1991 – 1 StR 734/90, in: wistra 1991, 265 f.

981 Vgl. Aktiengesetz vom 06.09.1965 (BGBl. I S. 1089), zuletzt geändert durch Art. 6 Restrukturierungsgesetz vom 09.12.2010 (BGBl. I S. 1900).

982 Vgl. Untersuchung zur Finanzkrise, erster Teil der Arbeit.

983 Vgl. z.B. oben zu § 331 HGB, die relative Bilanzwahrheit.

984 Vgl. *Bundesverfassungsgericht* zu § 266 StGB und die *ARAG/Garmenbeck*-Entscheidung in BGHZ 135, 244.

985 Vgl. Tiedemann, Wirtschaftsstrafrecht AT, Rn. 5.

986 Tiedemann, Wirtschaftsstrafrecht AT, Rn. 30.

b. Strafrechtliche Komponente

Die strafgerichtliche Rechtsprechung hält eine gravierende Verletzung der in § 93 AktG normierten Pflichten für erforderlich, um eine Pflichtverletzung im Sinne des § 266 StGB annehmen zu können. Das Tatbestandsmerkmal der Pflichtwidrigkeit in § 266 StGB greift als zivilrechtsakzessorisches normatives Tatbestandsmerkmal mangels weiterer Ausformung gerade auf die Norm des § 93 AktG zurück (vgl. Teil 2 unter C.I. und II.). Wegen dieser Zivilrechtsakzessorietät des § 266 StGB besteht im Zivilrecht und Strafrecht somit ein Gleichlauf dieser Grenzen des Handlungs- und Ermessenspielraumes. Durch § 266 StGB greift das Strafrecht also gerade auf die Grenzen zurück, die auf zivilrechtlicher Ebene normiert wurden. Mithin kommt es auch im Strafrecht zu einer Zuerkennung eines Ermessens- und Handlungsspielraumes der Geschäftsleiter bei ihren Tätigkeiten.

c. Absolute Grenze

Insofern handelt es sich bei dem jeweils von Zivilrecht und Strafrecht angenommenen unternehmerischen Ermessensspielraum um denselben Spielraum, innerhalb dessen das Handeln eines Vorstandes oder Geschäftsführers konsequenzlos bleiben soll. Zwischen straf- und zivilrechtlichem unternehmerischem Ermessensspielraum besteht somit kein Unterschied. Die fünf Tatbestandsmerkmale des § 93 AktG stellen eine absolute, gemeinsame Begrenzung dieses Spielraumes dar, um deutliche, gravierende Verstöße zu markieren; denn nicht jeder Pflichtenverstoß ist eine Pflichtverletzung im Sinne des § 93 AktG.

Die in materieller Hinsicht erheblichen Verstöße sprengen jedoch den den Akteuren gegebenen Spielraum. Diese Begrenzung gibt einen Rahmen vor. Indem gravierende gesellschaftsrechtliche Verstöße die Grenzen des Handlungs- und Ermessensspielraumes verletzen, genügen diese für die Annahme einer Pflichtverletzung im Sinne des § 266 StGB. Bei den Verstößen gegen die *business judgement rule* handelt es sich also um deutliche, gravierende Pflichtverletzungen, die den Rahmen des den Vorständen gegebenen notwendigen Spielraumes sprengen. Auch das *Bundesverfassungsgericht* verweist zur Annahme einer Pflichtverletzung im Sinne des Untreuetatbestandes auf schwerwiegende Fälle jenseits der bestehenden Entscheidungsspielräume. Die mit § 93 AktG gefassten fünf Tatbestandsmerkmale der *business judgement rule* stellen somit Grenzpunkte eines einheitlichen unternehmerischen Ermessensspielraumes dar. Diese Tatbestandsmerkmale konkretisieren somit absolute Grenzen des rechtlichen Dürfens. Die Qualität des Pflichtenverstoßes im Sinne des § 266 StGB und § 93 AktG ist damit dieselbe. Ein weiterer, noch über diesen unternehmerischen Ermessensspielraum hinausgehender Spielraum im Sinne des § 266 StGB, der einen qualitativ hochwertigeren (gravierenden) Verstoß erfordert, ist nicht erforderlich und auch nicht notwendig. Ein über diesen von § 93 AktG gezogenen Spielraum hinausgehender, noch weiter zu ziehender erst strafrechtlich relevanter Ermessensspielraum ist daher nicht anzunehmen.

d. Gemeinsame Grenze, unterschiedliche Ebene

Allerdings gibt es trotz desselben Spielraumes keinen absoluten Gleichlauf der Haftung, denn es gibt Unterschiede zwischen der zivilrechtlichen und der strafrechtlichen Bewertung der Verletzung der Grenzen des *unternehmerischen Ermessenspielraumes*. Zwar sind die dem Handlungsspielraum gezogenen Grenzen absolute, doch eine Verletzung dieser Grenzen im Sinne des § 93 AktG führt noch nicht automatisch zu einer strafrechtlichen Haftung nach § 266 StGB. Zwar mag bei einer Verletzung des Spielraumes rein objektiv eine Pflichtverletzung im Sinne des § 266 StGB gegeben sein, allerdings verlangt der Untreuetatbestand (§ 266 StGB) im Gegensatz zu den gesellschaftsrechtlichen Regelungen (§ 93 AktG) noch weitere Tatbestandsmerkmale. Insbesondere muss eine vorsätzliche Pflichtverletzung gegeben sein. Eine fahrlässige Verletzung der erforderlichen Sorgfalt reicht im Strafrecht, im Gegensatz zum Zivilrecht, für eine Haftung nämlich nicht aus. Das Strafrecht greift somit erst später ein als das Zivilrecht. Folglich bleibt auch bei der Annahme desselben Ermessensspielraumes der *ultima-ratio-Charakter* des Strafrechts gewahrt.

Die Tatbestandsmerkmale der *business judgement rule* als absolute Grenzen des unternehmerischen Ermessensspielraumes im Verhältnis zwischen Strafrecht und Zivilrecht lassen sich skizzenhaft wie folgt darstellen:

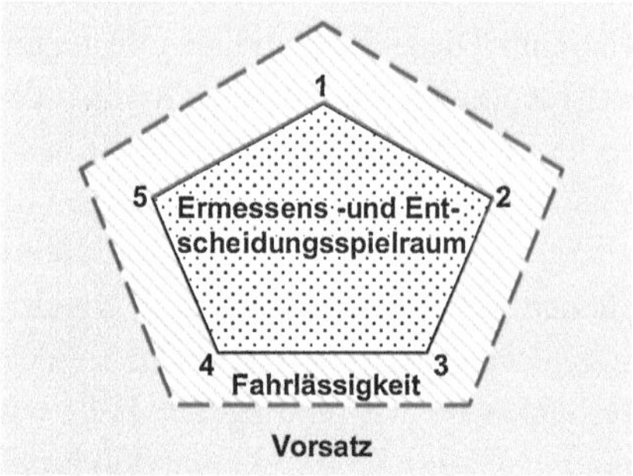

1) Unternehmerische Entscheidung des Vorstandes
2) Handeln auf Basis angemessener Information
3) Handeln ohne Sonderinteressen und sachfremde Einflüsse
4) Handeln zum Wohle der Gesellschaft
5) Gutgläubigkeit

Abbildung 12: Zum Ermessens- und Entscheidungsspielraum

(1) Bei dem gepunkteten Bereich ( ) handelt es sich um den „erlaubten“ Ermessens- und Entscheidungsspielraum.

(2) Bei dem grau gestreiften Bereich ( ) handelt es sich um den zivilrechtlich und strafrechtlich relevanten Bereich.

(3) Bei dem einheitlich grauen Bereich ( ) handelt es sich um den lediglich zivilrechtlich relevanten, weil rein durch Fahrlwässigkeit gekennzeichneten Bereich.

e. Strafrechtliche und zivilrechtliche Kriterien zur Feststellung des unternehmerischen Ermessensspielraumes im Vergleich

Da das Zivilrecht und das Strafrecht denselben Begrenzungen des unternehmerischen Ermessenspielraumes unterliegen, müssten die unterschiedlichen Beschreibungen auf unterschiedlichen Terminologien basieren. Dies müsste sich an der Rechtsprechung des *Bundesgerichtshofes* zeigen lassen. Dieser will nämlich für die Annahme einer Pflichtwidrigkeit im Sinne des Untreuetatbestandes ebenfalls nicht jede gesellschaftsrechtliche Pflichtverletzung genügen lassen.[987] Ob die gesellschaftsrechtliche Pflichtverletzung gravierend ist, soll sich an einer Gesamtschau anhand der gesellschaftsrechtlichen Kriterien erkennen lassen (vgl. hierzu Teil 2 unter C.III.2.). Hierfür steckt er die Grenzen[988]

- *fehlende Nähe zum Unternehmensgegenstand,*
- *Unangemessenheit im Hinblick auf die Ertrags- und Vermögenslage,*
- *fehlende innerbetriebliche Transparenz und*
- *Verfolgung rein persönlicher Präferenzen,*

bei deren sämtlichen Vorliegen jedenfalls eine Pflichtverletzung im Sinne des § 266 StGB vorliege.[989]

Der *Bundesgerichtshof* legte hierbei den § 93 AktG in seiner alten Fassung zugrunde, der lediglich die Sorgfalt eines ordentlichen und gewissenhaften Geschäftsleiters forderte. Zu der Konkretisierung dieses § 93 AktG a.F. zog er aber die Rechtsprechung aus BGHZ 135, 244 heran,[990] die dem Gesetzgeber später als Grundlage für die Einführung der *business judgement rule* diente. Zu überprüfen ist, ob die vom Senat aufgestellten Kriterien in der *business judgement rule*

987 BGHSt 47, 187.
988 BGHSt 47, 187, 197.
989 BGHSt 47, 187, 197.
990 BGHSt 47, 187, 192.

aufgehen. Stellt man nun die verschiedenen Kriterien und die Tatbestandsmerkmale der *business judgement rule* gegenüber, ergibt sich Folgendes:

Strafrechtlich formulierte Kriterien einer Gesamtschau durch den ersten Senat des *Bundesgerichtshofes*	**Tatbestandsmerkmale der *business judgement rule* (gesellschaftsrechtliche Kriterien)**	**Bedeutungserläuterung**
- Fehlende Nähe zum Unternehmensgegenstand	- Unternehmerische Entscheidung des Vorstandes - Sachfremde Einflüsse	- Dem Unternehmenszweck dienendes Handeln (insbesondere von der Satzung der Gesellschaft abgedecktes). - Von Fremdeinflüssen unbeeinflusstes Handeln des Vorstandes.
- Unangemessenheit im Hinblick auf die Ertrags- und Vermögenslage	- Handeln zum Wohle der Gesellschaft	- Annehmen dürfen, zum Wohle der Gesellschaft zu handeln, insbesondere durch langfristige Ertragsstärkung und Wettbewerbsfähigkeit des Unternehmens und seiner Produkte oder Dienstleistungen. - Der sogenannten *wirtschaftlichen Vernunft* folgend.
- Fehlende innerbetriebliche Transparenz	- Gutgläubigkeit - auf Basis angemessener Informationen	- Annehmen dürfen, zum Wohle der Gesellschaft zu handeln. Erforderlich ist, dass der Vorstand selbst an die Richtigkeit seiner Entscheidung glaubt. Sofern aber eine Verdunklung gegeben ist, kann die Annahme, zum Gesellschaftswohl zu handeln, nicht gegeben sein. - Annehmen können, die Handlungen erfolgen auf der Grundlage angemessener Informationen.
- Verfolgung rein persönlicher Präferenzen	- Frei von Interessenkonflikten - Gutgläubigkeit	- Von Interessenkonflikten, Fremdeinflüssen und ohne unmittelbaren Eigennutz unbeeinflusstes Handeln des Vorstandes.

Abbildung 13: Gegenüberstellung business judgement rule & Gesamtabwägung nach BGHSt 47, 187 ff.

f. Ergebnis

Es ist ersichtlich, dass die meisten Kriterien des Senates des *Bundesgerichtshofes* und die Tatbestandsmerkmale der *business judgement rule* ineinander aufgehen. Letztendlich versuchen das „Strafrecht" und das „Gesellschaftsrecht" dieselben Grenzen *unternehmerischer Entscheidungsspielräume* abzustecken und zu konkretisieren. Des Weiteren zeigt sich an der Gegenüberstellung, dass sowohl die strafrechtliche Rechtsprechung als auch der Gesetzgeber bei Normierung der *business judgement rule* auf den Weg der Entscheidungsfindung abstellen. Dieser Weg der Entscheidungsfindung muss den Anforderungen genügen. Letztendlich führen *außerhalb* des unternehmerischen Ermessenspielraumes liegende gravierende gesellschaftsrechtliche Pflichtverletzungen stets zu einer Pflichtwidrigkeit im Sinne des Untreuetatbestandes, weil für beides dieselben Begrenzungen angenommen werden.

5. Beurteilung

a. Business judgement rule

Bislang hat sich gezeigt, dass mindestens vier Tatbestandsmerkmale der *business judgement rule* im Rahmen der zu prüfenden Tathandlungen im Zuge der Banken- und Finanzkrise nicht eingehalten wurden, d.h. eine Überschreitung des unternehmerischen Ermessensspielraumes ist auszumachen. Bankvorstände haben durch die Teilnahme an Verbriefungsgeschäften die Voraussetzungen, die zur Annahme eines haftungsfreien Ermessenspielraumes führen, nicht erfüllt. Sofern Lenker deutscher Banken also

- Engagements eingingen und Geschäfte tätigten, die den Satzungen der von ihnen geleiteten Institute widersprachen,
- übermäßig die Bildung von *Klumpenrisiken* und eine unzureichende Risikosteuerung der ausgelagerten Risiken zuließen,
- diese Geschäfte eingingen, obwohl die *Komplexität der internationalen Verbriefungsgeschäfte* zwingend eine ausreichende Informiertheit erforderte die nicht gegeben war,
- sich nur noch auf die Ratings der drei großen Ratingagenturen verließen, ohne selbst die komplexen Finanzprodukte zu durchdringen und ohne die Fähigkeit einer eigenen Risikobestimmung zu besitzen, obwohl von vornherein evidente Zweifel an den Ratings hätten bestehen müssen,
- *existenzgefährdende Risiken* allein schon aufgrund der Höhe der gehandelten Volumina eingingen,

- den Effekt der *Fristentransformation* über das Vehikel Zweckgesellschaft ausnutzten und sich so ungebremst den daraus entstehenden enormen Risiken einer Existenzvernichtung aussetzten,
- das deutsche Bankenaufsichtsrecht auf Kosten der Sicherheit und Stabilität der Institute umgingen,

lagen mithin *evidente gravierende gesellschaftsrechtliche Pflichtverletzungen* vor.

Jedes dieser aufgezählten Kriterien liegt außerhalb des haftungsfreien Bereichs, den der unternehmerische Ermessens- und Entscheidungsspielraum gewährt. Folglich liegen gravierende gesellschaftsrechtliche Pflichtverletzungen im Sinne des § 93 AktG vor.

b. BGHSt 47, 187 ff.

Unter Zugrundelegung der von BGHst 47, 187 ff. aufgestellten Kriterien, nach denen eine gesellschaftsrechtliche Pflichtverletzung gravierend ist,[991] ergibt sich Folgendes:

- Legt man das erste Kriterium der *fehlenden Nähe zum Unternehmensgegenstand* zugrunde, so lässt sich feststellen, dass dieses, sofern Engagements eingegangen und Geschäfte getätigt wurden, die den Satzungen der Institute widersprechen, vorliegt.
- Legt man das zweite Kriterium der *Unangemessenheit im Hinblick auf die Ertrags- und Vermögenslage* zugrunde, so lässt sich feststellen, dass dieses vorliegt, sofern übermäßig die Bildung von *Klumpenrisiken* zugelassen wurde und eine unzureichende Risikosteuerung der ausgelagerten Risiken erfolgt. Der Effekt der *Fristentransformation* wurde über die Zweckgesellschaften ausgenutzt und die enormen Risiken wurden ungebremst übernommen.
- Legt man das dritte Kriterium der *fehlenden innerbetrieblichen Transparenz* zugrunde, so lässt sich feststellen, dass dieses evident vorliegt, sofern Engagements „außerhalb" der Bilanzen verlegt wurden. Dadurch wurde das deutsche Bankenaufsichtsrecht auf Kosten der Sicherheit und Stabilität umgangen.
- Legt man das vierte Kriterium der *Verfolgung rein persönlicher Präferenzen* zugrunde, so liegt es nahe, dass die dargestellten Geschäfte lediglich der Maximierung der eigenen *Boni* dienten und Folge übersteigerten egoistischen Handelns waren. Sofern die *Komplexität der internationalen Verbriefungsgeschäfte* die Beurteilung der eingegangenen Risiken erschwerten und diese Geschäfte trotzdem

---

991 BGHSt 47, 187, 197.

eingegangen wurden, folglich eine zwingend unzureichende Informiertheit vorlag, liegt der Rückschluss des Vorrangs persönlicher Präferenzen nahe.

Demzufolge sind, bis auf das Kriterium der *Verfolgung rein persönlicher Präferenzen,* die Kriterien, die der *Bundesgerichtshof* in BGHSt 47, 187 ff. aufgestellt hat, gegeben. Mithin ist auch nach dieser Gesamtschau eine gravierende gesellschaftsrechtliche Pflichtverletzung im Sinne des § 266 StGB anzunehmen.

c. Existenzgefährdung

Sofern *existenzgefährdende Risiken* eingegangen wurden, indem einem Institut die notwendige Liquidität entzogen wurde (worauf z.B. die Inanspruchnahme des staatlichen „Rettungsschirms" hindeuten könnte) ist aus Sicht der strafrechtlichen Rechtsprechung ebenfalls eine gravierende gesellschaftsrechtliche Pflichtverletzung im Sinne des § 266 StGB gegeben.

d. Kreditvergabe

Vorliegend ist nicht nur aufgrund einer einzelnen Handlung, sondern auch aufgrund des Ausmaßes und der Gesamtheit der Geschäfte eine gravierende gesellschaftsrechtliche Pflichtverletzung anzunehmen. Es ist nicht auf ein einzelnes Engagement oder Handeln abzustellen, sondern das geschaffene Konstrukt insgesamt in den Blick zu nehmen. Es handelt sich also nicht um eine einzelne in Frage stehende Kreditvergabe; vielmehr geht es um ein „Gesamtsystem", das mit und für diese Engagements geschaffen wurde.

Es darf nicht übersehen werden, dass die vorliegenden fraglichen Engagements durch Kreditlinien abgesichert wurden, sodass die aufgezeigten Risiken, die enorm und kaum kalkulierbar wurden, durch diese eingeräumten „Garantien" scheinbar übernommen wurden. Über diese „Brücken" machten die Banken sich die Risiken und die hierzu führenden Handlungen insgesamt zurechenbar.

Somit könnte man auch die Rechtsprechung zur Kreditvergabe zugrunde legen und überprüfen, ob nicht auch durch die Vergabe der Kreditlinien bereits eine gravierende gesellschaftsrechtliche Pflichtverletzung vorliegen könnte. Damit sind die von BGHSt 47, 148 aufgestellten Informations- und Prüfungspflichten als Grundlage zu wählen und zu untersuchen, ob die notwendige Risikoprüfung der Bank ausreichend erfolgte.[992] Ob eine ausreichende Risikoprüfung vorgenommen wurde, ist nach der Entscheidung des ersten Senates an

---

992 BGHSt 46, 34.

spezifischen Kriterien zu messen (s.o.).[993] Nimmt man diese Kriterien als Basis, lässt sich feststellen:

- Die Informationspflichten wurden durch die Komplexität der hinter den Kreditlinien stehenden Engagements vernachlässigt, denn die Komplexität erschwerte eine Beurteilung der eingegangenen Risiken. Dennoch wurden diese Engagements eingegangen. Folglich liegt eine unzureichende Informiertheit vor.
- Auch der Verlass auf die Ratings der drei großen Ratingagenturen, ohne selbst die komplexen Finanzprodukte zu erfassen und ohne eigene Risikobestimmung, obwohl evidente Zweifel an den Ratings hätten bestehen müssen, stellt eine Vernachlässigung der Informationspflichten dar.
- Dass die Entscheidungsträger nicht die erforderliche Befugnis besaßen, ergibt sich entweder daraus, dass Engagements und Geschäfte mit Kreditlinien abgesichert wurden, die den Satzungen der Institute widersprachen oder daraus, dass mit der Kreditlinie *existenzgefährdende Risiken* eingegangen wurden.
- Dass im Zusammenhang mit der Kreditgewährung unrichtige oder unvollständige Angaben gegenüber Mitverantwortlichen oder zur Aufsicht befugten oder berechtigten Personen gemacht wurden, ergibt sich daraus, dass die Kreditlinien zwar revolvierend über mehrere Jahre hinweg, aber immer nur für 364 Tage am Stück und niemals am 31.12. (zum Bilanzstichtag) vergeben wurden. Damit wurde das deutsche Bankenaufsichtsrecht auf Kosten der Sicherheit und Stabilität der Institute umgangen.
- Dass die vorgegebenen Zwecke nicht eingehalten wurden, ergibt sich ebenfalls daraus, dass Engagements und Geschäfte über die Kreditlinien abgesichert wurden, die den Satzungen der Institute widersprachen oder daraus, dass mit der Kreditlinie *existenzgefährdende Risiken* eingegangen wurden. Zusätzlich kam die Absicherung der Nutzung des Effektes der unregulierten *Fristentransformation.* Die daraus resultierenden enormen Risiken ergaben sich, weil die *Fristentransformation* in dieser Form und Höhe außerhalb des deutschen Aufsichtsrechts betrieben wurde. Diese Form von Engagement kann nicht dem vorgegebenen geschäftlichen Zweck entsprechen.
- Spätestens mit dem Eingehen *existenzgefährdender Risiken* wurde auch die Höchstkreditgrenze überschritten. Zwar ist dies schon in einem früheren Stadium anzunehmen, es bedarf jedoch noch eingehender betriebswirtschaftlicher Überprüfung.

Die Kriterien für eine pflichtwidrige Kreditvergabe sind damit gegeben.

---

993 BGHSt 46, 30, 34 f.

e. Vorhersehbarkeit

Des Weiteren ergibt sich die Frage, ob es überhaupt voraussehbar war, dass die Liquiditätslinien in Anspruch genommen werden konnten. Zwar wäre einem solchen Einwand zu entgegnen, dass die Pflicht der Eigenkapitalunterlegung gerade für unvorhersehbare Risiken gedacht ist und dem Vorsichtsprinzip im Bankgeschäft dient. Es ist aber unvertretbar, in dem System der Kapitalunterlegung eine Lücke zu suchen, um Geschäfte ohne Überwachung betreiben zu können. Hieraus ergeben sich unkalkulierbare und unbeherrschbare Risiken, die die Existenz eines Geldinstitutes insgesamt aufs Spiel setzen. Die Erkennbarkeit der Risiken zeigt sich zudem darin, dass andere Banken den Betreibern bzw. über Kreditlinien absichernden Instituten der unregulierten Zweckgesellschaften kein frisches Geld mehr zur Verfügung stellen wollten. Die Risiken von Fristentransformationsgeschäften waren spätestens seit der Bankenkrise aus dem Jahre 1931 bekannt.

f. Ergebnis

Eine gravierende gesellschaftsrechtliche Pflichtverletzung, die eine Pflichtwidrigkeit im Sinne des § 266 StGB zu begründen vermag, lag spätestens vor, als die getätigten Engagements ein Ausmaß annahmen, das die Existenz der Institute selbst gefährdete. Im Ergebnis ist somit festzustellen, dass mit dem Vorliegen dieser evidenten gravierenden gesellschaftsrechtlichen Pflichtverletzungen im Sinne der §§ 76, 93 AktG auch eine Pflichtwidrigkeit im Sinne des Untreuetatbestandes gemäß § 266 StGB anzunehmen ist. Rein objektiv muss daher nach den bisherigen Feststellungen bei der Teilhabe der deutschen Banken an den internationalen Verbriefungsgeschäften eine Pflichtverletzung im Sinne des § 266 StGB angenommen werden.

D. Vermögensnachteil

Der Untreuetatbestand (§ 266 StGB) verlangt als Erfolg der Pflichtverletzung, dass dem, dessen Vermögensinteressen der Täter zu betreuen hat, ein „Nachteil" zugefügt worden sein muss. Es muss ein Vermögensnachteil bei dem Vermögensinhaber eingetreten sein, also ein Vermögensschaden entstanden sein.[994] Nach der bereits oben zitierten Entscheidung des *Bundesverfassungsgerichtes* aus dem Jahre 2010 soll der Vermögensnachteil als Taterfolg der Untreue durch einen

994 *Schünemann*-LK, § 266, Rn. 132.

Vergleich des gesamten Vermögens vor und nach der beanstandeten Verfügung unter wirtschaftlicher Betrachtung festgestellt werden.[995] Wobei das *Bundesverfassungsgericht* auch darauf verweist, dass das *Reichsgericht* demgegenüber den Nachteil durch einen Vergleich des hypothetischen Vermögens, ohne den Befugnismissbrauch oder ohne die Pflichtverletzung, mit dem tatsächlichen Vermögen, das infolge einer Handlung oder Unterlassung vorhanden war, feststellte.[996]

Nach der überwiegenden Auffassung soll der Vermögensnachteil des Untreuetatbestandes (§ 266 StGB) dem Begriff des Vermögensschadens beim Betrugstatbestand (§ 263 StGB) entsprechen.[997] Damit soll auch die Figur der sogenannten *schadensgleichen Vermögensgefährdung* oder des *Gefährdungsschadens* im Rahmen des Untreuetatbestandes für die Nachteilszufügung anwendbar sein;[998] allerdings unter Beachtung gewisser Restriktionen, um einer zu weiten – uferlosen – Auslegung des Nachteilsbegriffs im Sinne des Bestimmtheitsgebotes (Art. 103 Abs. 2 GG) entgegen zu wirken.[999] Ein Vermögensschaden könnte bereits durch die Bereitstellung der Liquiditätslinien und die direkten Engagements in die verbrieften Kreditrisiken, im Sinne einer *schadensgleichen Vermögensgefährdung* gegeben ist. Ein Schaden könnte auch erst später, mit der tatsächlichen Inanspruchnahme der Garantien und der Abwertung der im Portfolio gehaltenen Wertpapiere, anzunehmen sein.

Das Gefährliche an der pauschalen Übertragung der Figur der *schadensgleichen Vermögensgefährdung* von dem Betrugstatbestand (§ 263 StGB) auf den Untreuetatbestand (§ 266 StGB) liegt darin, dass die Straflosigkeit des Versuchs des Untreuetatbestandes (§ 266 StGB) unterlaufen werden könnte. Zudem wäre bei Vorliegen von lediglich bedingtem Vorsatz die Abgrenzung zum bloßen Gefährdungsdelikt kaum noch möglich.[1000] Aufgrund dieser Gefahren hat der erste Senat des *Bundesgerichtshofes*[1001] eine zusätzliche Restriktion des Tatbestandsmerkmals des Nachteils auf subjektiver Tatbestandsebene vorgenommen. Er will damit der Gefahr der Entgrenzung des Untreuetatbestandes vorbeugen. Ob dieses

---

995 *BVerfG,* NJW 2010, Rn. 119.

996 *BVerfG,* NJW 2010, Rn. 119.

997 BGHSt 40, 287, 294; BGHSt 43, 297; BGHSt 44, 377, 384; *Schünemann*, LK-StGB, § 266, Rn. 132; *Fischer*, § 266, Rn. 115; *Dierlam*, MüKo-StGB, § 266, Rn. 177.

998 Vgl. *BVerfG,* NJW 2009, 2370 ff.; BGHSt 44, 376, 384; 48, 354.

999 *BVerfG,* NJW 2009, S. 2370 ff.

1000 *Bosch*, wistra 2001, S. 257 ff.; *Matt/Salinger*, Straflosigkeit der versuchten Untreue, S. 234 ff.; *Mosenheuer*, NStZ 2004, S. 181; *Salinger,* ZStW 112 (2000), S. 565 ff., 574 ff; *Günther*, FS-Weber, S. 317; *Salinger*, HRRS 2006, S. 12; *Bernsmann,* GA 2007, S. 219 ff.; *OLG Stuttgart,* NJW 1999, 1564, 1565.

1001 BGHSt 51, 100, 120.

überschießende subjektive Merkmal allerdings in jedem Falle zur Anwendung zu bringen ist, ist im Einzelnen zu untersuchen. Im Hinblick auf die Besonderheit des Untreuetatbestandes (§ 266 StGB) ist anzunehmen, dass eine pauschale Übernahme über den allgemein verständlichen Bedeutungsgehalt des Begriffs des Nachteils hinaus von vornherein nicht überzeugen kann, da diese Besonderheiten eine spezifische Auslegung erfordern.[1002]

Wie die Rechtsprechung das Tatbestandsmerkmal und dabei insbesondere die *schadensgleiche Vermögensgefährdung* handhabt und welche Maßstäbe sich hieraus an die vorliegend zu untersuchenden Konstellationen ergeben, wird im Folgenden untersucht.

I. Die Entwicklung des Vermögensnachteils im Sinne des Untreuetatbestandes in der Rechtsprechung

1. Das Tatbestandsmerkmal Nachteil im Kreditgeschäft

Das Tatbestandsmerkmal der Nachteilszufügung ist für beide Varianten des Untreuetatbestandes Voraussetzung.[1003] Es ist zu beachten, dass nicht jede Beeinträchtigung der wirtschaftlichen Bewegungsfreiheit einen Vermögensnachteil im Sinne des Untreuetatbestandes ergibt.[1004] In Bezug auf das Kreditgeschäft von Banken kann das bedeuten, dass auch dann, wenn objektiv eine Pflichtverletzung vorliegt und ein in Frage stehender Kredit später notleidend wird, dieser Umstand noch nicht zur Erfüllung des Untreuetatbestandes ausreicht.[1005] Mit der Übernahme der Figur der *schadensgleichen Vermögensgefährdung* im Rahmen des Untreuetatbestandes[1006] wird die Voraussetzung geschaffen, dass bereits mit dem Abschluss eines Vertrages oder der Einreichung eines Darlehens ein Vermögensnachteil gegeben sein kann, der auf die Pflichtwidrigkeit zurückzuführen sein muss.[1007] Dies zeigt sich in dem Wortlaut des Untreuetatbestandes (§ 266 StGB). Es muss nämlich „dadurch" ein Nachteil zufügt werden.[1008] Durch die Annahme eines realen Schadens im Rahmen der Figur der

1002 *BVerfG,* NJW 2010, 3214, Rn. 98, 101.
1003 RGSt 69, 59.
1004 BGHSt 3, 99.
1005 BGHSt 46, 35.
1006 *BVerfG,* NJW 2009, 2370 ff.; BGHSt 44, 376, 384; 48, 354.
1007 BGHSt 46, 35.
1008 Vgl. § 266 StGB.

schadensgleichen Vermögensgefährdung ist somit eine Vollendung der Untreue bereits zu diesem frühen Zeitpunkt möglich und nicht erst, wenn der Kredit eventuell später notleidend wird.[1009]

2. Wirtschaftliche Betrachtung des Nachteilsmerkmals

Abgesehen von Entscheidungen zur dogmatischen Figur der *schadensgleichen Vermögensgefährdung* sollen unter dem Blickwinkel der vorliegend zu untersuchenden Konstellationen die beiden Entscheidungen des *Bundesgerichtshofes* in BGHSt 47, 287 ff. und BGHSt NStZ-RR 2006, 378 ff. berücksichtigt werden.

a. BGHSt 47, 287 ff.

Der erste Senat des *Bundesgerichtshofes* hat in einer Entscheidung im Jahre 2001, im Rahmen der Prüfung des Nachteilsmerkmals, auf eine wirtschaftliche Betrachtung abgestellt.[1010] Dazu führt er aus, dass ein Vermögensträger insbesondere auch dann schon geschädigt sein kann, wenn der Täter die rechtliche Zuordnung der betreffenden Mittel nicht verändert hat.[1011] Begründet hat er diese Entscheidung damit, „*dass die Frage des Vermögensschadens unter Zugrundelegung einer wirtschaftlichen Betrachtungsweise zu beurteilen* [Hervorhebung durch Verfasser]" sei.[1012] Zudem führte er aus, dass dies von der höchstrichterlichen Rechtsprechung zu anderen Fällen – in denen es ebenfalls keinen Wechsel in der rechtlichen Zuordnung gegeben habe – so bestätigt worden sei. Er verweist daher auf Fälle der Vermögensgefährdung durch:

- „*einzelne Buchungsvorgänge,*
- *insgesamt unordentliche, den Vermögensstand verschleiernde Buchführung,*
- *Bildung von, schwarzen Kassen'.*"[1013]

Allerdings, führt der Senat weiter aus, setzten alle diese Fälle, eine konkrete Gefährdung des Vermögens voraus. Explizit bedeutet dies, dass alsbald mit dem Eintritt eines endgültigen Schadens zu rechnen sein muss.[1014]

1009 *BGH,* NStZ 2003, 541.
1010 Entscheidung vom 15.11.2001 – 1 StR 185/01, BGHSt 47, 287, 295.
1011 Entscheidung vom 15.11.2001 – 1 StR 185/01, BGHSt 47, 287, 295.
1012 BGHSt 47, 287, 295.
1013 So BGHSt 47, 287, 295.
1014 BGHSt 47, 287, 296.

b. BGH, NStZ-RR 2006, 378 ff.

Der vierte Senat des *Bundesgerichtshofes* hat in einer Entscheidung im Jahre 2006[1015] einen Vermögensnachteil im Sinne einer *schadensgleichen Vermögensgefährdung* auch im Falle einer Bürgschaftsübernahme angenommen. Denn auch in einem solchen Fall sei grundsätzlich durch einen ex-ante vorzunehmenden Vergleich des gesamten Vermögens vor und nach der beanstandeten Verfügung unter wirtschaftlichen Gesichtspunkten, zu prüfen, ob ein Vermögensnachteil eingetreten sei.[1016] Wertmindernde und erhöhende Faktoren wie Gewinnerwartungen seien ferner zu berücksichtigen.[1017] Wirtschaftlich gesehen hänge die Höhe der Belastung mithin von der Wahrscheinlichkeit der Inanspruchnahme der Bürgschaft ab,[1018] also dem mit dem Engagement verbundenen Risiko. Soweit ein abgesichertes Vorhaben von vorneherein zum Scheitern verurteilt sei oder es sich um ein hochspekulatives Risikoprojekt handele, aber nur dann, sei ein Gefährdungsschaden in voller Höhe der Absicherungssumme anzunehmen.[1019] Sofern keine dieser Kriterien gegeben ist, ist die Höhe der Belastung von dem Risiko des Engagements abhängig und nach wirtschaftlichen/kaufmännischen Kriterien konkret zu bestimmen.

3. Restriktion der dogmatischen Figur der *schadensgleichen Vermögensgefährdung*/des *Gefährdungsschadens*

In einer zwei Monate später, im Oktober des Jahres 2006, ergangenen Entscheidung[1020] nimmt der zweite Senat des *Bundesgerichtshofes* bezüglich der Gefährdungsschäden eine weitere Begrenzung des Untreuetatbestandes vor. Er verweist auf die bereits oben dargestellte Entscheidung BGHSt 46, 30, 34 und führt aus, dass bisher eine Restriktion des Untreuetatbestandes, insbesondere durch die Einbeziehung subjektiver Elemente in das objektive Tatbestandsmerkmal der Pflichtwidrigkeit, versucht wurde. Neu ist nun, dass der zweite Senat aber den Untreuetatbestand in Fällen, in denen nur bedingter Vorsatz in Kombination mit einem *Gefährdungsschaden* vorliegt, eine Begrenzung allein im subjektiven Tatbestand vornehmen will.[1021] In diesen Fällen fordert der Senat über die „*Kenntnis*

1015 Entscheidung vom 17.08.2006 – 4 StR 117/06, BGH NStZ-RR 2006, 378.

1016 *BGH,* NStZ-RR 2006, 378.

1017 *BGH,* NStZ-RR 2006, 379.

1018 *BGH,* NStZ-RR 2006, 379.

1019 *BGH*, NStZ-RR 2006, 378.

1020 Entscheidung vom 18.10.2006 – 2 StR 499/05 = BGHSt 51, 100, 121 f.

1021 BGHSt 51, 100, 121 f.

des Täters von der konkreten Möglichkeit eines Schadenseintritts und das Inkaufnehmen dieser konkreten Gefahr“ hinaus, dass auch *„eine Billigung der Realisierung dieser Gefahr“* gegeben ist.[1022] Auch wenn dies nur in der Form erfolgt, dass der Täter sich mit dem Eintritt des ihm an sich unerwünschten Erfolgs abfindet.[1023] Der Senat hält also in Fällen, in denen „nur“ bedingter Vorsatz in Kombination mit einem *Gefährdungsschaden* vorliegt, unter Zuhilfenahme der Annahme einer zusätzlichen subjektiven Voraussetzung den Untreuetatbestand mit dem Bestimmtheitsgrundsatz für vereinbar. Nur dann könne schon bei Eintritt einer konkreten Gefahr des Vermögensverlustes eine rechtsstaatlich unbedenkliche Vorverlagerung der Strafbarkeit angenommen werden.[1024]

Diese Entscheidung des zweiten Senates des *Bundesgerichtshofes* blieb nicht unwidersprochen. Denn der erste Senat des *Bundesgerichtshofes* hat sich dieser im Jahre 2008 in Bezug auf die Frage des Vermögensschadens bei Risikogeschäften anscheinend entgegengestellt.[1025] In seiner Entscheidung führt der erste Senat aus, dass es auf die Entscheidung des zweiten Senates in BGHSt 51, 100 im vorliegenden Fall in mehrfacher Hinsicht nicht ankomme, denn:

- Zum einen verhalte es sich im vorliegenden Fall anders. Es liege weder ein Handeln mit nur bedingtem Vorsatz noch ein bloßer *Gefährdungsschaden* vor. Vor allem aber liege nicht, wie in BGHSt 51, 100, ein Fall der Bildung „schwarzer Kassen“ vor. Nur auf Fälle solcher Art würde sich die zuvor benannte Entscheidung des zweiten Senates beschränken.[1026]
- Des Weiteren stellt der erste Senat klar, dass er dem nicht folgen könne, sofern aus der zuvor dargestellten Entscheidung gefolgert werden sollte, dass sich die zusätzliche Voraussetzung beim vorsätzlichen pflichtwidrigen Eingehen von Vermögensrisiken, also der Vorsatz, immer auch auf die Billigung des endgültigen Vermögensnachteils erstrecken müsse.[1027] Zwar sehe auch der Senat, dass bei einer Verurteilung wegen Untreue mit einer *doppelten Vorverlagerung* Bedenken hinsichtlich einer Überdehnung des Untreuetatbestandes aufkommen könnten. Doch sei, bevor diese neue, der *„bisherigen Dogmatik widersprechende Erstreckung*“ des Vorsatzes auch auf einen in Zukunft zu erwartenden

---

1022 BGHSt 51, 100, 121 f.
1023 BGHSt 51, 100, 121 f.
1024 BGHSt 51, 100, 121 f.
1025 Entscheidung vom 20.03.2008 – 1 StR 488/07 = NStZ 2008, 457.
1026 *BGH,* NStZ 2008, 457.
1027 *BGH,* NStZ 2008, 457.

endgültigen Vermögensnachteil vorgenommen werde, zunächst zu prüfen, ob sich das Problem, bei „*einer präzisen Begriffsverwendung unter exakter Betrachtung des tatsächlichen wirtschaftlichen Nachteils*" nicht als „*Scheinproblematik*" herausstelle.[1028]

- Insbesondere ergebe eine präzise Betrachtung der konkreten Vermögensgefährdung, dass es sich in Wirklichkeit um einen bereits unmittelbar mit der Tathandlung eingetretenen Vermögensnachteil handele.[1029] Als Beispiel eines solchen pflichtwidrigen Risikogeschäftes mit konkreter Vermögensgefährdung führt der Senat die Vergabe eines ungesicherten Kredits an ein zahlungsunfähiges Unternehmen an. Dort sei der Rückzahlungsanspruch „*sofort weit über das bei jeder Kreditvergabe mögliche und zulässige Maß* […] *hinaus minderwertig*".[1030] Demnach ergebe sich aus der Vermögenssaldierung der ausbezahlten Darlehenssumme und dem verbleibenden Wert der Rückzahlungsforderung unmittelbar ein *real eingetretener Vermögensnachteil.*[1031] Bezüglich des subjektiven Tatbestandes und dem Tatbestandsmerkmal des Vermögensnachteils stellt der Senat schließlich fest, dass ein Täter, der die Pflichtwidrigkeit seines Handelns und die Umstände, die den Minderwert des Rückzahlungsanspruchs begründen, kennt, bei der Tathandlung mit direktem Vorsatz handele.[1032]

Folglich stellt sich der erste Senat nicht direkt der vorangegangen dargestellten Entscheidung des zweiten Senates entgegen, sondern mahnt vielmehr eine präzise Schadensfeststellung an. Bei einer präzisen Schadensfeststellung kann auf die vom zweiten Senat in BGHSt 51, 100 aufgestellten subjektiven Voraussetzungen weitgehend verzichtet werden.

4. Berücksichtigung der Sicherheiten bei der Kreditvergabe als wesentliches Kriterium der Nachteilsbestimmung

Bei der Gewährung eines pflichtwidrigen Kredites ist bzgl. des Nachteils auf einen Vergleich der ausgezahlten Darlehenssumme mit dem Wert des Rückzahlungsanspruchs, insbesondere unter Berücksichtigung der vereinnahmten Sicherheiten, zum Zeitpunkt der Kreditgewährung abzustellen.[1033] Für ein Kreditinstitut kann ein

1028 *BGH,* NStZ 2008, 457.
1029 *BGH,* NStZ 2008, 457.
1030 *BGH,* NStZ 2008, 457.
1031 *BGH,* NStZ 2008, 457.
1032 *BGH,* NStZ 2008, 458.
1033 BGHSt 47, 157.

Vermögensnachteil dann angenommen werden, wenn die Auszahlung einer Darlehenssumme auf der einen Seite und der Rückzahlungsanspruch auf der anderen Seite in einem wirtschaftlichen Missverhältnis zueinander stehen.[1034] Von einem solchen Missverhältnis ist in der Regel auszugehen, wenn die Darlehensauszahlung aufgrund einer unzureichenden Bonitätsprüfung vorgenommen wurde und die Rückzahlung des Darlehens über das allgemeine Risiko der Kreditvergabe hinaus gefährdet ist.[1035]

Insofern ist ein Nacheil im Sinne einer schadensgleichen Vermögensgefährdung bei der Auszahlung eines ungesicherten Darlehensbetrages gegeben. Denn der Marktwert einer ungesicherten Darlehensforderung liegt nach wirtschaftlicher Betrachtung regelmäßig wesentlich niedriger als der einer gesicherten Forderung.[1036] Im Falle des Verkaufs einer gesicherten und einer ungesicherten Forderung, bei ansonsten gleichen Umständen, wird die gesicherte Forderung einen höheren Marktwert erzielen, da das Ausfallrisiko bei der ungesicherten Forderung höher ist.

5. Klarstellung des Bundesverfassungsgerichtes zu dem Tatbestandsmerkmal des Vermögensnachteils im Sinne des § 266 StGB

Das *Bundesverfassungsgericht* hat in seiner letzten, bereits zitierten Entscheidung aus dem Jahre 2010 zum Untreuetatbestand bezüglich des Tatbestandsmerkmals des Nachteils klargestellt, dass insbesondere das Tatbestandsmerkmal des Nachteils durch die Forderung eines tatsächlichen Nachteilseintritts zur Restriktion des Untreuetatbestandes beitrage.[1037] Dieser grenze nämlich den nicht unter Strafe gestellten Versuch der Untreue aus, indem es das Erfolgsunrecht voraussetze.[1038] Sofern der Eintritt eines möglichen Nachteils im ungewissen bleibe, wenn er auch als möglich erscheine, ist nach dem Grundsatz „in dubio pro reo" von den Strafgerichten freizusprechen.[1039] Konkretisierungsbedarf sieht das *Bundesverfassungsgericht* aufgrund der Tatsache, dass es sich bei Vermögen um eine wirtschaftliche Größe handelt, deren Umfang sich erst aus einer Bewertung ergebe, die auf einen bestimmten Zeitpunkt abstelle.[1040] Hierbei könnten zwar auch normative

1034 *BGH,* BKR 2010, 163, Rn.19.
1035 *BGH,* BKR 2010, 163, Rn.19.
1036 *BVerfG,* NJW 2009, 2373, Rn. 37.
1037 *BVerfG,* NJW 2010, 3213, Rn. 100.
1038 *BVerfG,* NJW 2010, 3213, Rn. 100.
1039 *BVerfG,* NJW 2010, 3214, Rn. 100.
1040 *BVerfG,* NJW 2010, 3214, Rn. 103.

Erwägungen eine Rolle spielen, allerdings würden diese eine Konturierung des Nachteilsbegriffs nur zusätzlich erschweren.[1041] Insbesondere seien bestehende Handlungsspielräume des Treupflichtigen zu beachten, denn nur aus dem Vorliegen eines Nachteils könne ohne präzise und unabhängige Untersuchung der Pflichtwidrigkeit nicht auf ein strafwürdiges Handeln geschlossen werden.[1042]

Das *Bundesverfassungsgericht* verlangt somit, dass eine konkrete und präzise Ermittlung des Nachteils vorgenommen wird. Insbesondere dürfe das nicht aus der Annahme praktischer Schwierigkeiten heraus unterbleiben.[1043] Es verlangt auch, dass ein Schaden stets konkret nachgewiesen wird, sofern in der wirtschaftlichen Praxis – *also im kaufmännischen Alltag* – geeignete Methoden zur Bewertung von Vermögenspositionen entwickelt worden sind und zur Verfügung stehen.[1044] Gegebenenfalls sei die Bewertung durch die Hinzuziehung eines Sachverständigen zu bewerkstelligen.[1045] Die Schadensfeststellung sei von den Gerichten

- *„[a]uf eine sichere Grundlage zu stellen" und*
- *„rational nachvollziehbar zu machen".*[1046]

Vor allem hätten die Gerichte sich zu vergewissern, ob sichere Grundlagen für die Feststellung eines Vermögensnachteils überhaupt existieren.[1047] Hierbei dürften zwar normative Gesichtspunkte durchaus eine Rolle spielen, allerdings dürften diese die wirtschaftlichen Überlegungen nicht verdrängen.[1048] Das explizite Abstellen auf die wirtschaftlichen Überlegungen sei zwar nichts Neues, jedoch stelle dieser Ausschluss normativer Gesichtspunkte für die obergerichtliche Rechtsprechung eine Neuerung dar. Die gefestigte Rechtsprechung habe darüber hinaus einen Nachteil im Sinne des Untreuetatbestandes angenommen, in dem sich gesicherte Aussichten auf eine Vermögensmehrung, sogenannte *Anwartschaften* oder *Exspektanzen,* nicht realisierten.[1049] Diese Annahme, so das *Bundesverfassungsgericht*, stehe auch nicht dem Gebot einer restriktiven und präzisierenden Auslegung

---

1041 *BVerfG,* NJW 2010, 3214, Rn. 103.
1042 *BVerfG,* NJW 2010, 3214, Rn. 104.
1043 *BVerfG,* NJW 2010, 3215, Rn. 114.
1044 *BVerfG,* NJW 2010, 3215, Rn. 114.
1045 *BVerfG,* NJW 2010, 3215, Rn. 114.
1046 *BVerfG,* NJW 2010, 3215, Rn. 114.
1047 *BVerfG,* NJW 2010, 3215, Rn. 114.
1048 *BVerfG,* NJW 2010, 3215, Rn. 115.
1049 *BVerfG,* NJW 2010, 3216, Rn. 120.

des Untreuetatbestandes entgegen.[1050] Zu begründen sei dies damit, dass auch Chancen und Gewinnaussichten wirtschaftlichen Wert besitzen, dies entspreche „*alltäglichen wirtschaftlichen Erfahrungen*".[1051] Das beste Beispiel seien die Auswirkungen positiver Gewinnprognosen auf Aktienkurse.[1052]

Umgekehrt korrespondiere aus dieser Annahme positiver Wertzuwächse die Figur des *Gefährdungsschadens*, die eben negative Erwartungen berücksichtige.[1053] Der Dogmatik der *schadensgleichen Vermögensgefährdung* bzw. des *Gefährdungsschadens* liege mithin dieselbe Annahme zu Grunde.[1054] Unter wirtschaftlicher Betrachtung wirke sich bereits die Gefahr eines zukünftigen Wertverlusts auf den gegenwärtigen Wert eines Vermögens aus und stelle damit einen vollendeten Schaden dar.[1055] Das Vermögen des Opfers müsse durch die Tathandlung konkret gefährdet sein, eine lediglich abstrakte Gefährdung könne kaum ausreichen.[1056] Im Einzelfall sei präzise zu untersuchen, ob „*der Eintritt eines Schadens bereits so naheliegend sei, so dass der zu begutachtende Vermögenswert wegen der Verlustgefahr gegenwärtig gemindert sei* [Hervorhebungen durch Verfasser]".[1057] Dabei sei nicht zu vernachlässigen, dass seitens des Schrifttums verbreitet Kritik an der Figur des *Gefährdungsschadens* geltend gemacht werde.[1058] Das *Bundesverfassungsgericht* trägt gleichwohl trotz der berechtigten Kritik

> „*der Tatsache Rechnung, dass sich in einem marktorientierten Wirtschaftssystem die Preise über den Mechanismus von Angebot und Nachfrage bilden und dass sich daher auch die Zukunftserwartungen der Marktteilnehmer auf den erzielbaren Preis und damit den Wert von Gegenständen auswirken*".[1059]

Zur Begründung zieht es das Bilanzrecht heran, da sich diese Erkenntnis auch in dessen Bewertungsvorschriften niedergeschlagen habe.[1060] Die negative Wertberichtigung sei als notwendige Konsequenz aus einem erkannten Risiko anzusehen.[1061] Die Höhe der negativen Wertberichtigung, also des Schadens, hänge von

1050 *BVerfG,* NJW 2010, 3216, Rn. 123.
1051 *BVerfG,* NJW 2010, 3216, Rn. 123.
1052 *BVerfG,* NJW 2010, 3216, Rn. 123.
1053 *BVerfG,* NJW 2010, 3216, Rn. 123.
1054 *BVerfG,* NJW 2010, 3218, Rn. 137.
1055 *BVerfG,* NJW 2010, 3218, Rn. 137.
1056 *BVerfG,* NJW 2010, 3218, Rn. 138.
1057 *BVerfG,* NJW 2010, 3218, Rn. 138.
1058 *BVerfG,* NJW 2010, 3218, Rn. 139.
1059 *BVerfG*, NJW 2010, 3219, Rn. 140.
1060 *BVerfG*, NJW 2010, 3219, Rn. 141.
1061 *BVerfG,* NJW 2010, 3219, Rn. 142.

dem prognostizierten Risiko ab.[1062] Mithin werde zwischen dem erwarteten Schaden und dem gegenwärtig bestehenden regelmäßig ein quantitativer Unterschied existieren.[1063] Dementsprechend stehen nach den Ausführungen des *Bundesverfassungsgerichtes* unter wirtschaftlicher Betrachtung also hinter den Ausdrücken „Gefährdungsschaden" oder „schadensgleiche Vermögensgefährdung" nicht lediglich eine drohende, sondern vielmehr eine bereits eingetretene Vermögensminderung.[1064] Das zeige sich deutlich bei durch Banken vergebene Kredite, diese zählten nämlich gemäß § 340e Abs. 1, Satz 2 HGB zu den „*Vermögensgegenständen des Umlaufvermögens, für die gemäß § 253 Abs. 4, Satz 1, 2 HGB eine Abschreibungspflicht auf einen am Abschlussstichtag niedrigeren, beizulegenden Wert 'besteht*".[1065] Sei also zu erkennen, dass mit einem Forderungsausfall zu rechnen sei, müssten die Banken Einzelwertberichtigungen bilden.[1066] Bei der gebotenen wirtschaftlichen Betrachtung werde in einem solchen Fall das Vermögen der Bank bereits zum Zeitpunkt des Vertragsschlusses oder der verbindlichen Kreditzusage negativ verändert.[1067] Demnach, so führt das *Bundesverfassungsgericht* aus, ist nachvollziehbar, warum der *Bundesgerichtshof* in Fällen der Kreditvergabe einen *Gefährdungsschaden* bereits aus einem Vergleich des Rückzahlungsanspruchs gegenüber der ausgereichten oder auszureichenden Darlehensvaluta ermittele.[1068] Das *Bundesverfassungsgericht* stellt aber auch fest, dass mit der Figur der schadensgleichen Gefährdung immer „*die Gefahr einer Überdehnung des Tatbestands in erhöhtem Maße verbunden*" sei.[1069] Gleichwohl erkennt es aber „*keine prinzipiellen verfassungsrechtlichen Einwände*".[1070]

Im Ergebnis ist festzuhalten, dass das *Bundesverfassungsgericht* stets die konkrete Bezifferung des tatsächlich eingetretenen Schadens verlangt. Es sieht die bisher teilweise rein pauschalen Formeln wie etwa die *Abweichung von den Geboten kaufmännischer Sorgfalt* oder das *Handeln nach Art eines Spielers* unter dem Gesichtspunkt der wirtschaftlichen Bewertung als nicht geeignet zur Feststellung eines Schadens an.[1071] Vielmehr hält es Bewertungen und Wertberichtigungen von Forderungen, die zum kaufmännischen Alltag gehörten, auch wenn

1062 *BVerfG*, NJW 2010, 3219, Rn. 142.
1063 *BVerfG*, NJW 2010, 3219, Rn. 142.
1064 *BVerfG*, NJW 2010, 3219, Rn. 142.
1065 *BVerfG*, NJW 2010, 3219, Rn. 143.
1066 *BVerfG*, NJW 2010, 3219, Rn. 143.
1067 *BVerfG*, NJW 2010, 3219, Rn. 143.
1068 *BVerfG*, NJW 2010, 3219, Rn. 144.
1069 *BVerfG*, NJW 2010, 3219, Rn. 145.
1070 *BVerfG*, NJW 2010, 3219, Rn. 145.
1071 *BVerfG*, NJW 2010, 3220, Rn. 147 f.

sie wie „*insbesondere in den Fällen der Kreditvergabe komplexe wirtschaftliche Analysen*“ erfordern, für erforderlich.[1072] Somit sei der Barwert der voraussichtlich erzielbaren künftigen Zins- und Tilgungszahlungen

- unter Berücksichtigung der Bonität des Kreditnehmers,
- der Rendite des Kredits,
- sowie aller Umstände, die den Forderungseingang zweifelhaft erscheinen lassen sowie
- unter dem Aspekt der Verwertbarkeit der Sicherheiten und
- etwaiger Rückgriffsmöglichkeiten

zu ermitteln.[1073]

Ein Verzicht auf die exakte Feststellung des Nachteilsmerkmals stelle eine Verschleifung der Tatbestandsmerkmale, entgegen der gesetzgeberischen Intentionen, dar[1074] und unterlaufe die Entscheidung des Gesetzgebers gegen die Versuchsstrafbarkeit.[1075] Damit bestehe die Gefahr der undifferenzierten Gleichsetzung von erst zukünftiger Verlustgefahr und gegenwärtigem Schaden.[1076] Da erst die konkrete wirtschaftliche Auswirkung eine zukünftige Verlustgefahr zu einem gegenwärtigen Schaden mache,[1077] sei eine konkrete, präzise wirtschaftliche Analyse vorzunehmen. Nur so könne eine verfassungswidrige Überdehnung des Untreuetatbestandes in den Fällen des *Gefährdungsschadens* vermieden werden.[1078]

Das *Bundesverfassungsgericht* verlangt auch bei der Figur des *Gefährdungsschadens* eine wirtschaftliche Ermittlung eines konkreten Schadens.[1079] Dafür will es die bereits bestehenden, anerkannten Bewertungsverfahren und -maßstäbe berücksichtigen.[1080] Soweit komplexe wirtschaftliche Analysen vorzunehmen sind, die die Gerichte nicht selbst zu vollbringen vermögen, stellt es die Hinzuziehung eines Sachverständigen anheim.[1081] Letztlich müsse die Auslegung des Tatbestandsmerkmals des Vermögensnachteils unter Zugrundelegung des

---

1072 *BVerfG,* NJW 2010, 3220, Rn. 146.
1073 *BVerfG,* NJW 2010, 3220, Rn. 146, 150.
1074 *BVerfG,* NJW 2010, 3220, Rn. 149.
1075 *BVerfG,* NJW 2010, 3220, Rn. 150.
1076 *BVerfG,* NJW 2010, 3220, Rn. 150.
1077 *BVerfG,* NJW 2010, 3220, Rn. 150.
1078 *BVerfG,* NJW 2010, 3220, 151.
1079 *BVerfG,* NJW 2010, 3220, 151.
1080 *BVerfG,* NJW 2010, 3220, Rn. 151.
1081 *BVerfG,* NJW 2010, 3220, Rn. 151.

gesetzgeberischen Willens erfolgen und als selbstständiges Merkmal neben dem der Pflichtverletzung stehen.[1082] Einer Verschleifung müsse vorgebeugt werden.[1083] Deswegen, und um das Vollendungserfordernis zu wahren, hält das *Bundesverfassungsgericht* die eigenständige Feststellung zum Schaden in den Urteilsgründen, in wirtschaftlich nachvollziehbarer Weise, für erforderlich.[1084]

Das *Bundesverfassungsgericht* zeigt in seiner Entscheidung am Beispiel der Vergabe von Krediten nicht viel mehr, als dass der Vermögensnachteil im Sinn des Untreuetatbestandes, auch unter Annahme einer schadensgleichen Vermögensverfügung, als selbstständiges, unabhängiges Tatbestandsmerkmal neben der Pflichtwidrigkeit zu stehen hat, ohne dass es in dem Merkmal der Pflichtwidrigkeit aufgehen darf. Dafür, so zeigt es, hat eine wirtschaftliche Betrachtung des Nachteilsmerkmals einer normativen Betrachtung vorzugehen, um einen konkreten Schaden anhand wirtschaftlich üblicher Bewertungsmethoden auch präzise bestimmen zu können.

In eben diese Richtung geht auch schon eine Entscheidung des ersten Senates des *Bundesgerichtshofes* aus dem Jahre 2009, in der dieser ausführt, dass der unmittelbar eingetretene Vermögensschaden durch das Verlustrisiko zu bestimmen sei.[1085] Dies stelle einen endgültigen Schaden und nicht nur eine (schadensgleiche) Vermögensverfügung dar, dessen Höhe nach wirtschaftlichen Maßstäben zu bewerten sei.[1086] Der Senat hält unter dieser konkreten wirtschaftlichen Schadensbestimmung den Begriff der Vermögensgefährdung für *„nur unzureichend und entbehrlich"*.[1087] Der durch das Risiko verursachte Minderwert sei nämlich benennbar und konkret zu bewerten – diese Bewertung sei kaufmännischer Alltag.[1088] Insofern verweist der Senat darauf, dass die Notwendigkeit, den real eingetretenen Schaden zu bewerten und zu benennen, zu einer Klarheit zwingt, die Grenzüberschreitungen vermeidet.[1089]

II. Der Vermögensnachteil im Rahmen der Finanzkrise

Im Rahmen des Tatbestandsmerkmals des Nachteils kommt es wegen einer klaren Abgrenzung der einzelnen Tatbestandsmerkmale auf eine möglichst konkrete und präzise Bezifferung des materiellen Schadens an. Diese Schadensfeststellung soll

---

1082 *BVerfG*, NJW 2010, 3220, Rn. 113.
1083 *BVerfG*, NJW 2010, 3220, Rn. 113.
1084 *BVerfG*, NJW 2010, 3220, Rn. 113.
1085 BHGSt 53, 199, 200.
1086 BHGSt 53, 199, 200.
1087 BHGSt 53, 202.
1088 BHGSt 53, 203.
1089 BHGSt 53, 204.

bei Kreditforderungen nach wirtschaftlichen – insbesondere bilanzrechtlichen – Maßstäben erfolgen.

Vorliegend geht es darum, Forderungen in Form von Krediten bzw. Ansprüche aus Krediten in verschiedenen Konstellationen zu bewerten; es sind konkret bezifferbare Schäden zu ermitteln. Sofern schadensverursachende Engagements durch pflichtwidrige Handlungen eingegangen wurden, ist der objektive Untreuetatbestand des § 266 StGB gegeben. Allerdings kann es sich bei den hier zu untersuchenden Konstellationen, d.h. bei der Untersuchung der strafrechtlichen Haftungsvoraussetzung des Tatbestandsmerkmals des Vermögensnachteils bei fehlender Informiertheit, um nicht mehr als eine abstrakte Untersuchung handeln. Denn es ist evident, dass die hier abstrakt behandelten Problempunkte kein strafrechtliches Einzelgutachten oder eine tatrichterliche Untersuchung zu ersetzen vermögen.

1. Ankauf und Besicherung verbriefter Kredite

Unter wirtschaftlicher Betrachtung des hinter einem Engagement stehenden wirtschaftlichen Risikos macht es, unter Zugrundelegung der im ersten Teil der Arbeit gewonnenen Erkenntnisse, keinen wesentlichen Unterschied, ob die in den Portfolien von Kreditinstituten vorhandenen Kredite direkt vergeben oder angekauft wurden. Das daraus resultierende Risiko ist derselben Art. Folglich besteht auch kein Unterschied, ob treuwidrig Kredite trotz fehlender Bonität und fehlender Sicherheit vergeben werden oder ob verbriefte Kredite, bei denen Sicherheiten und Bonität ebenfalls fehlen, angekauft werden.[1090] Unter Zugrundelegung dieser Erkenntnis erscheint in den zu untersuchenden Konstellationen der Rückgriff auf die Untreuerechtsprechung des *Bundesgerichtshofes* zur Vergabe von Krediten als naheliegend. Auch für die Absicherung der Geschäfte der Zweckgesellschaften über die Liquiditätslinien erscheint der Rückgriff auf diese Rechtsprechung angebracht. Hierfür spricht:

- einmal, dass diese vergebenen Liquiditätslinien nichts anderes als verbindliche Kreditzusagen darstellen, die mit der Urform des Kredites an sich sehr nahe verwandt sind.[1091] Tatsächlich macht es nämlich keinen Unterschied, ob eine Auszahlung vorgenommen wurde und ein Rückzahlungsanspruch besteht oder ob eine verbindliche Kreditzusage gegeben wurde, über deren Betrag nach Belieben verfügt werden konnte. Denn in beiden Fällen trägt die Bank dasselbe Risiko.

1090 So auch *Gallandi*, wistra 2009, S. 44.
1091 *Schröder*, NJW 2010, S. 1171.

- auch die systematische Auslegung des Strafgesetzbuches.[1092] Denn der Tatbestand des Kreditbetrugs (§ 265b Abs. 3 Nr. 2 StGB) stellt Bürgschaften, Garantien oder sonstige Gewährleistungen dem Kredit gleich.[1093] Eine Garantie, eine Bürgschaft oder auch eine Liquiditätslinie sind als Unterarten des normalen Kredites somit nicht anders zu behandeln als die Urform des Kredites, von der sie abstammen.
- auch eine Entscheidung des vierten Senates des *Bundesgerichtshofes,*[1094] der einen Vermögensnachteil im Sinne einer *schadensgleichen Vermögensgefährdung* im Falle einer Bürgschaftsübernahme angenommen hat. Der Senat wendet in dieser Entscheidung für die Bürgschaftsübernahme keine anderen Grundsätze zur Schadensfeststellung an, als es die Rechtsprechung bei der Vergabe von Krediten tut. Er stellt bezüglich der Ermittlung der Schadenshöhe ebenfalls fest, dass wirtschaftlich gesehen, die Schadenshöhe von der Wahrscheinlichkeit der Inanspruchnahme der Bürgschaft abhänge.[1095] Zur Ermittlung der Wertigkeit einer Bürgschaft seien nämlich keine wesentlich anderen Untersuchungen anzustellen als bei der Ermittlung des Barwertes einer Forderung.[1096] Es kommt hierbei auch auf die Bonität des Bürgen an, die Rendite des Engagements und alle Umstände, die die Inanspruchnahme der Bürgschaft wahrscheinlich erscheinen lassen.[1097] Auch hier seien Aspekte bezüglich der Verwertbarkeit eventueller Sicherheiten und etwaige Rückgriffmöglichkeiten zu ermitteln.[1098]

2. Anknüpfungspunkte

a. Direktinvestition

Bezüglich der direkt in das eigene Portfolio eingekauften Papieren, hinter denen verbriefte Kreditrisiken standen, bedeutet dies, dass die in den Wertpapieren enthaltenen Kreditrisiken von den Investoren konkret hätten bewertet werden müssen. Hieraus hätten sodann die entsprechenden Konsequenzen gezogen werden müssen, wie z.B. die Unterlegung der Risiken mit Eigenkapital. Darüber

---

1092 *Schröder*, NJW 2010, S. 1171.

1093 *Schröder*, NJW 2010, S. 1171.

1094 Entscheidung vom 17.08.2006 – 4 StR 117/06, *BGH,* NStZ-RR 2006, 378, vgl. hierzu bereits oben.

1095 *BGH,* NStZ-RR 2006, 379.

1096 *BGH,* NStZ-RR 2006, 379.

1097 *BGH*, NStZ-RR 2006, 379.

1098 Bzgl. Forderungsberechnung vgl. *BVerfG,* NJW 2010, 3220, Rn. 146.

hinaus ist mehr als fraglich, ob der Kaufpreis dieser Wertpapiere dem Kaufpreis der objektiv enthaltenen Risiken überhaupt entsprach. Offensichtlich ist zumindest, dass wegen des hohen enthaltenen Risikos auch die Renditen dieser Wertpapiere viel höher hätten sein müssen, um auch einen entsprechenden objektiven Gegenwert darzustellen. Letztendlich ist also, bei direkter Investition in diese Wertpapiere, ein Engagement in Kreditrisiken ohne hinreichende Risikovorsorge gegeben, dessen Renditen erheblich hinter dem eingegangenen Risiko zurückblieben.

Als weiterer Aspekt tritt zu den enorm hohen Risiken dieser Wertpapiere hinzu, dass je größer solch ein Portfoliovolumen ist, umso geringer eine Marktstörung ausfallen muss, um Entwicklungen in die eine oder andere Richtung zu bewirken.[1099] Dass diesbezüglich eine entsprechende Vorsorge getroffen wurde, um der Möglichkeit dieser hohen Volatilität entgegenzuwirken, muss bezweifelt werden.

Folglich ist davon auszugehen, dass schon durch die direkte Investition in die in Wertpapieren verbrieften Kreditrisiken ein Schaden entstanden ist, der zwar als *schadensgleiche Vermögensgefährdung/Gefährdungsschaden* zu bezeichnen ist, jedoch durch betriebswirtschaftliche/kaufmännische Bewertungsverfahren konkret berechnet und in nachvollziehbarer Weise dargelegt werden kann.

b. Liquiditätsfazilitäten

Die Untersuchung der eingeräumten Liquiditätslinien ist noch viel gewichtiger, denn die Auswirkungen von deren Inanspruchnahmen waren infernal.

Das gesamte Geschäft mit Wertpapieren auf Basis verbriefter Kredite funktionierte nur, soweit die am Markt agierenden Zweckgesellschaften durch einen „guten Namen“[1100], also durch eine wirtschaftlich hinter diesen Engagements stehende Bank, abgesichert waren.[1101] Hätten die Zweckgesellschaften keine neuen Investoren für die von ihnen selbst zur Refinanzierung vergebenen eigenen *Commercial Papers* gefunden, wären die Investoren auf den auslaufenden *Commercial Papers* sitzen geblieben.[1102] Mangels eigenen Kapitals hätten die Zweckgesellschaften die von den Investoren eingezahlten Gelder nicht mehr ausbezahlen können. Im Falle eines Ausfalls musste jemand garantieren, dass er einspringen und statt der Zweckgesellschaft die Rückzahlung vornehmen würde, da diese mangels

1099 *Schröder*, NJW 2010, S. 1172.
1100 So *Schröder*, NJW 2010, S. 1170.
1101 So auch *Schröder*, NJW 2010, S. 1170.
1102 *Guericke*, Handbuch Corporate Governance von Banken, S. 283.

Eigenkapitals keinerlei Sicherheiten zu bieten hatte, die für diesen Fall hätten haftbar gemacht werden können. Hätte es diese Garantien nicht gegeben, hätte kein Investor in Produkte aus verbrieften Kreditrisiken, ausgegeben von Zweckgesellschaften, investiert. Die von den Banken an ihre Zweckgesellschaften vergebenen Liquiditätslinien waren somit nichts anderes als vereinbarte Ausfallabsicherungen.[1103] Die die Liquiditätslinien gewährenden Banken trugen damit faktisch das gesamte Risiko aller Verbriefungstransaktionen direkt,[1104] taten jedoch alles, um dieses Risiko, das sie trugen, nicht zu offenbaren.

Soweit angenommen wird, dass die durch die Liquiditätslinien abgesicherten Engagements *von vorneherein zum Scheitern verurteilt* waren oder es sich um *hochspekulative Risikoprojekte* handelte; es wäre somit – ohne wenn und aber – ein Schaden in voller Höhe der jeweiligen Absicherungssumme anzunehmen.[1105] Sind diese Voraussetzungen jedoch nicht gegeben, ist unter wirtschaftlicher Betrachtung eine präzise Risikobewertung vorzunehmen, um nach anerkannten betriebswirtschaftlichen/kaufmännischen Methoden eine konkrete Bezifferung einer Schadenssumme vornehmen zu können.

Soweit also ein Scheitern von *vorneherein und ein hochspekulatives Risikoprojekt* nicht angenommen werden, bildet die drohende Inanspruchnahme der Banken aus diesen Liquiditätslinien den neuralgischen Punkt im Rahmen der Nachteilsuntersuchung.[1106] Die Liquiditätslinien wurden erst am Ende der Entwicklung komplett in Anspruch genommen. Bereits weit vorher war diese Inanspruchnahme nicht nur vage, sondern höchst wahrscheinlich bzw. letztlich sicher vorhersehbar. Daher ist anhand von wirtschaftlich üblichen Bewertungsmethoden des kaufmännischen Alltags der durch das Risiko verursachte Minderwert konkret zu benennen. In der Praxis wird dies in der Regel durch die Hinzuziehung von Sachverständigen erfolgen.

Im Rahmen der vorzunehmenden Risikobewertung – unter wirtschaftlicher Betrachtung – wird dabei insbesondere zu beachten sein, dass

- neben dem ohnehin schon hohen Risiko der verbrieften Kredite und deren Ableitungen zusätzlich noch große Volumina abgesichert wurden, bei denen auch nur gering ausfallende Marktstörungen genügten, um die hinter dieser Zweckgesellschaft stehende Bank „*aus den Angeln zu heben*";[1107]

1103 *Guericke*, Handbuch Corporate Governance von Banken, S. 283.

1104 *Guericke*, Handbuch Corporate Governance von Banken, S. 283.

1105 *BGH*, NStZ-RR 2006, 379.

1106 *Schröder*, NJW 2010, S. 1173.

1107 So *Schröder*, NJW 2010, S. 1172.

- die existenzvernichtende Gefahr aus exzessiv betriebener *Fristentransformation* – spätestens seit deren Reglementierung im Jahre 1931 – seit Jahrzehnten bekannt und vorhersehbar ist;[1108]
- spätestens ab Anfang 2007 zumindest klar war, dass die *Fristentransformation* an sich nicht mehr dauerhaft funktionieren wird und damit das komplette Geschäftsmodell der Zweckgesellschaften zusammenbrechen wird;
- sogar Banken eigene Analysten – die nicht durch die Kritik an ihren eigenen Häusern bekannt wurden – teilweise schon im Jahre 2005 vor den Risiken der Engagements in die verbrieften Kredite warnten.[1109] Einer Meldung des Nachrichtenportals *n-tv* kann entnommen werden, dass eine *IKB*-interne Studie namens „California dreamin" bereits vor der Preisblase am US-Wohnimmobilienmarkt diesbezüglich warnte und auch eine höhere Eigenkapitalhinterlegung der verbrieften Forderungen für notwendig hielt.

  Die Analysten warnten damit vor den auch tatsächlich später eingetretenen Risiken. Es ist insgesamt eine Seltenheit, dass solche Warnungen nach außen dringen. Allerdings ist nicht davon auszugehen, dass dies die einzige Warnung von Bankanalysten geblieben ist, die im Jahre 2005 die Gefahren der Engagements erkannt hatten;
- die Schieflage der *IKB AG* und anderer deutschen Banken spätestens seit September 2007 offensichtlich feststanden;[1110]
- der Einwand einer systemischen Krise zudem überhaupt erst mit dem Zusammenbruch der *Lehmann*-Bank im September des Jahres 2008 angebracht werden kann.[1111] Vorher kann man kaum von einer umfassenden Marktstörung sprechen. Vielmehr folgte der Markt seinen eigenen – noch gut funktionierenden – Gesetzen und selektierte diejenigen aus, die sich zu viel Risiko zugemutet hatten.[1112]

Alleine unter Zugrundelegung dieser wenigen allgemeinen Erwägungen, ohne internes Wissen, muss bei der Einräumung der Liquiditätslinien von einer *schadensgleichen Vermögensgefährdung* ausgegangen werden. Das Eigenkapital der sichernden Institute wurde so konkret gefährdet, dass nach wirtschaftlicher Betrachtung bereits eine Verschlechterung der Vermögenslage zu diesem Zeitpunkt eingetreten war.

1108 *Schröder*, NJW 2010, S. 1172, 1173.

1109 www.ntv.de, Eigener Analyst warnte, Meldung vom, 21.08.2007; vgl. auch *Gallandi*, wistra 2009, S. 43, Fn. 13.

1110 Vgl. hierzu *Gallandi*, wistra 2009, S. 46.

1111 So auch *Schröder*, NJW 2010, S. 1172.

1112 So auch *Schröder*, NJW 2010, S. 1172.

3. Die Folgen

Spätestens zum Ende des Jahres 2006/Anfang des Jahres 2007 hätte unter objektiver Betrachtung extrem gegengesteuert werden müssen. Es hätten mindestens

- die Risiken der *CDO*-Papiere,
- die angehäuften *Klumpenrisiken* und
- der Umfang der *Fristentransformation*

abgebaut werden müssen. Insbesondere die eingeräumten Kreditlinien hätten auf ein mit dem eigenen Eigenkapital zu vereinbarendes Maß zurückgeführt werden müssen.

Für jede, eine Zweckgesellschaft absichernde Kreditlinie und die direkt in das Portfolio übernommenen Wertpapiere ist folglich die konkrete Schadenshöhe zu berechnen, auch wenn die Bewertung komplexe wirtschaftliche Analysen erfordert. Es muss insofern vom Vorliegen eines Schadens – eines zugefügten Nachteils – im Sinne des Untreuetatbestandes ausgegangen werden.

E. Vorsatz

Abschließend folgen einige Überlegungen zur subjektiven Seite des Untreuetatbestandes. Zuerst ist zu klären, welche Maßstäbe das *Bundesverfassungsgericht* und der *Bundesgerichtshof* an die Feststellung der subjektiven Seite der Tatbestandsmäßigkeit des Untreuetatbestandes stellen.

I. Voraussetzungen der Rechtsprechung

1. Die Billigung der Realisierung der Gefahr des Schadenseintritts (BGHSt 51, 100, 121 ff.)

Nach bereits oben zitierter Entscheidung des zweiten Senates des *Bundesgerichtshofes* (BGHSt 51, 100 ff.) ist in Fällen der *schadensgleichen Vermögensgefährdung* mindestens „*eine Billigung der Realisierung der Gefahr des Schadenseintritts*“ notwendig.[1113] Der Täter muss sich also mit dem Eintritt des (Schadens-)Erfolgs abfinden.[1114]

1113 BGHSt 51, 100, 121 f.
1114 BGHSt 51, 100, 121 f.

Der erste Senat des *Bundesgerichtshofes*[1115] mahnt, dass diese zusätzliche Restriktion ohnehin nur in der Fallgruppe der *schwarzen Kassen* Anwendung finden könne. Es sei statt dieser (der bisherigen Dogmatik widersprechenden) Begrenzung, vielmehr eine *präzise* und *konkrete* Schadensfeststellung geboten.[1116] Insbesondere in den Fällen der *schadensgleichen Vermögensgefährdung* sei ein *präziser Umgang* mit dem Nachteilsbegriff und dem subjektiven Tatbestand erforderlich.[1117]

In seiner Entscheidung aus dem Jahre 2009[1118] geht das *Bundesverfassungsgericht* auf Restriktionen durch den zweiten Senat des *Bundesgerichtshofes* ein. Es führt dazu aus, dass es in dem ihm vorliegenden Fall nicht darauf ankomme, ob an den bedingten Vorsatz im Fall einer schadensgleichen Vermögensgefährdung weitergehende Anforderungen im Sinne einer Billigung der Schadensrealisierung gegeben sein müssen.[1119] Das *Bundesverfassungsgericht* bekundet weiter, dass eine solche einschränkende Auslegung zwar „*gerade dem Bestimmtheitserfordernis aus Art. 103 Abs. 2 GG Rechnung tragen*“ könne.[1120] In dem ihm zu Entscheidung vorliegenden Fall bestünde der Vermögensnachteil allerdings darin, dass der ungesicherte Darlehensrückzahlungsanspruch wirtschaftlich weniger Wert sei als ein Anspruch, der durch eine eintragungsreife Grundschuld gesichert gewesen wäre.[1121] In diesem Wissen und Wollen sei das Darlehen mithin auch ausgezahlt worden.[1122] Insofern trete bereits in dem frühen Stadium der Auszahlung des Darlehens die Vermögenseinbuße als effektiver, unmittelbarer Nachteil ein.[1123] Dies lasse, in zumindest nicht willkürlicher Weise, den Schluss auf ein Handeln mit direktem Vorsatz zu.[1124] Folglich sei also festzustellen, dass „*bezüglich der Herbeiführung eines Vermögensnachteils mit direktem, nicht nur bedingtem Vorsatz gehandelt*“ wurde.[1125] Auf weitere Feststellungen im Rahmen des subjektiven Tatbestandes käme es damit also nicht mehr an.[1126]

Mehr gibt das *Bundesverfassungsgericht* nicht zu erkennen. Es hält bei einer konkreten Schadensfeststellung – im Rahmen der *schadensgleichen Vermögensverfügung* –

1115 *BGH*, Entscheidung vom 20.03.2008 – 1 StR 488/07 = NStZ 2008, 457.
1116 *BGH*, Entscheidung vom 20.03.2008 – 1 StR 488/07 = NStZ 2008, 457.
1117 *BGH*, Entscheidung vom 20.03.2008 – 1 StR 488/07 = NStZ 2008, 457.
1118 *BVerfG*, Beschluss vom 10.03.2009 – 2 BvR 1980/07 = NJW 2009, 2370 ff.
1119 *BVerfG*, NJW 2009, 2373, Rn. 40.
1120 *BVerfG*, NJW 2009, 2373, Rn. 40.
1121 *BVerfG*, NJW 2009, 2373, Rn. 40.
1122 *BVerfG*, NJW 2009, 2373, Rn. 40.
1123 *BVerfG*, NJW 2009, 2373, Rn. 40.
1124 *BVerfG*, NJW 2009, 2373, Rn. 40.
1125 *BVerfG*, NJW 2009, 2373, Rn. 40.
1126 *BVerfG*, NJW 2009, 2373, Rn. 40.

und bei Kenntnis des Täters der schadensbegründenden Umstände direkten Vorsatz (*dolus directus zweiten Grades*) für gegeben. Sofern ein Entscheidungsträger in dem Wissen handelt, dass ein minderwertiger Anspruch besteht und er trotzdem handelt, kommt es auf die Restriktion durch die zusätzliche Forderung einer *Billigung der Realisierung der Gefahr des Schadenseintritts* nicht mehr an. In einem solchen Falle ist die zusätzliche Forderung einer Billigung eines Schadens auch im Rahmen der Figur der *schadensgleichen Vermögensgefährdung* nach der Rechtsprechung des *Bundesverfassungsgerichtes* nicht mehr notwendiges Merkmal zur Restriktion des Untreuetatbestandes. Es ist ohnehin *dolus directus zweiten Grades* gegeben.

In seiner im Jahre 2010 ergangenen Entscheidung führt das *Bundesverfassungsgericht*[1127] bezüglich der subjektiven Seite des Untreuetatbestandes aus, dieser stelle

- *„auch im subjektiven Bereich keine hohen Anforderungen: Hinsichtlich sämtlicher objektiver Tatbestandsmerkmale muss lediglich bedingter Vorsatz vorliegen*".[1128]
- Insbesondere erfordere der Untreuetatbestand keine Schädigungsabsicht oder, wie es der Betrugstatbestand tut, eine Bereicherungsabsicht.[1129]

In diesem Urteil hält sich das *Bundesverfassungsgericht* bezüglich der Statuierung eines zusätzlichen Merkmals – wie der Billigung der *Realisierung der konkreten Gefahr des endgültigen Vermögensverlustes* – zurück. Es bestätigt die Entscheidung des zweiten Senates des *Bundesgerichtshofes* gerade nicht. Vielmehr lassen sich diese Ausführungen so verstehen, dass es auch bei bedingtem Vorsatz keine zusätzlichen Begrenzungen auf der Ebene des subjektiven Tatbestandes für notwendig erachtet.

Insbesondere ist nach dieser Entscheidung eine präzise und konkrete Feststellung des Schadens durch die Gerichte vorzunehmen, um einer restriktiven Auslegung des Nachteilsbegriffs gerecht zu werden. Eine spätere Restriktion im Rahmen des subjektiven Tatbestandes hat das *Bundesverfassungsgericht* zwar nicht explizit ausgeschlossen, im Jahre 2009 sogar noch als geeignet angesehen. Es ist nach der Entscheidung aus dem Jahre 2010 zunächst zu untersuchen, ob diese Restriktion überhaupt notwendig ist oder, um die Worte des ersten Senates des *Bundesgerichtshofes* zu benutzen, sich diese Forderung nicht als „*Scheinproblem*" darstellt. Eine Anwendung über Fälle *schwarzer Kassen* sollte nur sehr zurückhaltend erfolgen. Als viel gewichtiger und geeigneter zur Konkretisierung des Nachteilsmerkmals erscheint eine präzise und konkrete

1127 BVerfG, Beschluss vom 23.06.2010 – 2 BvR 2559/08 u.a., NJW 2010, 3209 ff.
1128 *BVerfG,* NJW 2010, 3220, Rn. 105.
1129 *BVerfG,* NJW 2010, 3220, Rn. 105.

Schadensfeststellung im Sinne der Vorgaben des *Bundesverfassungsgerichtes* (vgl. Teil 2 unter D.I.5.).

Der Tatbestand der Untreue wäre somit im subjektiven Bereich, wenn man dies überhaupt als erforderlich ansieht, in den Fällen der *schadensgleichen Vermögensgefährdung* nur zu begrenzen, sofern der Täter, bei Vorliegen eines konkret zu beziffernden Schadens, die schadensbegründenden Umstände nicht kennt. Dann könnte man fordern, dass der bedingt vorliegende Vorsatz im Rahmen einer *schadensgleichen Vermögensgefährdung* nicht nur die Kenntnis des Täters von der konkreten Möglichkeit eines Schadenseintritts und die Inkaufnahme dieser konkreten Gefahr, sondern zudem eine Billigung der Realisierung dieser Gefahr voraussetze. Sei es auch nur in der Form, dass der Täter sich mit dem Eintritt des ihm unerwünschten Erfolgs abfindet.[1130]

Folglich muss offen bleiben, ob im Rahmen von sogenannten Kreditfällen eine zusätzliche Begrenzung im Sinne des zweiten Senates des *Bundesgerichthofes* zu erfolgen hat. In Kreditvergabefällen erscheint fraglich, ob überhaupt Umstände denkbar sind, die auf eine Unkenntnis der Entscheidungsträger über die schadensbegründenden Umstände schließen lassen.

2. Allgemeine Anforderungen in Bezug auf Fälle der Kreditvergabe

Insbesondere wegen der Weite des Untreuetatbestandes will der *Bundesgerichtshof* strenge Anforderungen an die Annahme des Vorsatzes stellen, wenn nur bedingter Vorsatz in Frage steht und die Täter nicht unmittelbar eigennützig handelten.[1131] Soweit „*Anhaltspunkte für eine Pflichtverletzung vorliegen*"[1132], sei im Rahmen des Kreditgeschäftes zu beachten, dass die Entscheidungsträger „*eine über das allgemeine Risiko bei Kreditgeschäften hinausgehende Gefährdung des Rückzahlungsanspruchs der Bank erkannt und gebilligt haben*" müssen.[1133] Allein aus dem Vorliegen von Pflichtverletzungen könne bei Bankvorständen nicht die Billigung einer über das allgemeine Risiko hinausgehenden Gefährdung des Rückzahlungsanspruchs angenommen werden.[1134] Denn es sei nicht nur ein Bewusstsein bezüglich der Pflichtwidrigkeit des Verhaltens, sondern „*auch und gerade des dadurch bewirkten*

1130 Vgl. dazu insb. *BGH*, NStZ 2007, 705; BGHSt 51, 100, Rn. 63.
1131 BGHSt 47, 295, 302.
1132 BGHSt 46, 34 f.
1133 BGHSt 46, 34 f.
1134 BGHSt 47, 157.

Nachteils für das zu betreuende Vermögen" zu fordern.[1135] Liege aber eine erkannte höchste Gefährdung des Rückzahlungsanspruchs vor, so liege es auch nahe, dass die Bankenleiter die Schädigung der Bank im Sinne einer Vermögensgefährdung billigend in Kauf genommen haben.[1136] Ist zudem noch die vorsätzliche Verletzung der Vermögensbetreuungspflicht gegeben, sei der Untreuetatbestand erfüllt.[1137]

II. Anknüpfungspunkte

Die Feststellung, inwiefern ein Vorsatzgrad vorliegt, ist ureigene Aufgabe des Tatgerichtes.[1138] Dieser muss aus der Feststellung der äußeren Umstände die Überzeugung vom Vorliegen der inneren Tatseite gewinnen.[1139] Es können hier nur abstrakte Indizien aufgezeigt werden, die zu einer Überzeugungsbildung bzgl. des Vorliegens von Vorsatz beizutragen vermögen. Besonders kommt zur Vorsatzfeststellung in der Regel dem äußeren Tatgeschehen ein sehr hoher Indizwert zu, da zumeist von diesem auf die innere Tatseite geschlossen werden muss.[1140]

Bei der Untersuchung, ob solche Indizien zu finden sind, sind zwei Gesichtspunkte hervorzuheben, denen im Rahmen der subjektiven Feststellungen wesentliche Bedeutung zuzumessen ist. In deren Lichte sind weitere Indizien zu betrachten: *(1.) die Umgehung von wesentlichen Sicherungsvorgaben und Aufsichtsrecht* und *(2.) die Absicherung der Engagements über Liquiditätslinien.*

1. Umgehung von wesentlichen Sicherungsvorgaben und Aufsichtsrecht

Bei der Einrichtung der Zweckgesellschaften und Liquiditätslinien wurden bewusst solche rechtlichen und betriebswirtschaftlichen Gestaltungen ausgewählt, nach denen eine Konsolidierung bzw. Bilanzierung nicht mehr zu erfolgen hatte. Die Zweckgesellschaften wurden absichtlich so eingerichtet, dass sie einer Aufsichtskontrolle entzogen waren. Die Praxis sah es als ihre Aufgabe an, „Gestaltungen" – sprich Schlupflöcher – zu finden, die diese umgingen[1141] (Teil 1).

1135 BGHSt 47, 295, 302.
1136 BGHSt 47, 157.
1137 BGHSt 35, 224, 227.
1138 *Ignor/Sättle*, FS-Hamm, S. 222.
1139 *Ignor/Sättle*, FS-Hamm, S. 222.
1140 *Ignor/Sättle*, FS-Hamm, S. 222.
1141 *Schmidtbauer*, DStR 2002, S. 1015.

Wäre diese Umgehung nicht erfolgt, hätten die Engagements, zumindest auch in dieser Höhe, nicht erfolgen können.

Es wurden also bewusst risikobegrenzende und Sicherheit schaffende Vorgaben umgangen, um die in Frage stehenden Engagements in Kreditrisiken zu tätigen. Indem vorsätzlich ein durch Aufsichtsgremien unüberprüfbarer Raum geschaffen wurde, konnten solche Arten von Geschäften erleichtert werden und waren in dieser Höhe erst möglich.[1142] Selbst bei der Annahme von *dolus eventualis* stellt sich somit die Frage, ob ein Täter, der bewusst alles an Aufsicht und Risikoabsicherung umgeht, um ungestört risikoreiche Geschäfte tätigen zu können, überhaupt noch darauf vertrauen durfte, dass der als möglich erkannte Erfolg – denn sonst wäre die Absicherung der Zweckgesellschaften per Liquiditätslinien nicht notwendig gewesen – überhaupt noch auf den Nichteintritt des Erfolges vertrauen durfte. Die bewusste Verlagerung der Geschäfte in einem unkontrollierbaren Dunkelbereich spricht erheblich dagegen. Folglich muss unter Zugrundelegung dieses Gesichtspunktes angenommen werden, dass die Grenzen des noch erlaubten Risikos und damit die absolute Pflicht zum Bestand und zur dauerhaften Rentabilität des Unternehmens bewusst überschritten wurden[1143] – vgl. hierzu insbesondere das Tatbestandsmerkmal der Gutgläubigkeit im Rahmen der *business judgement rule* (vgl. Teil 2).

2. Die Absicherung der Engagements über Liquiditätslinien

Hätten die einzelnen Institute nicht ihren eigenen Zweckgesellschaften Darlehenszusagen erteilt, die Ausfälle kompensieren sollten, wären die gehandelten Papiere von vorneherein unverkäuflich gewesen. Selbst wurden solche Papiere nicht ohne entsprechende Absicherung angekauft. Das bedeutet, dass jeder, der Papiere bzw. die ausgebenden Zweckgesellschaften über Liquiditätslinien absicherte und solche Papiere einkaufte, mit der Möglichkeit rechnete, dass eine Inanspruchnahme der Mutterbanken erfolgen könnte. Hätte es das Ausfallrisiko nicht gegeben, wäre eine Absicherung nicht notwendig gewesen. Wäre das Risiko zudem nur als sehr gering eingeschätzt worden, hätte man auch auf diese Absicherung – diesen doppelten Boden – verzichten können. Nur weil auch mit der Möglichkeit des Verlustes ernsthaft gerechnet wurde, bestand in hohem Grade das Verlangen nach einer solchen Sicherung bei diesen Engagements.

1142 So auch *Gallandi*, wistra 2009, S. 46.

1143 So auch *Brüning/Samson*, ZIP 2009, S. 1093.

Die Entscheidungsträger hatten zudem sicheres Wissen über die Höhe der eingegangenen Engagements und die Höhe der gestellten Liquiditätslinien. Auch die Höhe des zur Verfügung stehenden Eigenkapitals ist ihnen bekannt gewesen.

Hinzu kommt, dass seit jeher klar ist, dass die Kreditvergabe bzw. die verbindliche Kreditzusage (Garantie) nach unzureichender Bonitätsprüfung (vgl. oben, mangels ausreichender Information) in der Regel über das allgemeine Risiko bei Kreditgeschäften hinausgeht, da dies zu einer erheblichen Gefährdung des Rückzahlungsanspruchs führt.

3. Weitere Gesichtspunkte

- Des Weiteren muss im Rahmen der Untersuchung der Pflichtwidrigkeit festgestellt werden, dass den Entscheidungsträgern bei ausreichender Auseinandersetzung entweder hätte klar sein müssen, dass es ihnen nicht möglich sein kann, sich die notwendigen Informationen über die beabsichtigten Engagements zu verschaffen oder sie sich andernfalls einfach auf die Aussagen Dritter verlassen haben (vgl. Teil 2 unter C.II.2.d.(2)(a) und (b)). Dass bereits die daraus möglichen allgemeinen Risiken nicht bekannt gewesen sein sollen, wäre unplausibel. Sollte dies jedoch der Fall gewesen sein, d.h. diese Risiken waren pflichtwidrig nicht bekannt, wurden sie blind eingegangen. Dabei ist in allen Varianten offensichtlich, dass bei der Höhe der abgesicherten und gehandelten Volumina bereits leichteste Schwankungen am Markt zu der Inanspruchnahme der Liquiditätslinien in existenzbedrohender Höhe führen konnte. Folglich steht fest, dass bewusst blind oder gar bewusst in Unkenntnis des ins Auge gefassten Betätigungssegments der verbrieften Kredite Risiken eingegangen wurden, die allein aufgrund ihres Volumens ausreichend waren, selbst bei kleinen Veränderungen die Existenz der Institute zu gefährden. Ein sicheres Wissen über die Höhe der eingegangenen Engagements und die Höhe der gestellten Liquiditätslinien muss insofern als Mindestwissen angenommen werden.
- Dass teilweise die Satzungszwecke der teilhabenden Institute überschritten wurden (vgl. Teil 2 unter C.II.2.d.(1)(a)), ist ebenfalls Indiz und bedarf gleichermaßen besonderer Beachtung. Denn dass die Entscheidungsträger das Fundament ihrer Institute nicht gekannt haben könnten, erscheint nicht nachvollziehbar.
- Auch dürfen nicht die bekannten Warnungen hinsichtlich der eingegangenen Engagements unbeachtet bleiben (vgl. Teil 2 unter C.II.).
- Trotz des hohen Risikos, das sich allein schon aus der *Fristentransformation* ergibt – in der Praxis gibt es lediglich negative Beispiele dafür, wie sich

unkontrollierte *Fristentransformation* auswirkt –, wurden die Engagements abgesichert. Auf einen glücklichen Ausgang konnte angesichts dessen also niemand hoffen. Vielmehr hing es, schon angesichts der *Fristentransformation* und der eingegangenen Volumina, vom Zufall ab, ob sich die objektiv vorhersehbaren Gefahren verwirklichen oder nicht. Die Risiken der Kreditverbriefung sind dabei noch nicht berücksichtigt (vgl. Teil 2 unter C.II.2.a.(4)(b)).

- Die Risiken, die mit der exzessiven unkontrollierten *Fristentransformation* entstehen können, waren ebenfalls bekannt und offensichtlich vorhersehbar (vgl. Teil 2 unter (C.II.2.d.(4)(b)).
- Auch die Risiken, die aus der unkontrollierten Anhäufung von *Klumpenrisiken* entstehen, und die Höhe der angehäuften Risiken waren allgemein bekannt und vorhersehbar.

4. Auswertung

Diese aufgeführten allgemeinen, aber erheblichen Risiken mussten den Entscheidungsträgern aufgrund der äußeren Umstände bekannt gewesen sein. Folglich ist davon auszugehen, dass sie mit vollem Bewusstsein und Wissen handelten.

Eine konkret bewertbare Vermögenseinbuße im Sinne einer *schadensgleichen Vermögensgefährdung* trat, wie bereits festgestellt, als konkreter Nachteil bereits mit der Absicherung der Zweckgesellschaften über die Liquiditätslinien ein. Die konkrete Konstruktion dieser Absicherung und die damit verbundene Gefahr waren den Entscheidungsträgern bekannt.

Die Entscheidungsträger wussten bei den dargestellten Engagements und bei der Einräumung der Liquiditätslinien von der Pflichtwidrigkeit ihres Handelns sowie dem Minderwert des Rückzahlungsanspruchs der Wertpapiere. Sie kannten die zu einer Minderbewertung der absichernden Liquiditätslinien führenden Umstände und wussten auch, dass diese nach allgemeinen Bewertungsmaßstäben als minderwertig anzusehen sind, mögen sie selbst diese auch anders bewertet haben. Aufgrund der äußerlich vorliegenden Tatsachen lässt sich damit auf ein vorsätzliches Handeln im Sinne eines *dolus directus zweiten Grades* schließen.[1144] Folglich ist ein Vorliegen direkten Vorsatzes (*dolus directus zweiten Grades*) anzunehmen.

1144 So auch der Bundesgerichtshof bezüglich der Vergabe von Krediten, BGH Urteil vom 13.08.2009 – 3 StR 576/08 = BKR 2010, 163, Rn. 2, 4, unter Verweis auf BGHSt 47, 148, 157; *BVerfG*, NJW 2009, 2370, 2373.

F. Ergebnis

Es ist von dem Vorliegen der Pflichtwidrigkeit, eines Vermögensnachteils und des Vorsatzes im Sinne des Untreuetatbestandes (§ 266 StGB) auszugehen. Mithin erfüllt das Verhalten deutscher Banken in der Banken- und Finanzkrise objektiv und subjektiv die Tatbestandsmerkmale des Straftatbestandes der Untreue (§ 266 StGB).

Teil 3: Ein Ausblick

A. Traditionelle Strafrechtsanwendung

Bei der Banken- und Finanzkrise seit den Jahren 2007/2008 handelt es sich nach den Erkenntnissen aus dieser Untersuchung nicht um ein Szenario, das einer Naturkatastrophe gleicht und bei dem individuelle Verantwortlichkeiten auszuschließen sind. Es geht vielmehr um wirtschaftliche Konstruktionen in Verfolgung regulärer Bankgeschäfte, bei denen Entscheidungsträger aus dem Bankmanagement und deren Aufsichtsgremien Pflichten aus § 93 AktG (*business judgement rule)* gravierend verletzt haben.

Indem Banken entweder über die Direktinvestition oder über die Absicherung von Zweckgesellschaften an den Risiken des US-amerikanischen Immobilienmarktes partizipierten, sind gravierende Verletzungen im Rahmen ihrer Rechtspflichten festzumachen, welche in dieser Arbeit unter anderem aufgewiesen wurden

- in Geschäften außerhalb der Satzungen der Institute,
- in übermäßigem Eingehen von *Klumpenrisiken,*
- in der *Komplexität der Regelungen,*
- im Eingehen *existenzgefährdender Risiken,*
- im unregulierten Ausnutzen der *Fristentransformation,*
- in der fehlenden Konsolidierung der Zweckgesellschaften und der fehlenden Bilanzierung der Liquiditätslinien,
- im Verlass auf *externe Ratings* ohne die Fähigkeit einer eigenen Risikobestimmung.

Mit der Sorgfalt eines ordentlichen und gewissenhaften Geschäftsleiters im Sinne des § 93 Abs. 2 AktG sind die in dieser Untersuchung in Bezug genommenen Engagements nicht zu vereinbaren.

Mit diesen zivilrechtlichen Pflichtverletzungen liegen auch strafrechtlich pflichtwidrige Handlungen im Sinn des § 266 StGB vor. Das Pflichtwidrigkeitsmerkmal des § 266 StGB muss nicht zusätzlich gravierend sein, es genügt eine *gravierende gesellschaftsrechtliche Pflichtverletzung.* Letztere ist anzunehmen, wenn die Grenzen *unternehmerischer Entscheidungsfreiheit* überschritten werden und die verletze Norm vermögensschützenden Charakter aufzeigt. Auch ein Verstoß gegen das von der Rechtsprechung aufgestellte *Verbot wirtschaftlicher Existenzgefährdung* stellt eine Pflichtverletzung im Sinne des § 266 StGB dar.

Bei genauerer Betrachtung gehen die zu § 266 StGB entwickelten Kriterien des *Bundesgerichtshofes* und die Tatbestandsmerkmale der *business judgement rule* in einander auf. Strafrecht und Gesellschaftsrecht stellen auf die selben Grenzen *unternehmerischer Entscheidungsspielräume* ab. Somit führen außerhalb des unternehmerischen Ermessenspielraumes liegende *gravierende gesellschaftsrechtliche Pflichtverletzungen* stets zu einer Pflichtwidrigkeit im Sinne des Untreuetatbestandes.

Zudem ist davon auszugehen, dass schon durch die direkte Investition in Kreditrisiken, die durch Wertpapiere verbrieft sind, eine *schadensgleiche Vermögensgefährdung* entsteht. Letztere kann durch *betriebswirtschaftliche bzw. kaufmännische* Bewertungsverfahren konkret berechnet und in nachvollziehbarer Weise dargelegt werden.

Darüber hinaus erscheint es fraglich, ob überhaupt Umstände denkbar sind, die auf eine *Unkenntnis* der Entscheidungsträger über die schadensbegründenden Umstände schließen lassen. Schon aus äußerlich vorliegenden Tatsachen wird von der Rechtsprechung auf ein vorsätzliches Handeln im Sinne eines *dolus directus zweiten Grades* geschlossen.

Zusammenfassend: Man kann also mittels schlichter kaufmännischer und betriebswirtschaftlicher Kategorien die zu Vermögensschäden führenden Vorgänge im Rahmen der Banken- und Finanzkrise als strafrechtliche Untreue erfassen.

Dem Untreuetatbestand in § 266 StGB mag ein starkes Mängelprofil zu Eigen sein. Auch mögen sich normative Neuerungen und Reformbedarf an diesem Mängelprofil orientieren.[1145] Aktuell ist es Aufgabe der Strafgerichte, die Tatbestandsmerkmale im Sinne restriktiver Auslegung des § 266 StGB zu präzisieren. Das *Bundesverfassungsgericht* verdeutlicht an dieser Norm – wie selten an anderer Stelle – den Balanceakt zwischen der freiheitsgewährleistenden Funktion des Bestimmtheitsgebotes auf der einen Seite und der Erhaltung von Flexibilität und Zukunftsoffenheit des Untreuetatbestandes für neue wirtschaftliche Zusammenhänge auf der anderen Seite.

Die in dieser Untersuchung geprüften wirtschaftlichen Sachverhalte haben deutlich gemacht, dass das Verhalten von Bankmanagern und deren Aufsichtsorganen sich ohne Finessen für Rechtsprechung und Dogmatik in seltener begrifflicher und tatsächlicher Klarheit unter den objektiven und subjektiven Tatbestand der Untreue gemäß § 266 StGB subsumieren lässt.

1145 Vgl. unter anderem *Albrecht*, S. 433 ff.

B. Verantwortungsträger

Im Rahmen eines zivilrechtlichen Haftungsprozesses trifft die Vorstandsmitglieder die Darlegungs- und Beweislast dafür, dass die Voraussetzungen, die einen haftungsfreien Ermessenspielraum gewährleisten, eingehalten wurden. Diese Beweislastumkehr gilt auch in Bezug auf die Voraussetzungen der *business judgement rule* (§ 93 Abs. 2 Satz 2 AktG). Soweit sich ergibt, dass die Sorgfalt eines ordentlichen und gewissenhaften Geschäftsleiters nicht eingehalten wurde, sind auch die notwendigen zivil- bzw. gesellschaftsrechtlichen Normverletzungen gegeben. Bei der Annahme zivilrechtlicher Haftung und der Annahme pflichtwidrigen Verhaltens und Verschuldens seitens der Vorstandsmitglieder kann dann auch eine zivil- und strafrechtliche Haftung des Aufsichtsrates gegeben sein,[1146] zumal eine eigene kritische inhaltliche Prüfung der Vorstandsgeschäfte vom Aufsichtsrat zu erwarten ist. Dessen ungeachtet sind Verfahren gegen Aufsichtsräte jedoch äußerst selten.[1147]

Das Problem dürfte in einem *Interessenkonflikt* liegen, der weiterer – auch wissenschaftlicher – Aufklärung bedarf. Auf *gesellschaftsrechtlicher Ebene* könnte die Verzahnung von Vorstand und Aufsichtsrat bereits zu einer zivilrechtlichen Haftungsvermeidung führen. Eine Kollision von Interessen[1148] liegt darin, dass der Vorstand zuständig ist für die gesellschaftsrechtliche Inanspruchnahme des Aufsichtsrates. Der Aufsichtsrat ist zuständig für die Inanspruchnahme des Vorstandes. Insbesondere bei dieser zweiten Variante könnten sich Konstellationen ergeben, in der sich Pflichtverletzungen des Aufsichtsrates im Rahmen von Überwachungsfunktionen gegenüber dem Vorstand offenbaren.[1149]

Diese Verzahnung kann sich auch auf *strafrechtlicher Ebene* auswirken, denn in der Konsequenz würden sich durch eine solche Strafverfolgung von Vorständen auch die Aufsichtsräte einer möglichen Verfolgung aussetzen.[1150] Passivität im Anzeigeverhalten kann auch Grund für drohende Selbstbelastung von Aufsichtsräten sein. Auch sind Aufsichtsratsposten häufig mit Politikern besetzt, die dann mit Ermittlungsverfahren überzogen werden können. Das beträfe gerade die öffentlich-rechtlich organisierten Landesbanken als zentrale

---

1146 *Lutter*, ZIP 2009, S. 199, 200; *Mertens/Cahn*, in: Kölner Kommentar zum AktG, § 93, Rn. 142.

1147 Vgl. hierzu *Mertens/Cahn*, in: Kölner Kommentar zum AktG, § 93, Rn. 6.

1148 Vgl. hierzu *Lutter*, ZIP 2007, S. 842; *Mertens/Cahn*, in: Kölner Kommentar zum AktG, § 93, Rn. 6.

1149 Vgl. hierzu *Lutter*, ZIP 2007, S. 842; *Mertens/Cahn*, in: Kölner Kommentar zum AktG, § 93, Rn. 6.

1150 *Krey*, FS-Roxin, 2. Bd., S. 1076 ff.

Institute der Sparkassen, für die die §§ 93, 76 AktG aufgrund entsprechender Anwendung ebenfalls gelten.[1151]

An dieser Stelle offenbart sich ein Konflikt aus der Verbindung zwischen Politik und Wirtschaft, der weiterer Untersuchung bedarf. Insbesondere ist zu untersuchen, inwieweit in solchen Fällen eine Einflussnahmemöglichkeit von politischen Repräsentanten auf das Ermittlungsverhalten von Staatsanwälten besteht. Gerade an diesem Punkt setzt die Reformdebatte zur Konzeption einer größeren Unabhängigkeit von Staatsanwaltschaften an, die keinen Einzelanweisungen und auch keinen allgemeinen Anweisungen der Exekutive mehr unterliegen sollen.[1152] Auch die Unabhängigkeitsbewegungen in den deutschen Richterverbänden werden als Beleg dafür angesehen, dass das *„Prinzip der auf gegenseitige Kontrolle angelegten Gewaltenteilung im Rechtsstaat Deutschland schwer gestört ist*“.[1153] Es wird befürchtet, dass der Dritten Gewalt (inklusive der Staatsanwaltschaften) die reale Unabhängigkeit fehle, um in diesen Bereichen tatkräftig und mutig einzuschreiten.[1154]

C. Verfahrensökonomische Zwänge für die Strafjustiz

Im Schrifttum werden weitere Begründungen für die Passivität von Ermittlungen im Bereich der Bankenkrise vorgetragen. Es könne auch an fehlenden personellen und materiellen Ressourcen und einer im Rahmen der Aufklärung notwendigen Kooperation mit den Banken, also fehlendem Spezialwissen, liegen, dass kaum Ermittlungsverfahren in diesen Bereichen liefen.[1155] Insgesamt könnte auch die Diffusität des strittigen Untreuetatbestand (§ 266 StGB) dazu beitragen, sich diesem in der Praxis unbeliebten Tatbestandes zu entziehen. Hinzu treten noch die Komplexität und Vielschichtigkeit der Materie Banken- und Finanzkrise und die aus dieser resultierenden verschiedenen Beurteilungsmöglichkeiten.

Im Rahmen der Anklage gegen frühere Vorstände der *HSH Nordbank* wegen Untreue und Bilanzfälschung zeigt sich, dass diese Komplexität und die unterschiedlichen

1151 Vgl. hierzu insgesamt: *Lutter*, Pflichten und Haftung von Sparkassenorganen, S. 4 ff.
1152 *Carsten, Ernst S./Rautenberg, Erardo C.*, S. 507 ff.
1153 *Albrecht*, S. 337.
1154 *Albrecht*, S. 337.
1155 *Krey*, FS-Roxin, 2. Bd., S. 1076 ff.

Beurteilungsmöglichkeiten tatsächlich Probleme bereiten.[1156] Die Staatsanwaltschaft leitete in ihrer rund 600 Seiten starken Anklageschrift den Verdacht der vorsätzlichen Untreue im Wesentlichen aus einem Wertpapiergeschäft (dem sogenannten *Omega-55-Geschäft*) ab, das auf eine Kapitalentlastung der Bilanz ausgerichtet war.[1157] Diesbezüglich standen sich vor Prozessbeginn schon Fachgutachten mit gegensätzlichen Ergebnissen gegenüber, wobei selbst polizeiinterne Ermittlungsgruppen die Sachlage unterschiedlich beurteilten.[1158] Ob fehlendes Spezialwissen und auch fehlende Kapazitäten eine Rolle spielen, einerseits bei der Ermittlung der Sachverhalte selbst und andererseits bei der Aufarbeitung der Sachverhalte vor Gericht, wäre Forschungsaufgabe rechtssoziologischer Untersuchungen.

Anhaltspunkte hierfür liefert der Antrag „*Wirtschaftskriminalität effektiv bekämpfen*", der am 16. April 2013 in den Bundestag eingebracht wurde.[1159] In diesem wird die Bundesregierung aufgefordert, „*ein schlüssiges Konzept zur effektiven Bekämpfung der Wirtschaftskriminalität in Deutschland zu entwickeln*".[1160] In der Begründung heißt es, dass in Wirtschaftsstrafverfahren die „*Stofffülle mitunter immens und die Sach- und Rechtslage bisweilen schwierig*" sei.[1161] Diese Verfahren zeichneten sich „*durch äußerst komplexe, schwer durchschaubare Sachverhalte aus, die oft internationale Zusammenhänge*" hätten „*und umfangreiche Datenmengen*" einschlössen.[1162] Insbesondere der Umfang der Bearbeitung dieser Verfahren stelle „*bundesweit die Finanzbehörden, Polizei, Staatsanwaltschaft und Gerichte vor besondere Schwierigkeiten*".[1163]

Bereits im Jahre 2005 führte der fünfte Strafsenat des *Bundesgerichtshofes* bezüglich großer Wirtschafts- und Steuerstrafverfahren aus, dass es nach seiner

> *„Erfahrung bei einer Vielzahl von großen Wirtschaftsverfahren dazu komme, dass eine dem Unrechtsgehalt schwerwiegender Korruptions- oder Steuerhinterziehungsdelikte adäquate Bestrafung allein deswegen nicht erfolgen kann, weil für die*

1156 Anklage gegen frühere Vorstände der HSH Nordbank, *FAZ* vom 02.01.2012, S. 11; *n-tv*, „Für alle Beteiligten keine ganz glückliche Situation" HSH-Vorstände schweigen zu Prozessbeginn, vom 24.07.2013, abrufbar unter www.n-tv.de.

1157 Anklage gegen frühere Vorstände der HSH Nordbank, *FAZ* vom 02.01.2012, S. 11; *handelsblatt*, HSH Nordbank: Ex-Bankchef greift Staatsanwälte an, vom 29.07.2013, 14:01 Uhr, abrufbar unter www.handelsblatt.de.

1158 Anklage gegen frühere Vorstände der HSH Nordbank, *FAZ* vom 02.01.2012, S. 11.

1159 Von *Dr. Frank-Walter Steinmeier* und der *Fraktion der SPD, BT-Drucks.* 17/13087.

1160 *BT-Drucks.* 17/13087, S. 3.

1161 *BT-Drucks.* 17/13087, S. 15.

1162 *BT-Drucks.* 17/13087, S. 16.

1163 *BT-Drucks.* 17/13087, S. 15 f.

gebotene Aufklärung derart komplexer Sachverhalte keine ausreichenden justiziellen Ressourcen zur Verfügung stehen. […]“.[1164]

Des Weiteren erklärt er, dass innerhalb des tatsächlich und rechtlich schwierigen Wirtschafts- und Steuerstrafrechts „*nur durch eine spürbare Stärkung der Justiz in diesem Bereich Rechnung getragen*“[1165] werden könne. Von bloßen Gesetzesverschärfungen hält der fünfte Senat des *Bundesgerichtshofes* nichts.[1166]

Bezogen auf die strafrechtliche Aufklärung der Banken- und Finanzkrise dürften die zusammengetragenen Befunde wenig Anlass für Hoffnung bieten. Insofern kann das Strafrecht auch mangels ausreichender justizieller Ressourcen seine Aufgabe als „*Linienrichter*“[1167] nicht wahrnehmen. Würde die Strafverfolgung im Rahmen von Ermittlungen zur Verantwortlichkeit von Bankenmanagern und deren Aufsichtsräten tatsächlich als Folge von Ressourcenknappheit und Fehlorganisation der Dritten Gewalt unterlassen, wäre das ein Totalverlust für die Legitimation der Strafjustiz. Mag die Finanzwelt das auch anders beurteilen und den Anspruch für sich erheben, am Strafrecht überhaupt nicht gemessen zu werden[1168] – tatsächlich würde so jedoch verkannt werden, dass eine rechtsstaatliche Rahmenordnung und ein rechtsstaatliches Kriminaljustizsystem erforderliche Voraussetzungen für die Ermöglichung eines funktionierenden marktwirtschaftlichen Systems sind.

1164 BGHSt 50, 299, 308 f.
1165 BGHSt 50, 299, 308 f.
1166 BGHSt 50, 299, 308 f.
1167 *Hassemer*, Die Basis des Wirtschaftstrafrechts, S. 34.
1168 So *Naucke,* in: Der Begriff der politischen Wirtschaftsstraftat, S. 50.

Literaturverzeichnis

Achenbach, Hans: Aus der 1987/1988 veröffentlichten Rechtsprechung zum Wirtschaftsstrafrecht, NStZ 1989, S. 497–505.

Albrecht, Peter-Alexis: Kriminologie – Eine Grundlegung zum Strafrecht, 4. Aufl., München 2010.

Arzt, Gunther: Zur Untreue durch Befugtes Handeln, in: Frisch/Schmid (Hrsg.), Festschrift für Hans-Jürgen Bruns zum 70. Geburtstag, Köln 1978, S. 365–383.

Arzt, Gunther/Weber, Ulrich: Strafrecht – Besonderer Teil – Lehrbuch, Bielefeld 2000.

Ashcraft, Adam B./Schuermann, Til: Understanding the Securitization of Subprime Mortgage Credit, The Federal Reserve Bank of New York, Staff Report no. 318, March 2008, abrufbar unter: http://www.newyorkfed.org/research/staff_reports/sr318.pdf, zuletzt abgerufen am 13.01.2013. (zit.: *Ashcraft/Schuermann*, Staff Report no. 318, Seite)

Asmussen, Jörg: Verbriefungen aus Sicht des Bundesfinanzministeriums, *ZfgK 2006, S. 1016–1018.*

Baetge, Jörg/Kirsch, Hans-Jürgen/Thiele, Stefan: Bilanzen, 11. Aufl., Düsseldorf 2011.

Bank für Internationalen Zahlungsausgleich (BIZ): 77. Jahresbericht (2007), Basel 2007. (zit.: *BIZ*, 77. Jahresbericht, Seite)

Baseler Ausschuss für Bankenaufsicht bei der Bank für Internationalen Zahlungsausgleich: Internationale Konvergenz der Eigenkapitalmessung und Eigenkapitalanforderungen, Basel 1988, abrufbar unter: http://www.bis.org/publ/bcbsc111de.pdf, zuletzt abgerufen am 13.01.2013. (zit.: *Baseler Ausschuss für Bankenaufsicht bei der Bank für Internationalen Zahlungsausgleich,* Internationale Konvergenz der Eigenkapitalmessung und Eigenkapitalanforderungen, Seite, abgerufen unter www.bis.org)

Baumbach/Hopt (Hrsg.), Beck'sche Kurzkommentare, 1. Teil. Handelsgesetzbuch, 35. Aufl., München 2012. (zit.: *Bearbeiter*, in Baumbach/Hopt, §, Rn.)

Beck'scher Bilanzkommentar: Ellrott/Forschle/Grottel/Kozekowski/Schmidt/Winkeljohann, Handels- und Steuerbilanz, §§ 238 bis 339, 342 bis 342e HGB mit IFRS Abweichungen, 8. Aufl., München 2012. (zit.: *Bearbeiter*, Beck'scher Bilanz-Kommentar, §, Rn.)

Beer, Nicola: Europäische Aspekte, in: Kempf/Lüderssen/Volk (Hrsg.), Die Finanzkrise, das Wirtschaftsstrafrecht und die Moral, Berlin 2010, S. 6–11. (zit.: *Beer*, Europäische Aspekte, Seite)

Bernsmann, Klaus: Alles Untreue? Skizzen zum Problem der Untreue nach § 266 StGB, GA 2007, S. 219–237.

Binder, Jens Hinrich: Bankeninsolvenzen im Spannungsfeld zwischen Bankaufsichts- und Insolvenzrecht, Berlin 2005.

Binding, Karl: Lehrbuch des gemeinen deutschen Strafrechts, besonderer Teil, in 2 Bänden, Bd. 1, 1969 Aalen, Neudruck der 2. Aufl., Leipzig 1902.

Black, William: Die Lehmann-Pleite war vorsätzlicher Betrug, Interview vom 18.05.2010, in Frankfurter Allgemeine Zeitung, unter www.faz.net, abrufbar unter http://www.faz.net/aktuell/finanzen/strategie-trends/im-gespraech-william-black-die-lehman-pleite-war-vorsaetzlicher-betrug-163253.html, zuletzt abgerufen am 13.01.2013. (zit.: *William Black*, Die Lehmann-Pleite war vorsätzlicher Betrug, in *FAZ*, Interview vom 18.05.2010, abrufbar unter www.faz.net.)

Blaurock, Uwe: Verantwortlichkeit von Ratingagenturen – Steuerung durch Private- oder Aufsichtsrecht?, ZGR 2007, S. 603–653.

Bloomberg Finance L.P., Kursabfrage unter: www.bloomberg.com, abgerufen am 06.08.2013.

Bloss, Michael/Ernst, Dietmar/Häcker, Joachim/Eil, Nadine: Von der Subprime-Krise zur Finanzmarktkrise, München 2009. (zit.: *Bloss/Ernst/Häcker/Eil*, Seite)

Boos, Karl Heinz/Fischer, Reinfrid/Schulte-Mattler, Hermann: Kreditwesengesetz – Kommentar zu KWG und Ausführungsvorschriften, 4. Aufl., München 2012. (zit.: *Bearbeiter*, in: Boos/Fischer/Schulte-Mattler, Kreditwesengesetz, §, Rn.)

Bosch, Nikolaus/Lange, Knut Werner: Unternehmerischer Handlungsspielraum des Vorstandes zwischen zivilrechtlicher Verantwortung und strafrechtlicher Sanktion, JZ 2009, S. 225–237.

Bosch, Nikolaus: Zur Untreue durch Darlehensgewährung mittels Tolerierung von Scheckreiterei – Anmerkung, wistra 2001, S. 257–259.

Böttcher, Lars: Bankvorstandshaftung im Rahmen der Sub-Prime Krise, NZG 2009, S. 1047–1052.

Boulkab, Rachid/Marxfeld, Jan/Wagner, Claus-Peter: Asset Backed Commercial Paper Conduits Struktur, Risiken und Bilanzierung, IRZ 2008, S. 497–504.

Brammsen, Jörg: Aufsichtsratsuntreue, ZIP 2009, S. 1504–1511.

Brömmelmeyer, Christoph: Neue Regeln für die Binnenhaftung des Vorstands – Ein Beitrag zur Konkretisierung der Business Judgment Rule, WM 2005, S. 2065–2070.

Brüning, Janique/Samson, Erich: Bankenkrise und Strafrechtliche Haftung wegen Untreue gem. § 266 StGB, ZIP 2009, S. 1089–1994.

Bundesanstalt für das Kreditwesen: Jahresbericht 1997, abrufbar unter: http://www.bafin.de/SharedDocs/Downloads/DE/Jahresbericht/dl_jb_1997_bakred.pdf?__blob=publicationFile, zuletzt abgerufen am 17.01.2013. (zit.: *Bundesanstalt für das Kreditwesen,* Jahresbericht 1997, Seite)

Bundesanstalt für Finanzdienstleistungsaufsicht: Anlage zum Rundschreiben 10/1999 – Anschreiben an die Verbände, abrufbar unter: http://www. bafin.de/SharedDocs/Veroeffentlichungen/DE/Rundschreiben/rs_9910_ba_anschreiben.html, zuletzt abgerufen am 17.01.2013. (zit.: *BaFin,* Anlage zum Rundschreiben 10/1999)

Bundesanstalt für Finanzdienstleistungsaufsicht: Anschreiben zum Rundschreiben 4/1997 – Veräußerung von Kundenforderungen im Rahmen von Asset-Backed Securities-Transaktionen durch deutsche Kreditinstitute, abrufbar unter: http://www.bafin.de/SharedDocs/Veroeffentlichungen/DE/Rundschreiben/rs_9704_ba_anschreiben.html, zuletzt abgerufen am 17.01.2013. (zit.: *BaFin*, Anschreiben zum Rundschreiben 4/1997)

Bundesanstalt für Finanzdienstleistungsaufsicht: Jahresbericht der Bundesanstalt für Finanzdienstleistungsaufsicht 2008, Bonn und Frankfurt am Main 2009, abrufbar unter: http://www.bafin.de/SharedDocs/Downloads/DE/Jahresbericht/dl_jb_2008.html; zuletzt abgerufen am 06.01.2013. (zit.: Jahresbericht der Bundesanstalt für Finanzdienstleistungsaufsicht 2008, Seite)

Bundesanstalt für Finanzdienstleistungsaufsicht: Jahresbericht der Bundesanstalt für Finanzdienstleistungsaufsicht 2009, Bonn und Frankfurt am Main 2010, abrufbar unter: http://www.bafin.de/SharedDocs/Downloads/DE/Jahresbericht/dl_jb_2009.html; zuletzt abgerufen am 06.01.2013. (zit.: Jahresbericht der Bundesanstalt für Finanzdienstleistungsaufsicht 2009, Seite)

Bundesanstalt für Finanzdienstleistungsaufsicht: Jahresbericht der Bundesanstalt für Finanzdienstleistungsaufsicht 2010, Bonn und Frankfurt am Main 2011, abrufbar unter: http://www.bafin.de/SharedDocs/Downloads/DE/Jahresbericht/dl_jb_2010.html; zuletzt abgerufen am 06.01.2013. (zit.: Jahresbericht der Bundesanstalt für Finanzdienstleistungsaufsicht 2010, Seite)

Bundesanstalt für Finanzdienstleistungsaufsicht: Rundschreiben 11/2010 (BA) vom 15.12.2010, An alle Kreditinstitute und Finanzdienstleistungsinstitute in der Bundesrepublik Deutschland – Mindestanforderungen an das Risikomanagement – MaRisk, abrufbar unter: http://www.bundesbank.de/Redaktion/DE/Downloads/Kerngeschaeftsfelder/Bankenaufsicht/Marisk/2010_12_15_rundschreiben_mindestanforderungen_risikomanagement.pdf?__blob=publicationFile, zuletzt abgerufen am 22.01.2013.

Bundesanstalt für Finanzdienstleistungsaufsicht: Rundschreiben 4/1997 – Veräußerung von Kundenforderungen im Rahmen von Assed-Backed Securities-Transaktionen durch deutsche Kreditinstitute, Abschnitt I, 19.03.1997, abrufbar unter: http://www.bafin.de/SharedDocs/Veroeffentlichungen/DE/Rundschreiben/rs_9704_ba.html, zuletzt abgerufen am 17.01.2013. (zit.: *BaFin*, Rundschreiben 4/1997, Abschnitt)

Bundesministerium für Wirtschaft und Technologie (BMWi): Schlaglichter der Wirtschaftspolitik, Monatsbericht Dezember 2010, abrufbar unter: http://www.bmwi.de/Dateien/BMWi/PDF/Monatsbericht/schlaglichter-der-wirtschaftspolitik-12–2010, property=pdf, bereich=bmwi, sprache=de, rwb= true.pdf, zuletzt abgerufen am 17.01.2013. (zit.: BMWi, Schlaglichter der Wirtschaftspolitik – Monatsbericht Dezember 2010, Seite)

Carsten, Ernst S./Rautenberg, Erardo C.: Die Geschichte der Staatsanwaltschaft in Deutschland bis zur Gegenwart. Ein Beitrag zur Beseitigung ihrer Weisungsabhängigkeit von der Regierung im Strafverfahren, 2. Aufl., Baden-Baden 2012.

Cecchetti, Stephen G.: Crisis and Responses: The federal reserve and the financial crisis of 2007–2008, National Bureau of Economic Research, Working Paper 14134, http://www.nber.org/papers/w14134, zuletzt abgerufen am 19.01.2012. (zit.: *Cecchetti*, Crisis and Response, Working Paper 14134, Seite)

Commerzbank AG: Geschäftsbericht 2006, Frankfurt 2007, abrufbar unter: https://www.commerzbank.de/media/aktionaere/service/archive/konzern/2007_3/gb2006/GB_2006_d.pdf, zuletzt abgerufen am 17.01.2013. (zit.: *Commerzbank AG*, Geschäftsbericht 2006, Seite)

Commerzbank AG: Geschäftsbericht 2007, Frankfurt 2008, abrufbar unter: https://www.commerzbank.de/media/aktionaere/service/archive/konzern/2008_3/gb2007/GB_2007_komplett_2.pdf, zuletzt abgerufen am 06.01.2013. (zit.: *Commerzbank AG*, Geschäftsbericht 2007, Seite)

Commerzbank AG: Geschäftsbericht 2008, Frankfurt 2009, abrufbar unter: https://www.commerzbank.de/media/de/aktionaere/service/archive/konzern/2009_2/coba_gb2008_2.pdf, zuletzt abgerufen am 17.01.2013. (zit.: *Commerzbank AG*, Geschäftsbericht 2008, Seite)

Commerzbank AG: Geschäftsbericht 2009, Frankfurt 2010, abrufbar unter: https://www.commerzbank.de/media/aktionaere/service/archive/konzern/2010_2/CBK_2009_Geschaeftsbericht_2.pdf, zuletzt abgerufen am 17.01.2013. (zit.: *Commerzbank AG*, Geschäftsbericht 2009, Seite)

Commerzbank AG: Geschäftsbericht 2010, Frankfurt 2011, abrufbar unter: https://www.commerzbank.de/media/aktionaere/service/archive/konzern/2011_2/

GB_2010.pdf, zuletzt abgerufen am 17.01.2013. (zit.: *Commerzbank AG*, Geschäftsbericht 2010, Seite)

Commerzbank AG: Geschäftsbericht 2011, Frankfurt 2012, abrufbar unter: https://www.commerzbank.de/media/de/aktionaere/service/archive/konzern/2012_2/GB_Konzern_2011.pdf, zuletzt abgerufen am 17.01.2013. (zit.: *Commerzbank AG*, Geschäftsbericht 2011, Seite)

Commerzbank AG: Geschäftsbericht 2012, Frankfurt 2013, abrufbar unter: https://www.commerzbank.de/media/aktionaere/service/archive/konzern/2013_3/Geschaeftsbericht_2012_Konzern_DE.pdf, zuletzt abgerufen am 01.09.2013. (zit.: *Commerzbank AG*, Geschäftsbericht 2012, Seite)

Commerzbank AG: Hauptversammlung vom 15.05.2008, Geschäftslage, Strategie und Perspektiven, abrufbar unter: https://www.commerzbank.de/media/aktionaere/haupt/2008_1/HV_Rede_1552008.pdf, zuletzt abgerufen am 17.01.2013. (zit.: *Commerzbank AG*, Hauptversammlung 15. Mai 2008, Seite)

Commerzbank AG: Offenlegungsbericht 2008, Offenlegung gemäß Solvabilitätsverordnung zum 31. Dezember 2008, Frankfurt am Main 2009, abrufbar unter: https://www.commerzbank.de/media/aktionaere/service/archive/konzern/2009_2/OLB_deutsch_CBK.pdf, zuletzt abgerufen am 06.01.2013. (zit.: *Commerzbank AG*, Offenlegungsbericht 2008, Seite)

Commerzbank AG: Satzung vom 08.07.2011, abrufbar unter: https://www.commerzbank.de/de/hauptnavigation/aktionaere/governance_/_satzung/Satzung.html, zuletzt abgerufen am 16.03.2012. (zit.: *Commerzbank AG*, Satzung, Seite)

Coval, Joshua D./Jurek, Jakub/Stafford, Erik: The Economics of Structured Finance, Working Paper 09–060, 20. Oktober Harvard Business School, abrufbar unter http://papers.ssrn.com/sol3/papers.cfm?abstract_id=128 7363, zuletzt abgerufen am 14.01.2013. (zit.: *Coval/Jurek/Stafford*, Seite)

Dahm, Georg: Untreue, in: Gürtner (Hrsg.), Das kommende deutsche Strafrecht, Besonderer Teil, 2. Aufl., Berlin 1936, S. 445–456. (zit.: *Dahm*, Untreue, Seite)

Dahs, Hans: § 266 StGB – allzuoft missverstanden, NJW 2002, S. 272–273.

De Larosière, Jacques: Report – The High-Level Group on financial Supervision in the EU, Bruessel, 25. Februar 2009, abrufbar unter http://ec.europa.eu/economy_finance/focuson/crisis/documents/de_larosiere_report_en.pdf; zuletzt abgerufen am 06.01.2013. (zit.: *de Larosiere*, Seite)

Deutsche Bundesbank: Finanzstabilitätsbericht 2007, Frankfurt 2007, abrufbar unter: http://www.bundesbank.de/Redaktion/DE/Downloads/Veroeffentlichungen/Finanzstabilitaetsberichte/2007_finanzstabilitaetsbericht.pdf?__blob=publicationFile, zuletzt abgerufen am 06.01.2013. (zit.: *Deutsche Bundesbank*, Finanzstabilitätsbericht 2007, Seite)

Deutsche Bundesbank: Finanzstabilitätsbericht 2009, Frankfurt 2009, abrufbar unter: http://www.bundesbank.de/Redaktion/DE/Downloads/Veroeffentlichungen/Finanzstabilitaetsberichte/2009_finanzstabilitaetsbericht.pdf?__blob=publicationFile, zuletzt abgerufen am 06.01.2013. (zit.: *Deutsche Bundesbank*, Finanzstabilitätsbericht 2009, Seite)

Deutsche Bundesbank: Finanzstabilitätsbericht 2010, Frankfurt 2010, abrufbar unter: http://www.bundesbank.de/Redaktion/DE/Downloads/Veroeffentlichungen/Finanzstabilitaetsberichte/2010_finanzstabilitaetsbericht.pdf?__blob=publicationFile, zuletzt abgerufen am 06.01.2013. (zit.: *Deutsche Bundesbank*, Finanzstabilitätsbericht 2010, Seite)

Deutsche Bundesbank: Monatsbericht Juli 1997, Frankfurt 1997, abrufbar unter: http://www.bundesbank.de/Redaktion/DE/Downloads/Veroeffentlichungen/Monatsberichtsaufsaetze/1997/1997_07_asset_backed_securities.pdf?__blob=publicationFile, zuletzt abgerufen am 06.01.2013. (zit.: *Deutsche Bundesbank*, Monatsbericht Juli 1997, Seite*)*

Deutsche Bundesbank: Monatsbericht September 2010, Frankfurt, abrufbar unter: http://www.bundesbank.de/Redaktion/DE/Downloads/Veroeffentlichungen/Monatsberichte/2010/2010_09_monatsbericht.pdf?__blob=publicationFile, zuletzt abgerufen am 06.01.2013. *(zit.:* Monatsbericht der *Deutschen Bundesbank,* September 2010, Seite*)*

Deutsche Bundesbank: Neuere Entwicklungen im internationalen Finanzsystem, Monatsbericht Juli 2008, Deutsche Bundesbank Frankfurt am Main, unter www.bundesbank.de nicht mehr abrufbar, im Verzeichnis der Aufsätze im Monatsbericht Januar 2000 bis Dezember 2011 nach wie vor aufgeführt, abrufbar unter: http://www.bundesbank.de/Redaktion/DE/Dowloads/Veroeffentlichungen/Monatsberichtsaufsaetze/verzeichnis_monatsberichtsaufsaetze.pdf?__blob=publicationFile, zuletzt abgerufen am 13.01.2013. (zit.: *Deutsche Bundesbank*, Monatsbericht Juli 2008, Seite)

Deutsche Industriebank AG (IKB): Geschäftsbericht 2007/2008, Düsseldorf, abrufbar unter: https://www.ikb.de/fileadmin/content/30_Investor_Relations/30_Finanzberichte/2007_08_IKB_Konzern_D.pdf, zuletzt abgerufen am 06.01.2013. (zit.: *IKB AG*, Geschäftsbericht 2007/2008, Seite)

Dierlamm, Alfred: Neue Entwicklungen bei der Untreue – Loslösung des Tatbestandes von zivilrechtlichen Kategorien?, StraFo 2005, S. 397–404.

Dierlamm, Alfred: Untreue – ein Auffangtatbestand?, NStZ 1997, S. 534–536.

Dölling/Duttge/Rössner (Hrsg.): Nomos Kommentar – Gesamtes Strafrecht, StGB, – StPO, Nebengesetze – Handkommentar, 2. Aufl., Baden-Baden 2011. (zit.: HK-GS-*Bearbeiter*, §, Rn.)

Döring, Ullrich/Buchholz, Rainer: Buchhaltung und Jahresabschluss, 12. Aufl., Berlin 2011.

Drukarczyk, Jochen: Finanzierung, 9. Aufl., Stuttgart 2003.

Dunkel, Wolgang: Nochmals: Der Scheckkartenmißbrauch in strafrechtlicher Sicht, GA 1977, S. 329–340.

Eisele, Jörg: Untreue in Vereinen mit ideeller Zielsetzung, GA 2001, S. 377–394.

Empt, Martin: Vorstandshaftung und Finanzmarktkrise, KSzW 2012, S. 107–113.

Erber, Georg: Verbriefungen: Eine Finanzinnovation und ihre fatalen Folgen, DIW-Wochenbericht, Nr. 43/2008, Berlin, abrufbar unter: http://www. diw.de/documents/publikationen/73/diw_01.c.89791.de/08–43–1.pdf, zuletzt abgerufen am 17.01.2013. (zit.: Erber, in: DIW Berlin, Wochenbericht Nr. 43/2008, Seite)

Eser, Albin (Hrsg.): Strafgesetzbuch Kommentar, begründet von Adolf Schönke und Horst Schröder, 28. Aufl., München 2010. (zit.: S/S-*Bearbeiter*, §, Rn.)

Fischer, Lorenz/Fischer, Oliver: Die Finanzkrise – Eine Wirtschaftspsychologische Analyse, Wirtschaftspsychologie 2011, S. 5–23.

Fischer, Thomas (Hrsg.): Beck'sche Kurz-Kommentare, Strafgesetzbuch mit Nebengesetzen, 60. Aufl., München 2013. (zit.: *Fischer*, §, Rn.)

Fleischer, Holger: Die „Business Judgement Rule“: Vom Richterrecht zur Kodifizierung, ZIP 2004, S. 685–692.

Fleischer, Holger/Schmolke, Ulrich: Klumpenrisiken im Bankenaufsichts-, Investment- und Aktienrecht, ZHR 173 (2009), S. 649–688.

Florstedt, Tim: Zur organhaftungsrechtlichen Aufarbeitung der Finanzmarktkrise, AG 2010, S. 315–323.

Frankfurter Allgemeine Zeitung: Aktienrechtler sieht grobe Pflichtverletzungen – Bankvorstände müssen haften, FAZ vom 21.01.2009, www.faz.de, abrufbar unter: http://www.faz.net/aktuell/wirtschaft/recht-steuern/aktien rechtler- sieht-grobe-pflichtverletzungen-bankvorstaende-muessen-haf ten-1751699.html, zuletzt abgerufen am 23.01.2013. (zit.: *Jahn*, Aktienrechtler sieht grobe Pflichtverletzungen, Bankvorstände müssen haften, FAZ vom 21.01.2009, abrufbar unter www.faz.net)

Frankfurter Allgemeine Zeitung: Anklage gegen frühere Vorstände der HSH Nordbank, 02.01.2012, S. 11.

Frankfurter Allgemeine Zeitung: Banken und Manager stehen am Pranger, FAZ vom 17.09.2009, Nr. 216, S. 12.

Frankfurter Allgemeine Zeitung: Bankmanager Kemmer droht eine Anklage, 02.05.2011, S. 18.

Frankfurter Allgemeine Zeitung: Ehemaliger IKB-Chef Stefan Ortenseifen angeklagt – Staatsanwalt sieht bewusste Irreführung über toxische Papiere, 02.07.2009, S. 11.

Frankfurter Allgemeine Zeitung: Razzia bei früheren Vorständen der Sachsen LB – Nach gescheiterten Finanzgeschäften Verdacht auf Untreue und Bilanzfälschung, 13.08.2008, S. 11.

Frankfurter Allgemeine Zeitung: Razzia im Bankenviertel, 13.12.2009, S. 38.

Frankfurter Allgemeine Zeitung: CDO-Verbriefungen sterben aus, 23.04.2010, S. 25.

Galbraith, James: Krise geht auf institutionalisierten Betrug zurück, Interview vom 13.12.2010, in Frankfurter Allgemeine Zeitung, unter www.faz.net, abrufbar unter http://www.faz.net/aktuell/finanzen/strategie-trends/im-gespraech-professor-james-galbraith-krise-geht-auf-institutionalisierten-betrug-zurueck-1359913.html, zuletzt abgerufen am 23.01.2013. (zit.: *Galbraith*, „Krise geht auf institutionalisierten Betrug zurück", FAZ, Interview vom 13.12.2010, abrufbar unter www.faz.net)

Gallandi, Volker: Die Untreue von Bankverantwortlichen im Kreditgeschäft – Tendenzen zur Haftung und (Ent-)kriminalisierung, wistra 2001, S. 281–286.

Gallandi, Volker: Strafrechtliche Aspekte der Asset Backed Securities, wistra 2009, S. 41–47.

Gallandi, Volker: Zwischenruf – Das Bundesministerium der Finanzen, ein Staat im Staate?, ZRP 2008, S. 128–129.

Glüder, Dieter/Böhm, Hannelore: Neue KfW-Modelle – Innovationen im Fördergeschäft, Kreditwesen 2003, S. 646–651.

Günther, Hans-Ludwig: Die Untreue im Wirtschaftsrecht, in: Heinrich et al. (Hrsg.), Festschrift für Ulrich Weber, 2004, S. 311–317.

Grabau, Fritz-Rene/Hundt, Irina: Die Sicherheit von Bankguthaben bei Zahlungsunfähigkeit inländischer Kreditinstitute, DZWIR 2003, S. 275–282.

Gribbohm, Günter: Treubruch und Vermögensnachteil bei der Untreue – OLG Braunschweig, NJW 1965, 1193, JuS 1965, S. 389–395.

Grimm, Jakob/Grimm, Wilhelm: Das Deutsche Wörterbuch im Internet, abrufbar unter: http://www.dwb.uni-trier.de/, Begriffe zuletzt abgerufen am 31.08. 2012.

Hamm, Rainer: Das Schwert sitzt locker, FAZ vom 06.11.2008, abrufbar unter: http://www.faz.net/aktuell/politik/staat-und-recht/gastbeitrag-das-schwert-sitzt-locker-1724059.html, zuletzt abgerufen am 23.01.2013. (zit.: *Hamm*, Das Schwert sitzt locker, FAZ vom 06.11.2008, abrufbar unter www.faz.net)

Handelsblatt/dpa: HSH Nordbank: Ex-Bankchef greift Staatsanwälte an, Handelsblatt vom 29.07.2013, 14:01 Uhr, abrufbar unter: http://www.handelsblatt.com/unternehmen/banken/hsh-nordbank-ex-bankchef-greift-staatsanwaelte-an/8563140.html, zuletzt abgerufen am 21.09.2013. (zit.: *handelsblatt*, HSH Nordbank: Ex-Bankchef greift Staatsanwälte an, vom 29.07.2013, 14:01 Uhr, abrufbar unter www.handelsblatt.de)

Hartmann, Tanja: Grundlagen zum Strafrecht – Erläuterungen und Prüfungsaufbauten, 3. Aufl., Frankfurt 2010.

Hassemer, Winfried: Die Basis des Wirtschaftsstrafrechts, in: Kempf/Lüderssen/Volk (Hrsg.), Die Handlungsfreiheit des Unternehmers – Wirtschaftliche Perspektiven, strafrechtliche und ethische Schranken, Berlin 2010, S. 29–43. (zit.: Hassemer, Die Basis des Wirtschaftsstrafrechts, Seite)

Hellwig, Martin: Systemic Risk in the Financial Sector: An Analysis of the Subprime-Mortgage Financial Crisis, Preprints of the Max Planck Institute for Research on Collective Goods, Bonn 2008.

Hillenkamp, Thomas: Risikogeschäft und Untreue, NStZ 1981, S. 161–168.

Hölters, Wolfgang (Hrsg.): Aktiengesetz – Kommentar, München 2011. (zit.: *Bearbeiter*, in: Hölters AktG, §, Rn.)

Hopt, Klaus J.: Die Haftung von Vorstand und Aufsichtsrat – Zugleich ein Beitrag zur Corporate governance-Debatte, in: Immenga/Möschel/Reuter (Hrsg.), Festschrift für Ernst-Joachim Mestmäcker, 1996, S. 909–931. (zit.: *Hopt,* Die Haftung von Vorstand und Aufsichtsrat, Seite)

Hopt/Wiedemann (Hrsg.): Aktiengesetz Großkommentar, Dritter Band §§ 76–94, 4. Aufl., Berlin 2008. (zit.: *Bearbeiter*, Großkommentar-AktG, §, Rn.)

Hopt/Wohlmannstetter (Hrsg.): Handbuch Corporate Governance von Banken, Teil 2. Die externe Corporate Governance von Banken, München 2011. (zit.: *Bearbeiter*, Handbuch Corporate Governance von Banken, Seite)

Huber, Herwart: Bankkrisen und neues Insolvenzrecht, Zeitschrift für Bankrecht und Bankwirtschaft (ZBB) 1998, S. 193–199. (zit.: *Huber*, ZBB 1998, Seite)

Huber, Herwart: Die Normen des Kreditwesengesetzes zur Verhinderung einer Bankinsolvenz und ihre Auswirkungen auf das Giroverhältnis, Köln 1987. (zit.: *Huber,* Die Normen des KWG, Seite)

Hüffer, Uwe (Hrsg.): Kommentar zum Aktiengesetz, 10. Aufl., München 2012. (zit.: *Hüffer*, Aktiengesetz, §, Rn.)

Ignor, Alexander/Sättler, Alexander: Pflichtwidrigkeit und Vorsatz bei der Untreue (§ 266 StGB) am Beispiel der sog. Kredituntreue, in: Neumann (Hrsg.), Festschrift für Rainer Hamm, 2008, S. 211–225.

Jahn, Matthias: Moralunternehmergewinne und Gewissheitsverluste, JZ 2011, S. 340–347.

Jungmann, Carsten: Die Business Judgement Rule – ein Institut des allgemeinen Verbandsrechts? – Zur Geltung von § 93 Abs. 1 Satz 2 außerhalb des Aktienrechts, in: Bitter/Lutter/Priester/Schön/Ulmer (Hrsg.), Festschrift für Karsten Schmidt, Köln 2009, S. 831–855.

Kargl, Walter: Die Missbrauchskonzeption der Untreue (§ 266 StGB), ZStW 113 (2001), S. 565–596.

Kengeter, Carsten: Kreditderivate – die Signifikanz des Credit Default Swaps, Kreditwesen 2003, S. 627–631.

Kindhäuser, Urs: Strafgesetzbuch – Lehr und Praxiskommentar, 4. Aufl., Baden-Baden 2010. (zit.: NK-*Kindhäuser*, §, Rn.)

Kindhäuser, Urs: Strafrecht Besonderer Teil II, Straftaten gegen Persönlichkeitsrechte, Staat und Gesellschaft, 7. Aufl., Baden-Baden 2013. (zit.: *Kindhäuser*, §, Rn.)

Koch, Robert: Geschäftsleiterpflicht zur Sicherstellung risikoadäquaten Versicherungsschutzes, ZGR 2006, S. 184–212.

Kock, Martin/Dinkel, Renate: Die zivilrechtliche Haftung von Vorständen für unternehmerische Entscheidungen – Die geplante Kodifizierung der Business Judgment Rule im Gesetz zur Unternehmensintegrität und Modernisierung des Anfechtungsrechts, NZG 2004, S. 441–448.

Kokemoor, Axel: Die Bankenaufsicht auf konsolidierter Basis in Deutschland nach der Fünften Novelle zu KWG, Bayreuth 1997. (zit.: *Kokemoor*, Seite).

Krause, Daniel: Strafrechtliche Haftung des Aufsichtsrates, NStZ 2011, S. 57–65.

Krey, Volker/Hellmann, Uwe/Heinrich, Uwe: Strafrecht Besonderer Teil – Bd. 2: Vermögensdelikte, 16. Aufl., Stuttgart 2012.

Krey, Volker: Finanzmarktkrise und deutsches Strafrecht, in: Heinrich (Hrsg.), Festschrift für Claus Roxin, Bd. 2 (S. 950–2000), S. 1073–1086. (zit.: *Krey*, Finanzmarktkrise und deutsches Strafrecht, 2011, in: FS-Roxin, Bd. 2, Seite)

Kubiciel, Michael: Gesellschaftsrechtliche Pflichtwidrigkeit und Untreuestrafbar-keit, NStZ 2005, S. 353–361.

Kühl, Kristian (Hrsg.): Lackner/Kühl Strafgesetzbuch Kommentar, 27. Aufl., München 2011. (zit.: *Lackner/Kühl*, §, Rn.)

Labsch, Karl Heinz: Grundprobleme des Mißbrauchstatbestands der Untreue, Jura 1987, S. 343–352.

Labsch, Karl Heinz: Untreue (§ 266 StGB) – Grenzen und Möglichkeiten einer neuen Deutung, Lübeck 1983.

Lüderssen, Klaus: Fremde Federn: Klaus Lüderssen Warnung vor neuem Finanzstrafrecht, FAZ vom 19.01.2009, Nr. 15, S. 10.

Lüderssen, Klaus: Gesellschaftsrechtliche Grenzen der strafrechtlichen Haftung des Aufsichtsrats, in: Dölling (Hrsg.), Festschrift für Ernst-Joachim Lampe, Berlin 2003, S. 727–742.

Luthmann, Walter: Zur Frage der Untreue im Rahmen rechts- oder sittenwidriger Abmachungen, NJW 1960, S. 419–420.

Lutter, Marcus: Interessenkonflikte und Business Judgement Rule, in: Heldrich/Pröbs/Koller et al. (Hrsg.), Festschrift für Claus-Wilhelm Canaris zum 70. Geburtstag, Bd. 2, 2007, München 2007, S. 245–256.

Lutter, Marcus: Bankenkrise und Organhaftung, ZIP 2009, S. 197–201.

Lutter, Marcus: Die Business Judgement Rule und ihre praktische Anwendung, ZIP 2007, S. 841–848.

Lutter, Marcus: Entwicklung und Fortbildung des Rechts durch Entscheidung: Der Bundesgerichtshof und das Aktienrecht, Festschrift aus Anlaß des fünfzigjährigen Bestehens von Bundesgerichtshof, Bundesanwaltschaft und Rechtsanwaltschaft beim Bundesgerichtshof, hrsg. von Claus Roxin et al., Bd. 2, Handels- und Wirtschaftsrecht, Europäisches und Internationales Recht, hrsg. von Andreas Heldrich und Klaus J. Hopt, München 2000, S. 321–336. (zit.: *Lutter*, Entwicklung und Fortbildung des Rechts durch Entscheidung: Der Bundesgerichtshof und das Aktienrecht, Seite)

Lutter, Marcus: Pflichten und Haftung von Sparkassenorganen, Köln 1991. (zit.: *Lutter*, Pflichten und Haftung von Sparkassenorganen, Seite)

Matt, Holger: Missverständnisse zu Untreue – eine Betrachtung auch zum Verhältnis von (Straf-)Recht und Moral, NJW 2005, S. 389–392.

Matt, Holger/Saliger, Frank: Straflosigkeit der versuchten Untreue – Über die Richtigkeit dieser Entscheidungen des Gesetzgebers und dogmatische Konsequenzen, in: Institut für Kriminalwissenschaften und Rechtsphilosophie Frankfurt a. M. (Hrsg.), Irrwege der Strafgesetzgebung, Frankfurt am Main 1999, S. 217–240.

Mayer, Hellmuth: Die Untreue, in: Materialien zur Strafrechtsreform, Bd. 1, Gutachten der Strafrechtslehrer, Bonn 1957, S. 333–356. (zit.: *Mayer*, Die Untreue, Seite)

Mertens, Hans-Joachim/Cahn Andreas: in Zöller/Noack (Hrsg.) Kölner Kommentar zum Aktiengesetz, Bd. 2/1 §§ 76–94, 3. Aufl., Köln 2010, Bearbeitet von Hans-Joachim Mertens und Andreas Cahn. (zit.: *Mertens/Cahn*, in: Kölner Kommentar zum AktG, §, Rn.)

Meyer, Dieter: Die mißbräuchliche Benutzung der Scheckkarte – Betrug oder Untreue? – BGHSt 24, 386, JuS 1973, S. 214–217.

Meyer, Dieter: Nochmals: Ist die Begebung ungedeckter Schecks mittels Scheckkarte durch ihren berechtigten Inhaber strafbar? – Kritik am Beitrag von Sennenkamp, MDR 1971, 638 –, MDR 1971, S. 893–895.

Mitsch, Wolfgang: Strafrecht Besonderer Teil 2: Vermögensdelikte (Kernbereich), Teilband 1, 2. Aufl., Berlin 2003.

Mock, Matthias/Kappius, Robert: Verlauf der Finanzkrise – Entstehungsgründe, Verlauf und Gegenmaßnahmen, Ausarbeitung WD 4 – 3000 – 075/09,

Abschluss der Arbeit: 11.05.2009, Fachbereich WD 4: Haushalt und Finanzen, Wissenschaftliche Dienste des Deutschen Bundestages, Deutscher Bundestag. (zit.: *Mock/Kappius*, Seite)

Möllers, Thomas M.J.: Regulierung von Ratingagenturen – Das neue europäische und amerikanische Recht – Wichtige Schritte oder viel Lärm um Nichts?, JZ 2009, S. 861–871.

Mosenheuer, Andreas: Untreue durch mangelhafte Dokumentation von Zahlungen?, NStZ 2004, S. 179–181.

Mujkanovic, Robin: Die Konsolidierung von Zweckgesellschaften nach IFRS und HGB vor dem Hintergrund der Subprime-Krise und des BilMoG, StuB 2008, S. 136–141.

Müller, Werner: Bankenaufsicht und Gläubigerschutz, Baden-Baden 1981. (zit.: *Müller*, Seite)

Münchau, Wolfgang: Kernschmelze im Finanzsystem, München 2008.

Münchener Kommentar zum Aktiengesetz: Goette/Habersack/Kalss (Hrsg.), Bd. 2, §§ 76–117 MitbestG DrittelbG, 3. Aufl., München 2008. (zit.: *Bearbeiter,* MüKo-Aktiengesetz, §, Rn.)

Münchener Kommentar zum Aktiengesetz: Goette/Habersack/Kalss (Hrsg.), Bd. 6, §§ 329–410, WpÜG, Österreichisches Übernahmerecht, 3. Aufl., München 2011. (zit.: *Bearbeiter,* MüKo-Aktiengesetz, §, Rn.)

Münchener Kommentar zum Bilanzrecht: Hennrichs/Kleindiek/Watrin (Hrsg.), Bd. 1, IFRS, 3. Ergänzungslieferung, München 2012. (zit.: *Watrin/ Hoehne/ Lammert*, MüKo-Bilanzrecht, zu *Grundsatz für die Darstellung von Abschlussinformationen* (IAS-Nr. und Titel), Rn.)

Münchener Kommentar zum Bilanzrecht: Hennrichs/Kleindiek/Watrin (Hrsg.), Bd. 2, §§ 238–342e HGB, München 2012. (zit.: *Bearbeiter*, MüKo-Bilanzrecht, §, Rn.)

Münchener Kommentar zum Handelsgesetzbuch: Schmidt/Ebke (Hrsg.), Bd. 4, Drittes Buch. Handelsbücher, §§ 238–442a HGB, 3. Aufl., München 2013. (zit.: Bearbeiter, MüKo-HGB, §, Rn.)

Münchener Kommentar zum StGB: Joecks/Miebach (Hrsg.), Bd. 4, München 2006. (zit.: *Bearbeiter*, MüKo-StGB, §, Rn.)

Münchener Kommentar zur Insolvenzordnung: Kirchhof, Hans-Peter/Lwowski, Hans-Jürgen/Stürner, Rolf (Hrsg.), 2. Aufl., München 2007. (zit.: *Bearbeiter*, MüKo-InsO, §, Rn.)

Naucke, Wolfgang: Der Begriff der politischen Wirtschaftstat – Eine Annäherung, in: Vormbaum (Hrsg.), Rechtsgeschichte und Rechtsgeschehen, Kleine Schriften, Bd. 33, Berlin 2012. (zit.: *Naucke*, Der Begriff der politischen Wirtschaftsstraftat, Seite)

Nelles, Ursula: Untreue zum Nachteil von Gesellschaften, Berlin 1991.

Neumüller, Matthias/Hochgatterer, Rita: Verbriefungen von Unternehmensforderungen – Asset Backed Securities, in: Stadtler (Hrsg.), Die neue Unternehmensfinanzierung – Strategisch Finanzieren mit bank- und kapitalmarktorientierten Instrumenten, S. 263–277 (zit.: *Neumüller/Hochgatterer*, Verbriefung von Unternehmensforderungen, Seite)

Oltmanns, Martin: Geschäftsleiterhaftung und unternehmerisches Ermessen – Die Business Judgement Rule im deutschen und im amerikanischen Recht, Frankfurt am Main 2001.

Ott, Klaus: Die Akte Funke, Meldung unter www.sueddeutsche.de, vom 24. Februar 2010, 7:51 Uhr, abrufbar unter: http://www.sueddeutsche.de/geld/hypo-real-estate-ermittlungen-die-akte-funke-1.17689, zuletzt abgerufen am 10.01.2013. (zit.: *Ott*, Die Akte Funke, Meldung unter www.sueddeutsche.de, vom 24.02.2010, 7:51 Uhr)

Ott, Klaus: Gute Aktien, schlechte Aktien, Meldung unter www.sueddeutsche.de, vom 29.07.2010, 9:11 Uhr, abrufbar unter: http://www.sueddeutsche.de/geld/westlb-thomas-fischer-gute-aktien-schlechte-aktien-1.981122, zuletzt abgerufen am 10.01.2013. (zit.: *Ott,* Gute Aktien, schlechte Aktien, Meldung unter www.sueddeutsche.de, vom 29.07.2010, 9:11 Uhr)

Paeffgen, Walter: Dogmatische Grundlage, Anwendungsbereich und Formulierung einer Business Judgement Rule im künftigen UMAG, AG 2004, S. 245–261.

Paeffgen, Walter: Unternehmerische Entscheidungen und Rechtsbindung der Organe in der AG, Köln 2002.

Pannen, Klaus: Krise und Insolvenz bei Kreditinstituten, 3. Aufl., Köln 2010.

Preußner, Joachim: Risikomanagement und Compliance in der aktienrechtlichen Verantwortung des Aufsichtsrats unter Berücksichtigung des Gesetzes zur Modernisierung des Bilanzrechts (BilMoG), NZG 2008, S. 574–576.

Ransiek, Andreas: Asset Backed Securities und Strafrecht, WM 2010, S. 869–875.

Ransiek, Andreas: Risiko, Pflichtwidrigkeit und Vermögensnachteil bei der Untreue, ZStW 116 (2004), S. 634–679.

Rönnau, Thomas/Hohn, Kristina: Die Festsetzung (zu) hoher Vorstandsvergütungen durch den Aufsichtsrat – ein Fall für den Staatsanwalt?, NStZ 2004, S. 113–123.

Rönnau, Thomas: Globale Finanzkrise – Quellen möglicher Strafbarkeitsrisiken, in: Schünemann (Hrsg.), Die sogenannte Finanzkrise – Systemversagen oder global organisierte Kriminalität?, Berlin 2010, S. 43–62. (zit.: *Rönnau*, Globale Finanzkrise, Seite)

Rönnau, Thomas: Untreue als Wirtschaftsdelikt, ZStW 119 (2007), S. 887–926

Roxin, Claus: Strafrecht Allgemeiner Teil, Bd. 2, Besondere Erscheinungsformen der Straftat, München 2003. (zit.: *Roxin*, AT Bd. 2, §, Rn.)

Rudolph, Bernd/Hofman, Bernd/Schaber, Albert/Schäfer, Klaus: Kreditrisikotransfer – Moderne Instrumente und Methoden, Berlin 2007.

Rudolph, Bernd: Die internationale Finanzkrise, Ursachen, Treiber, Veränderungsbedarf und Reformansätze, ZGR 2010, S. 1–47.

Sachverständigenrat zur Begutachtung der gesamtwirtschaftlichen Entwicklung: Gutachten 2007/2008, „Das Erreichte nicht verspielen", Drittes Kapitel, Stabilität des internationalen Finanzsystems, S. 89 ff., Veröffentlicht am 07.11.2007, Wiesbaden, abrufbar unter: http://www.sachverstaendigenrat-wirtschaft.de/?id=86; zuletzt abgerufen am 06.01.2013. (zit.: *Sachverständigenrat*, Gutachten 2007/2008, Seite)

Saliger, Frank: Wider die Ausweitung des Untreuetatbestandes, ZStW 112 (2000), S. 563–613.

Saliger, Frank: Gibt es eine Untreuemode? Die neuere Untreuedebatte und Möglichkeiten einer restriktiven Auslegung, HRRS 2006, S. 10–23.

Sax, Walter: Überlegungen zum Treubruchtatbestand des § 266 StGB-Teil II, JZ 1977, S. 702–706.

Sax, Walter: Überlegungen zum Treubruchtatbestand des § 266 StGB, JZ 1977, S. 663–667.

Schimansky, Herbert/Bunte, Hermann-Josef/Lwowski, Hans-Jürgen (Hrsg.): Bankrechts-Handbuch, Bd. 1, 4. Aufl., München 2011. (zit.: *Bearbeiter*, in Bankrechts-Handbuch, §, Rn.)

Schlimm, Katrin: Das Geschäftsleiterermessen des Vorstands einer Aktiengesellschaft: die Kodifikation einer „Business judgement rule" deutscher Prägung in § 93 Abs. 1 S. 2 AktG, Baden-Baden 2009.

Schmidt, Helmut: Wie entkommen wir der Depressionsfalle? Die Zeit, Nr. 04, 15.01.2009, www.zeit.de, abrufbar unter: http://www.zeit.de/2009/04/ Wirtschaftskrise, zuletzt abgerufen am 23.01.2013. (zit.: *Schmidt*, Wie entkommen wir der Depressionsfalle, Die Zeit, Nr. 04, vom 15.01.2009, abrufbar unter www.zeit.de)

Schmidt, Reinhard/Terberger, Eva: Grundzüge der Investitions- und Finanzierungstheorie, 4. Aufl., Wiesbaden 1997.

Schmidtbauer, Rainer: Die Konsolidierung von „Special Purposed Entities" nach IAS und HGB, insbesondere unter Berücksichtigung von E-DRS 16, DStR 2002, S. 1013–1017.

Schön, Stefan/Cortez, Benjamin: Finanzmarktkrise als Vertrauenskrise – *Special Purpose Entities* und Ratingagenturen als Ursache für Informationsassymetrien an den globalen Finanzmärkten, IRZ 2009, S. 11–17.

Schreiber, Hans-Ludwig/Beulke, Werner: Untreue durch Verwendung von Vereinsgeldern zu Bestechungszwecken – BGH, NJW 1975, 1234, JuS 1977, S. 656–661.

Schröder, Christian: Untreue durch Investitionen in ABS-Anleihen, NJW 2010, S. 1169–1174.

Schroeder, Friedrich-Chr./Maiwald, Manfred (Hrsg.): Maurach/Schroeder/Maiwald, Strafrecht Besonderer Teil, Teilband 1 Straftaten gegen Persönlichkeits- und Vermögenswerte, 10. Aufl., Heidelberg 2009. (zit.: *Maurach/Schroeder/Maiwald*, §, Rn.)

Schulte-Mattler, Hermann/Meyer-Ramloch, Dorothea: Bankaufsichtliche Behandlung von Kreditderivaten in Deutschland, in: Burghof, H.-P. et al., Kreditderivate – Handbuch für die Bank- und Anlagepraxis, Stuttgart 2000, S. 441–466. (zit.: *Schulte-Mattler/Meyer-Ramloch*, Bankaufsichtliche Behandlung von Kreditderivaten in Deutschland, Seite)

Schulz, Lorenz: Neues zum Bestimmtheitsgrundsatz – Zur Entscheidung des BVerfG vom 23.06.2010, in: Heinrich/Jäger/Schünemann (Hrsg.) Strafrecht als Scientia Universalis: Festschrift für Claus Roxin zum 80. Geburtstag am 15. Mai 2011, Bd. 1, Berlin 2011, S. 305–328.

Schünemann, Bernd: Die sogenannte Finanzkrise – Systemversagen oder global organisierte Kriminalität?, in: Schünemann (Hrsg.), Die sogenannte Finanzkrise – Systemversagen oder global organisierte Kriminalität?, Berlin 2010, S. 71–105. (zit.: *Schünemann*, Die sogenannte Finanzkrise, Seite)

Schünemann, Bernd: § 266 StGB, Leipziger Kommentar zum StGB – Großkommentar, Jähnke, Burkhard/Laufhütte, Heinrich Wilhelm/Odersky, Walter (Hrsg.), 12. Aufl., Berlin 2003. (zit.: *Schünemann*, LK-StGB, §, Rn.)

Schünemann, Bernd: Organuntreue – Das Mannesmannverfahren als Exempel?, Berlin 2004. (zit.: *Schünemann*, Organuntreue, Seite)

Seelmann, Kurt: Grundfälle zu den Straftaten gegen das Vermögen als Ganzes, JuS 1982, S. 914–918.

Seier, Jürgen: Untreue, in: Achenbach (Hrsg.), Handbuch Wirtschaftsstrafrecht (HWSt), 2. Aufl., Heidelberg 2008. (zit.: *Seier*, Untreue, Rn.)

Semmler, Johannes: Entscheidungen und Ermessen im Aktienrecht, in: Habersack/Hommelhoff/Hüffer/K.Schmidt (Hrsg.), Festschrift für Peter Ulmer zum 70. Geburtstag am 2. Januar 2003, Berlin 2003, S. 627–642.

Shiller, Robert J.: Die Subprime Lösung – Wie wir in die Finanzkrise hineingeraten sind und was wir jetzt tun sollten, Kulmbach 2008.

Sinn, Hans Werner: Kasino-Kapitalismus, 2. Aufl., Berlin 2009.

Spatscheck, Rainer/Wulf, Martin: Straftatbestände der Bilanzfälschung nach dem HGB – ein Überblick, DStR 2003, S. 173–180.

Spindler/Stilz (Hrsg.): Kommentar zu Aktiengesetz, Bd. 1, 2. Aufl., München 2010. (zit.: *Bearbeiter*, in: Spindler/Stilz, Aktiengesetz, §, Rn.)

Standard and Poors/Case-Shiller: U.S. National Home Price Index, abrufbar unter: http://www.standardandpoors.com/indices/sp-case-shiller-home-price-indices/en/us/?indexId=spusa-cashpidff--p-us----, zuletzt abgerufen am 13.01.2013. (zit.: *S&P/Case-Shiller,* U.S. National Home Price Index, www.standardandpoors.com)

Statistisches Bundesamt Wiesbaden: Insolvenzen in Deutschland, Jahresdaten seit 1950, abrufbar unter: https://www.destatis.de/DE/ZahlenFakten/Indikatoren/LangeReihen/Insolvenzen/lrins01.html; zuletzt abgerufen am 06.01.2013. (zit.: *Statistisches Bundesamt Wiesbaden,* Insolvenzen in Deutschland)

Statistisches Bundesamt Wiesbaden: Begriffserläuterungen für den Bereich Volkswirtschaftliche Gesamtrechnungen abrufbar unter: https://www.destatis.de/DE/ZahlenFakten/GesamtwirtschaftUmwelt/VGR/Begriffserlaeuterungen/SparquoteHaushalte.html, zuletzt abgerufen am 13.01.2013.

Statistisches Bundesamt Wiesbaden: Pressemitteilung Nr. 410, vom 29.10.2009: 1. Halbjahr 2009: Sparquote mit 11,2% auf Vorjahresniveau, abrufbar unter: https://www.destatis.de/DE/-PresseService/Presse/Pressemitteilungen/2009/10/PD09_410_811.html, zuletzt abgerufen am 23.01.2013. (zit.: *Statistisches Bundesamt Wiesbaden,* Pressemitteilung Nr. 410, vom 29.10.2009: 1. Halbjahr 2009: Sparquote mit 11,2% auf Vorjahresniveau)

The Federal Reserve: Monetary Policy, Open Market Operations, the federal funds rate, www.federalreserve.gov, abrufbar unter: http://www.Federalreserve.gov/monetarypolicy/openmarket.htm, zuletzt abgerufen am 13.01.2012.

Thommen, Jean-Paul/Achleitner, Ann-Kristin: Allgemeine Betriebswirtschaftslehre, 3. Aufl., Wiesbaden 2001.

Thonfeld, Henning: Der *„instabile Überschuldungsbegriff" des Finanzmarktstabilisierungsgesetzes, NZI 2009, S. 15–19.*

Tiedemann, Klaus: Anmerkung zu LG Düsseldorf, Urt. v. 22.07.2004–XIV 5/03, Zur Untreue bei Gewährung von Annerkennungsprämien an ausscheidende und ausgeschiedene Vorstandsmitglieder („Mannesmann"), ZIP 2004, S. 2056–2058.

Tiedemann, Klaus: Untreue bei Interessenkonflikten – Am Beispiel der Tätigkeit von Aufsichtsratsmitgliedern, in: Jescheck/Vogler (Hrsg.), Festschrift für Herbert Tröndle zum 70. Geburtstag, Berlin 1989, S. 319–335. (zit.: *Tiedemann*, Untreue bei Interessenkonflikten, FS-Tröndle, Seite)

Tiedemann, Klaus: Wirtschaftsstrafrecht – Einführung und Allgemeiner Teil, 3. Aufl., Köln 2010. (zit.: *Tiedemann*, Wirtschaftsstrafrecht AT, Rn.)

Uhlenbruck, Wilhelm/Hirte, Heribert/Vallender, Heinz (Hrsg.): Insolvenzordnung Kommentar, 13. Aufl., München 2010. (zit.: *Bearbeiter*, Uhlenbruck-InsO, §, Rn.)

Ulmer, Peter: Die Aktionärslage als Instrument zur Kontrolle des Vorstands- und Aufsichtsratshandelns – Vor dem Hintergrund der US-Erfahrungen mit der shareholders' derivative action, ZHR 163 (1999), S. 290–342.

von Keitz, Isabel/Ewelt, Corinna: Die Möglichkeit der beherrschenden Einflussnahme zur Abgrenzung des Vollkonsolidierungskreises – Ein Plädoyer für die materielle Interpretation des typisierenden Beherrschungstatbestandes in § 290 Absatz 2 Nr. 1 HGB unter Berücksichtigung der internationalen Rechnungslegung, IRZ 2010, S. 447–454.

Vormbaum, Thomas: Die strafrechtliche Beurteilung des Scheckkartenmißbrauchs – OLG Köln, NJW 1978, 713, JuS 1981, S. 18–25.

Wahrig-Burgfeind, Renate: Brock Haus, Wahrig Deutsches Wörterbuch, 9. Aufl., München 2011.

Wandt, Manfred: Recht und Krise, in: Kempf/Lüderssen/Volk (Hrsg.), Die Finanzkrise, das Wirtschaftsrecht und die Moral, Berlin 2010, S. 3–5. (zit.: *Wandt*, Recht und Krise, Seite)

Wegenast, Martin: Missbrauch und Treubruch, Berlin 1994.

Wessels, Johannes/Hillenkamp, Thomas: Strafrecht Besonderer Teil/2, Straftaten gegen das Vermögen, 35. Aufl., Heidelberg 2012.

Westermann, Harm Peter/Paeffgen, Walter: Besprechung von Aktiengesetz Großkommentar, Hopt/Wiedemann (Hrsg.), JZ 2008, S. 988–989.

Wiedemann, Herbert: Organverantwortung und Gesellschafterklagen in der Aktiengesellschaft, Opladen 1989.

Wohlgemuth, Michael: Grundlagen des Konzernabschlusses, in: Wohlgemuth (Hrsg.), Jahres- und Konzernabschluss nach Handels- und Steuerrecht, Bd. C, 13. Aufl. 2010. (zit.: *Wohlgemuth*, Grundlagen des Konzernabschlusses, Rn.)

www.n-tv.de/dpa: „Für alle Beteiligten keine ganz glückliche Situation" HSH-Vorstände schweigen zu Prozessbeginn, vom 24.07.2013, abrufbar unter: http://www.n-tv.de/wirtschaft/HSH-Vorstaende-schweigen-zu-Prozessbeginn-article11048806.html, zuletzt abgerufen am 21.09.2013. (zit.: *n-tv*, „Für alle Beteiligten keine ganz glückliche Situation" HSH-Vorstände schweigen zu Prozessbeginn, vom 24.07.2013, abrufbar unter www.n-tv.de.)

www.ntv.de: IKB und Hypothekenkrise – Eigener Analyst warnte, Meldung vom, 21. August 2007, abrufbar unter: http://www.n-tv.de/wirtschaft/meldungen/Eigener-Analyst-warnte-article227861.html, zuletzt abgerufen am 23.01.2013. (zit.: www.ntv.de, Eigener Analyst warnte, Meldung vom 21.08.2007)

Zwirner, Christian/Busch, Julia: Zweckgesellschaften – Definition und Behandlung im Konzernabschluss, IRZ 2011, S. 7–9.

FRANKFURTER KRIMINALWISSENSCHAFTLICHE STUDIEN

Band 1 Peter Böning: Die Lehre vom Unrechtsbewußtsein in der Rechtsphilosophie Hegels 100 S., 1978.

Band 2 Wolfgang Schneider: Kriminelle Straßenverkehrsgefährdung (§ 315c Abs. 1 Ziff. 2, Abs. 3 StGB). Eine kriminologische und strafrechtliche Untersuchung zur Problematik dieser Verkehrsstraftaten unter Berücksichtigung ausländischer Rechte. 342 S., 1978.

Band 3 Lothar Kuhlen: Die Objektivität von Rechtsnormen. Zur Kritik des radikalen labeling approach in der Kriminalsoziologie. 178 S., 1978.

Band 4 Günther Grewe: Straßenverkehrsdelinquenz und Marginalität. Untersuchungen zur institutionellen Regelung von Verhalten. 148 S., 1978.

Band 5 Dieter Haberstroh: Strafverfahren und Resozialisierung. Eine Studie über Verstehen und Nicht-Verstehen, über Verstanden-Werden und Nicht-Verstanden-Werden und deren Bedingungen in der Hauptverhandlung. 202 S., 1979.

Band 6 Thomas Vogt: Die Forderungen der psychoanalytischen Schulrichtungen für die Interpretation der Merkmale der Schuldunfähigkeit und der verminderten Schuldfähigkeit (§§ 51 a.F., 20, 21 StGB). 182 S., 1979.

Band 7 Andreas Michael: Der Grundsatz in dubio pro reo im Strafverfahrensrecht. Zugleich ein Beitrag über das Verhältnis von materiellem Recht und Prozeßrecht. 214 S., 1981.

Band 8 Ilias G. Anagnostopoulos: Haftgründe der Tatschwere und der Wiederholungsgefahr (§§ 112 Abs. 3, 112 a StPO). Kriminalpolitische und rechtssystematische Aspekte der Ausweitung des Haftrechts. 1984.

Band 9 Helga Müller: Der Begriff der Generalprävention im 19. Jahrhundert. Von P.J.A. Feuerbach bis Franz v. Liszt. 1984.

Band 10 Frowin Jörg Kurth: Das Mitverschulden des Opfers beim Betrug. 1984.

Band 11 Martin J. Worms: Die Bekenntnisbeschimpfung im Sinne des § 166 Abs. 1 StGB und die Lehre vom Rechtsgut. 1984.

Band 12 Jong-Dae Bae: Der Grundsatz der Verhältnismäßigkeit im Maßregelrecht des StGB. 1985.

Band 13 Helmut Fünfsinn: Der Aufbau des fahrlässigen Verletzungsdelikts durch Unterlassen im Strafrecht. 1985.

Band 14 Christoph Krehl: Die Ermittlung der Tatsachengrundlage zur Bemessung der Tagessatzhöhe bei der Geldstrafe. 1985.

Band 15 Walter-Hermann Kiehl: Strafrechtliche Toleranz wechselseitiger Ehrverletzungen - Zur ratio legis der §§ 199, 233 Strafgesetzbuch -. 1986.

Band 16 Matthias Krahl: Die Rechtsprechung des Bundesverfassungsgerichts und des Bundesgerichtshof zum Bestimmtheitsgrundsatz im Strafrecht (Art. 103 Abs. 2 GG). 1986.

Band 17 Patrick Carroll Campbell: § 220a StGB. Der richtige Weg zur Verhütung und Bestrafung von Genozid? 1986.

Band 18 Winfried Hassemer (Hrsg.): Strafrechtspolitik. Bedingungen der Strafrechtsreform. 1987.

Band 19 Felix Herzog: Prävention des Unrechts oder Manifestation des Rechts. Bausteine zur Überwindung des heteronom-präventiven Denkens in der Strafrechtstheorie der Moderne. 1987.

Band 20 Astrid Michalke-Detmering: Die Mindestanforderungen an die rechtliche Begründung des erstinstanzlichen Strafurteils. Zur Auslegung des § 267 StPO. 1987.

Band 21 Lothar Kuhlen: Die Unterscheidung von vorsatzausschließendem und nichtvorsatzausschließendem Irrtum. 1987.

Band 22 Michael Buttel: Kritik der Figur des Aufklärungsgehilfen im Betäubungsmittelstrafrecht (§ 31 BtMG). 1988.

Band 23 Matthias Kögler: Die zeitliche Unbestimmtheit freiheitsentziehender Sanktionen des Strafrechts. Eine vergleichende Untersuchung zur Rechtslage und Strafvollstreckungspraxis in der Bundesrepublik Deutschland und den USA. 1988.

Band 24 Klaus Lüderssen / Cornelius Nestler-Tremel / Ewa Weigend(Hrsg.): Modernes Strafrecht und ultima-ratio-Prinzip. 1990.

Band 25 Jürgen Taschke: Die behördliche Zurückhaltung von Beweismitteln im Strafprozeß. 1989.

Band 26 Daniela Westphalen: Karl Binding (1841-1920). Materialien zur Biographie eines Strafrechtsgelehrten. 1989.

Band 27 Sigrid Jans: Die Aushöhlung des Klageerzwingungsverfahrens. 1990.

Band 28 Dimitris Spirakos: Folter als Problem des Strafrechts. Kriminologische, kriminalsoziologische und (straf-)rechtsdogmatische Aspekte unter besonderer Berücksichtigung der Folterschutzkonvention und der Pönalisierung der Folter in Griechenland. 1990.

Band 29 Stephan Moll: Strafrechtliche Aspekte der Behandlung Opiatabhängiger mit Methadon und Codein. 1990.

Band 30 Stefan Werner: Wirtschaftsordnung und Wirtschaftsstrafrecht im Nationalsozialismus. 1991.

Band 31 Xanthi Bassakou: Beiträge zur Analyse und Reform des Absehens von Strafe nach § 60 StGB. 1991.

Band 32 Rainer Runte: Die Veränderung von Rechtfertigungsgründen durch Rechtsprechung und Lehre. Moderne Strafrechtsdogmatik zwischen Rechtsstaatsprinzip und Kriminalpolitik. 1991.

Band 33 Olaf Hohmann: Das Rechtsgut der Umweltdelikte. Grenzen des strafrechtlichen Umweltschutzes. 1991.

Band 34 Klaus Jochen Müller: Das Strafbefehlsverfahren (§§ 407 ff. StPO). Eine dogmatisch-kriminalpolitische Studie zu dieser Form des schriftlichen Verfahrens unter besonderer Berücksichtigung der geschichtlichen Entwicklung – zugleich ein Beitrag zum StVÄG 1987. 1993.

Band 35 Sang-Don Yi: Wortlautgrenze, Intersubjektivität und Kontexteinbettung. Das strafrechtliche Analogieverbot. 1991.

Band 36 Birgit Malsack: Die Stellung der Verteidigung im reformierten Strafprozeß. Eine rechtshistorische Studie anhand der Schriften von C. J. A. Mittermaier. 1992.

Band 37 Rüdiger Schäfer: Die Privilegierung des "freiwillig-positiven" Verhaltens des Delinquenten nach formell vollendeter Straftat. Zugleich ein Beitrag zum Grundgedanken des Rücktritts vom Versuch und zu den Straftheorien. 1992.

Band 38 Cornelius Nestler-Tremel: AIDS und Strafzumessung. 1992.

Band 39 Christine Gutmann: Freiwilligkeit und (Sozio-)Therapie – notwendige Verknüpfung oder Widerspruch? 1993.

Band 40 Walter Kargl: Der strafrechtliche Vorsatz auf der Basis der kognitiven Handlungstheorie. 1993.

Band 41 Jürgen Rath: Zur strafrechtlichen Behandlung der aberratio ictus und des error in objecto des Täters. 1993.

Band 42 Martin Fischer: Wille und Wirksamkeit. Eine Untersuchung zum Problem des *dolus alternativus*. 1993.

Band 43 Regina Harzer: Der Naturzustand als Denkfigur moderner praktischer Vernunft. Zugleich ein Beitrag zur Staats- und Rechtsphilosophie von Hobbes und Kant. 1994.

Band 44 Helmut Pollähne: Lockerungen im Maßregelvollzug. Eine Untersuchung am Beispiel der Anwendung des nordrhein-westfälischen Maßregelvollzugsgesetzes im Westfälischen Zentrum für Forensische Psychiatrie (Lippstadt). 1994.

Band 45 Hans-Joachim Leonhardt: Rechtsmittelermessen der Staatsanwaltschaft. Eine Gegenüberstellung von § 296 StPO mit Nummern 147 und 148 Richtlinien für das Strafverfahren und das Bußgeldverfahren (RiStBV). 1994.

Band 46 Rolf Grünebaum: Zur Strafbarkeit des Therapeuten im Maßregelvollzug bei fehlgeschlagenen Lockerungen. 1996.

Band 47 Barbara Bialas: Promille-Grenzen, Vorsatz und Fahrlässigkeit. 1996.

Band 48 Christine Pott: Die Außerkraftsetzung der Legalität durch das Opportunitätsdenken in den Vorschriften der §§ 154, 154a StPO. Zugleich ein Beitrag zu einer kritischen Strafverfahrensrechtstheorie. 1996.

Band 49 Wolfgang Köberer: *Iudex non calculat*. Über die Unmöglichkeit, Strafzumessung sozialwissenschaftlich-mathematisch zu rationalisieren. 1996.

Band 50 Institut für Kriminalwissenschaften Frankfurt a.M. (Hrsg.): Vom unmöglichen Zustand des Strafrechts. 1995.

Band 51 Petra Kamberger: Treu und Glauben (§ 242 BGB) als Garantenstellung im Strafrecht? 1996.

Band 52 Anastassios Triantafyllou: Das Delikt der gefährlichen Körperverletzung (§ 223a StGB) als Gefährdungsdelikt. (Zugleich ein Beitrag zur Dogmatik der Gefährdungsdelikte). 1996.

Band 53 Norbert Kissel: Aufrufe zum Ungehorsam und § 111 StGB. Grundrechtlicher Einfluß bei der Feststellung strafbaren Unrechts. 1996.

Band 54 Susanne Ehret: Franz von Liszt und das Gesetzlichkeitsprinzip. Zugleich ein Beitrag wider die Gleichsetzung von Magna-charta-Formel und Nullum-crimen-Grundsatz. 1996.

Band 55 Stefan Braum: Geschichte der Revision im Strafverfahren von 1877 bis zur Gegenwart. Zugleich eine Kritik der Kontinuität politischer Macht im Recht. 1996.

Band 56 Katja Diel: Das Regreßverbot als allgemeine Tatbestandsgrenze im Strafrecht. 1997.

Band 57 Christoph Koller: Die Staatsanwaltschaft – Organ der Judikative oder Exekutivbehörde? Die Stellung der Anklagebehörde und die Gewaltenteilung des Grundgesetzes. 1997.

Band 58 Frank Schößler: Anerkennung und Beleidigung. Rechtsgut und Strafzweck des § 185 StGB. 1997.

Band 59 Regina Engelstädter: Der Begriff des Unfallbeteiligten in § 142 Abs. 4 StGB. Zugleich eine Kritik an aktuellen Zurechnungslehren. 1997.

Band 60 Jörg Reinhardt: Der Ausschluß und die Ablehnung des befangen erscheinenden Staatsanwaltes. 1997.

Band 61 Jens Christian Müller-Tuckfeld: Integrationsprävention. Studien zu einer Theorie der gesellschaftlichen Funktion des Strafrechts. 1998.

Band 62 Peter Maria Rohe: Verdeckte Informationsgewinnung mit technischen Hilfsmitteln zur Bekämpfung der Organisierten Kriminalität. Zugleich eine rechtsvergleichende Analyse der polizeilichen Abhörbefugnisse in den U.S.A. 1998.

Band 63 Dirk Fabricius: Was ein Lehrbuch lehrt ... Eine exemplarische Untersuchung von Jakobs *Strafrecht – Allgemeiner Teil*. 1998.

Band 64 Stefan Sinner: Der Vertragsgedanke im Strafprozeßrecht. 1999.

Band 65 Sebastian Schattenfroh: Die Staatsphilosophie Giovanni Gentiles und die Versuche ihrer Verwirklichung im faschistischen Italien. 1999.

Band 66 Athanassia Dionyssopoulou: Der Tatbestand der Geldwäsche. Eine Analyse der dogmatischen Grundlagen des § 261 StGB. 1999.

Band 67 Klaus von Lampe: *Organized Crime*. Begriff und Theorie organisierter Kriminalität in den USA. 1999.

Band 68 Christian Hanssen: "Trennung der Märkte". Rechtsdogmatische und rechtspolitische Probleme einer Liberalisierung des Drogenstrafrechts. 1999.

Band 69 Institut für Kriminalwissenschaften und Rechtsphilosophie Frankfurt a.M. (Hrsg.): Irrwege der Strafgesetzgebung. 1999.

Band 70 Konstantinos Chatzikostas: Die Disponibilität des Rechtsgutes Leben in ihrer Bedeutung für die Probleme von Suizid und Euthanasie. 2000.

Band 71 Bettina Wirmer-Donos: Die Strafrechtstheorie Karl Christian Friedrich Krauses als theoretische Grundlage des spanischen Korrektionalismus. 2001.

Band 72 Christine Löw: Die Erkundigungspflicht beim Verbotsirrtum nach § 17 StGB. 2001.

Band 73 Florian Ufer: Der Verwertungswiderspruch in Theorie und Praxis. Prozessuale Obliegenheiten des Verteidigers und ihre Bedeutung für die Rechtsposition des Beschuldigten. 2002.

Band 74 Katja Melzer: Psychisch kranke Straftäterinnen. Frauen im Maßregelvollzug. 2001.

Band 75 Gregor Kuntze-Kaufhold: Lebenswelt und Unparteilichkeit. Kriterien für eine Rechtsanwendungslehre am Beispiel der Analyse von fünf Hauptverhandlungen in Strafverfahren. 2002.

Band 76 Iris Kristina Passek: Die erstinstanzliche Zuständigkeit der Oberlandesgerichte in Staatsschutzstrafsachen. Historische Entwicklung und aktuelle Probleme. 2002.

Band 77 Michael Krebs: Die Weisungsgebundenheit des Staatsanwalts unter besonderer Berücksichtigung des rechtstatsächlichen Aspekts. 2002.

Band 78 Kerstin Degenhardt: Europol und Strafprozeß. Die Europäisierung des Ermittlungsverfahrens. 2003.

Band 79 Domenico Siciliano: Das Leben des fliehenden Diebes: Ein strafrechtliches Politikum. 2., überarbeitete und ergänzte Auflage. 2013.

Band 80 Marc Colussi: Produzentenkriminalität und strafrechtliche Verantwortung. 2003.

Band 81 Thilo Lars Hild: Grenzen einer strafrechtlichen Regulierung des Kapitalmarktes. Eine kriminalrechtliche Untersuchung von Börsengängen und Aktienhandel in Deutschland und den USA. 2004.

Band 82 Philipp Rau: Schweigen als Indiz der Schuld. Ein Vergleich des deutschen und englischen Rechts zur Würdigung des Schweigens des Beschuldigten. 2004.

Band 83 Alexandra Pfeiffer: Die Regelung der Lebendorganspende im Transplantationsgesetz. 2004.

Band 84 Elena Fischer: Recht auf Sterben?! Ein Beitrag zur Reformdiskussion der Sterbehilfe in Deutschland unter besonderer Berücksichtigung der Frage nach der Übertragbarkeit des Holländischen Modells der Sterbehilfe in das deutsche Recht. 2004.

Band 85 Jörg Ziethen: Grundlagen probabilistischer Zurechnung im Strafrecht. 2004.

Band 86 Stefanie Schork: Ausgesprochen schuldig. Dogmatische und metadogmatische Untersuchungen zum Schuldspruch. 2005.

Band 87 Claudia Schubert: Verbotene Worte? Versuch einer Neubestimmung im Umgang mit rassistischen Äußerungen jenseits des Strafrechts. 2005.

Band 88 Ulfrid Neumann / Cornelius Prittwitz (Hrsg.): Kritik und Rechtfertigung des Strafrechts. 2005.

Band 89 Denis Basak: Die Zuständigkeitsregeln internationaler Strafgerichte und Art. 101 GG. Zum Verhältnis der deutschen Strafgerichtsbarkeit zu den Internationalen Tribunalen für Jugoslawien und Ruanda sowie zum Ständigen Internationalen Strafgerichtshof. 2005.

Band 90 Hsiao-Wen Wang: Der universale Strafanspruch des nationalen Staates. Eine Untersuchung über das Weltrechtsprinzip im Internationalen Strafrecht. 2005.

Band 91 Leonie Frenz: Faktizität des Rechts in der forensischen Psychiatrie. Eine Untersuchung im LKH Moringen. 2005.

Band 92 Eva-Maria Unger: Schutzlos ausgeliefert? Der Europäische Haftbefehl. Ein Beispiel für die Missachtung europäischer Bürgerrechte. 2005.

Band 93 Marcus Bastelberger: Die Legitimität des Strafrechts und der *moralische Staat*. Utilitaristische und retributivistische Strafrechtsbegründung und die rechtliche Verfassung der Freiheit. 2006.

Band 94 Marc Reiß: Rechtliche Aspekte der Präimplantationsdiagnostik. Unter besonderer Berücksichtigung der Rechte der von einem Verbot betroffenen Paare. 2006.

Band 95 Alexander Kolz: Einwilligung und Richtervorbehalt. 2006.

Band 96 Vasco Reuss: Eine Kritik der juristischen Vernunft. Rezeptionsversuche der Negativen Dialektik Adornos für die Dogmatik des Strafrechts. 2007.

Band 97 Lutz Eidam: Die strafprozessuale Selbstbelastungsfreiheit am Beginn des 21. Jahrhunderts. 2007.

Band 98 Christiane Rüdiger: Schutzinteresse und Deliktsstruktur der „Bestechungsdelikte" (§§ 331 ff. StGB). 2007.

Band 99 Urte Eisenhardt: Das nemo tenetur-Prinzip: Grenze körperlicher Untersuchungen beim Beschuldigten. Am Beispiel des § 81a StPO. 2007.

Band 100 Institut für Kriminalwissenschaften und Rechtsphilosophie Frankfurt a. M. (Hrsg.): Jenseits des rechtsstaatlichen Strafrechts. 2007.

Band 101 Nils Möckelmann: Die rechtliche, psychiatrische und gesellschaftliche Beurteilung jugendlicher Straftäter in der jüngeren deutschen Geschichte. Eine Analyse anhand zweier Strafverfahren mit Gutachten des Psychiaters Ernst Rüdin aus den Jahren 1915/1917 unter Berücksichtigung der Entwicklungen bis zur Gegenwart. 2007.

Band 102 Alexa Albrecht: Zur Erosion der Menschenrechte im demokratischen Rechtsstaat. Reaktionen der Systeme und der Zivilgesellschaft. 2007.

Band 103 Dirk Lange: Die politisch motivierte Tötung. 2007.

Band 104 Ulfrid Neumann / Cornelius Prittwitz (Hrsg.): „Personale Rechtsgutslehre" und „Opferorientierung im Strafrecht". 2007.

Band 105 Lisa Kathrin Sander: Grenzen instrumenteller Vernunft im Strafrecht. Eine Kritik der Präventionsdoktrin aus strafrechtsgeschichtlicher und empirischer Perspektive. 2007.

Band 106 Stephan Werner: Zur Notwendigkeit der Verteidigeranwesenheit während der polizeilichen Beschuldigtenvernehmung. 2008.

Band 107 Inti Schubert: Europol und der virtuelle Verdacht. Die Suspendierung des Rechts auf informationelle Selbstbestimmung. 2008.

Band 108 Bong-Jin Ko: Menschenwürde und Biostrafrecht bei der embryonalen Stammzellenforschung. 2008.

Band 109 Wanja Andreas Welke: Die Repersonalisierung des Rechtskonflikts. Zum gegenwärtigen Verhältnis von Straf- und Zivilrecht. 2008.

Band 110 Jan Helmrich: Die Berufung gewerblicher Sicherheitskräfte auf Notwehr und Nothilfe. Zugleich ein Beitrag zu den Grundlagen des Notwehr- und Nothilferechts. 2008.

Band 111 Alexander Köstler-Loewe: Strafrecht US-Style: „Three Strikes and You're Out!" Baseball, Rückfall und Kriminalpolitik? 2008.

Band 112 Christina Bott: Die Medienprivilegien im Strafprozess. Zeugnisverweigerungsrecht und Beschlagnahmeverbot zum Schutz der Medien im Strafverfahren. 2009.

Band 113 Mario Riechmann: Organisierte Kriminalität und Terrorismus. Zur Funktionalisierung von Bedrohungsszenarien beim Abbau eines rechtsstaatlichen Strafrechts. 2009.

Band 114 Dirk Simon: Präzeptoraler Sicherheitsstaat und Risikovorsorge. 2009.

Band 115 Stefan Kirsch: Der Begehungszusammenhang der Verbrechen gegen die Menschlichkeit. 2009.

Band 116 Heng-da Hsu: Zurechnungsgrundlage und Strafbarkeitsgrenze der Fahrlässigkeitsdelikte in der modernen Industriegesellschaft. 2009.

Band 117 Dennis Teschner: Die soziale Kontrolle im virtuellen Raum. Eine juristische, soziologische und soialpsychologische Untersuchung der Instrumentalisierbarkeit von Internetkriminalität. 2009.

Band 118 Daniel Schilling: Fragmentarisch oder umfassend? Wege strafrechtlichen Zugriffs bei der Veruntreuung fremden Vermögens am Beispiel des deutschen und des italienischen Untreuestrafrechts. 2009.

Band 119 Andreas Stüdemann: Die Entwicklung der zwischenstaatlichen Rechtshilfe in Strafsachen im nationalsozialistischen Deutschland zwischen 1933 und 1945. Kontinuität und Diskontinuität im Auslieferungsrecht am Beispiel der Rechtsentwicklung im NS-Staat. 2009.

Band 120 Matthias Achenbach: Strafrechtlicher Schutz des Wettbewerbs? Eine kritische Analyse von Sinn und Zweck der Straftatbestände zum Schutz des Wettbewerbs. 2009.

Band 121 Vera Backhaus: Der gesetzliche Richter im Staatsschutzstrafrecht. Zur Verfassungsmäßigkeit des § 120 Abs. 2 GVG. 2010.

Band 122 Verena Maria Brenneis: Rechtspolitische Implikationen von Gefährlichkeitsprognosen im Vollzug von Maßregeln nach § 63 StGB. Zum Subjektstatus von Eingewiesenen. 2010.

Band 123 Maike Hoenigs: Zur Existenzberechtigung des Straftatbestandes der Rechtsbeugung. Korrelat oder Widerspruch zur richterlichen Unabhängigkeit. 2010.

Band 124 Christine Würfel: Freiheit als Grundlage der Schuld. 2012.

Band 125 Charlotte Rau: Compliance und Unternehmensverantwortlichkeit. Materiellrechtliche Fragen der sanktionsrechtlichen Unternehmensverantwortlichkeit unter Berücksichtigung von Compliance-Maßnahmen. 2010.

Band 126 Marc Fornauf: Die Marginalisierung der Unabhängigkeit der Dritten Gewalt im System des Strafrechts. 2010.

Band 127 Sabine Benthin: Subventionspolitik und Subventionskriminalität. Zur Legitimität und Rationalität des Tatbestandes zum Subventionsbetrug (§ 264 StGB). 2011.

Band 128 Philipp Horrer: Bestechung durch deutsche Unternehmen im Ausland. Strafrechtsentwicklung und Probleme. 2011.

Band 129 Marianne Varwig: Zum Tatbestandsmerkmal des Vermögensschadens (§ 263 StGB). Eine kritische Untersuchung mittels der vier klassischen Auslegungsmethoden. 2011.

Band 130 Alexander Rieger: Verfassungsrechtliche Legitimationsgrundlagen richterlicher Unabhängigkeit. Zugleich eine Auseinandersetzung mit der Debatte um eine Selbstverwaltung der Justiz. 2011.

Band 131 Moritz von Schenck: Pönalisierung der Folter in Deutschland – de lege lata et ferneda. 2011.

Band 132 Kerstin Bohn: Der gesetzliche Richter als rechtsstaatstragendes Prinzip in europäischen Staaten. Eine Untersuchung der Fallzuteilung unter besonderer Berücksichtigung Englands. 2011.

Band 133 Cornelius Trendelenburg: Ultima ratio? Subsidiaritätswissenschaftliche Antworten am Beispiel der Strafbarkeit von Insiderhandel und Firmenbestattungen. 2011.

Band 134 Susana Campos Nave: Rechtsstaatliche Regeltreue? Corporate Compliance als zwingende Antwort des freiheitsliebenden Unternehmens im Wirtschaftsstrafrecht. 2012.

Band 135 Christine Ditscher: Europäische Beweise. Der Rahmenbeschluss über die Europäische Beweisanordnung zur Erlangung von Sachen, Schriftstücken und Daten zur Verwendung in Strafsachen. 2012.

Band 136 Fedor Brunner: Das Phänomen des Mietnomaden in der Rechtspraxis. Strukturelle Hi tergründe, zivilrechtliche Mechanismen und Perspektiven. 2012.

Band 137 Konstantinos Diakonis: Die Geringfügigkeitsvorschriften als Teil der Problematik der K lision zwischen primären und sekundären Prinzipien des Rechts. 2012.

Band 138 Gustavo Chan Mora: Kritik des Schuldbegriffs im Jugendstrafrecht. Eine metadogm sche Begründung des Schuldfähigkeits- und Verbotsirrtumsbegriffs. 2012.

Band 139 Julia Anna Bargenda: *Australian Law Reform Commission.* Ein Modell für Deutschl 2012.

Band 140 Katharina Schermuly: Grenzen funktionaler Integration. Anforderungen an die Kor europäischer Strafgesetzgebung durch den EuGH. 2013.

Band 141 Florian Conradi: Die Sicherungsverwahrung – Ausdruck einer zunehmenden Siche orientierung im Strafrecht? Die Entwicklung der Sicherungsverwahrung im Konte Spannungsverhältnisses von Freiheit und Sicherheit. 2013.

Band 142 Hyun Kyong Joo: Die positive Generalprävention im Straßenverkehr. 2013.

Band 143 Ulfrid Neumann / Cornelius Prittwitz / Paulo Abrão / Lauro Joppert Swensson Jr. / D. Torelly (Hrsg.): Transitional Justice. Das Problem gerechter strafrechtlicher genheitsbewältigung. 2013.

Band 144 Frederico Figueiredo: Zur Möglichkeit des unmöglichen Strafrechts. Ein Versuch Dissonanz im System der ultima ratio. 2014.

Band 145 Moritz Bermel: Banken und Pflichten. Moderne Bankmanager und tradition recht. 2014.

www.peterlang.com

Band 128 Philipp Horrer: Bestechung durch deutsche Unternehmen im Ausland. Strafrechtsentwicklung und Probleme. 2011.

Band 129 Marianne Varwig: Zum Tatbestandsmerkmal des Vermögensschadens (§ 263 StGB). Eine kritische Untersuchung mittels der vier klassischen Auslegungsmethoden. 2011.

Band 130 Alexander Rieger: Verfassungsrechtliche Legitimationsgrundlagen richterlicher Unabhängigkeit. Zugleich eine Auseinandersetzung mit der Debatte um eine Selbstverwaltung der Justiz. 2011.

Band 131 Moritz von Schenck: Pönalisierung der Folter in Deutschland – de lege lata et ferneda. 2011.

Band 132 Kerstin Bohn: Der gesetzliche Richter als rechtsstaatstragendes Prinzip in europäischen Staaten. Eine Untersuchung der Fallzuteilung unter besonderer Berücksichtigung Englands. 2011.

Band 133 Cornelius Trendelenburg: Ultima ratio? Subsidiaritätswissenschaftliche Antworten am Beispiel der Strafbarkeit von Insiderhandel und Firmenbestattungen. 2011.

Band 134 Susana Campos Nave: Rechtsstaatliche Regeltreue? Corporate Compliance als zwingende Antwort des freiheitsliebenden Unternehmens im Wirtschaftsstrafrecht. 2012.

Band 135 Christine Ditscher: Europäische Beweise. Der Rahmenbeschluss über die Europäische Beweisanordnung zur Erlangung von Sachen, Schriftstücken und Daten zur Verwendung in Strafsachen. 2012.

Band 136 Fedor Brunner: Das Phänomen des Mietnomaden in der Rechtspraxis. Strukturelle Hintergründe, zivilrechtliche Mechanismen und Perspektiven. 2012.

Band 137 Konstantinos Diakonis: Die Geringfügigkeitsvorschriften als Teil der Problematik der Kollision zwischen primären und sekundären Prinzipien des Rechts. 2012.

Band 138 Gustavo Chan Mora: Kritik des Schuldbegriffs im Jugendstrafrecht. Eine metadogmatische Begründung des Schuldfähigkeits- und Verbotsirrtumsbegriffs. 2012.

Band 139 Julia Anna Bargenda: *Australian Law Reform Commission.* Ein Modell für Deutschland? 2012.

Band 140 Katharina Schermuly: Grenzen funktionaler Integration. Anforderungen an die Kontrolle europäischer Strafgesetzgebung durch den EuGH. 2013.

Band 141 Florian Conradi: Die Sicherungsverwahrung – Ausdruck einer zunehmenden Sicherheitsorientierung im Strafrecht? Die Entwicklung der Sicherungsverwahrung im Kontext des Spannungsverhältnisses von Freiheit und Sicherheit. 2013.

Band 142 Hyun Kyong Joo: Die positive Generalprävention im Straßenverkehr. 2013.

Band 143 Ulfrid Neumann / Cornelius Prittwitz / Paulo Abrão / Lauro Joppert Swensson Jr. / Marcelo D. Torelly (Hrsg.): Transitional Justice. Das Problem gerechter strafrechtlicher Vergangenheitsbewältigung. 2013.

Band 144 Frederico Figueiredo: Zur Möglichkeit des unmöglichen Strafrechts. Ein Versuch über die Dissonanz im System der ultima ratio. 2014.

Band 145 Moritz Bermel: Banken und Pflichten. Moderne Bankmanager und traditionelles Strafrecht. 2014.

www.peterlang.com